Gefördert vom Bayerischen Ministerium für Wissenschaft,
Forschung und Kunst.
Entstanden an der Akademie der Bildenden Künste in Nürnberg.

Bayerisches Staatsministerium für
Wissenschaft, Forschung und Kunst

Erste Auflage 2009
© 2009 DuMont Buchverlag, Köln
Alle Rechte vorbehalten
Umschlag: Lea Hörl, Akademie der Bildenden Künste in Nürnberg
Gesetzt aus der Candida und der Conduit
Satz: Fagott, Ffm
Gedruckt auf säurefreiem und chlorfrei gebleichtem Papier
Druck und Verarbeitung: Druckerei Uhl, Radolfzell
Printed in Germany

ISBN 978-3-8321-9521-2

Für Thomas, Balthazar und Konstantin

INHALT

FRIEDERIKE GIRST Designerin

Was wir wollen

Hans Blomberg:»Die schönsten Punkte, und zwar die beiden Punkte meiner schönen Tschechin Susanka, die bleiben heute Abend auf jeden Fall schön bei mir«, (fasst ihr an die Brüste) »das ist doch wohl kl-«
Susanne Bersin (ohrfeigt Blomberg):»Hat der sie noch alle! Vollidiot!«
Hans Blomberg:»War doch nur 'n Spaß.«
Susanne Bersin:»Witzig. Lacht nur wieder keiner!«

24 Sekunden auf YouTube, die es sich anzusehen lohnt. So geschehen live vor 2,24 Millionen Zuschauern am Abend des 6. Februar im Rahmen des Bundesvision Song Contest 2009 auf Pro Sieben. Der Radio- und TV-Moderator Blomberg sollte gemeinsam mit seiner schlagfertigen Kollegin Susanne Bersin lediglich die Punktvergabe für Baden-Württemberg bekannt geben. Zwei Tage später bezieht er gegenüber der *Bild am Sonntag* Stellung: »Der eigentliche Skandal war ja ihre Ohrfeige, nicht mein Busengrapscher.« Seine vermutlich aus Karrieregründen nachgeschobene Entschuldigung folgte erst drei Tage später.
Susanne Bersin gebührt meine Hochachtung. Die Spontaneität ihres Befreiungsschlags war einem treffsicheren Reflex geschuldet. Als langjährige Art-Direktorin hatte ich dagegen allzu lange geschwiegen, wenn männliche Kollegen tatsächlich meinten, mit dem Kommentar »Schönes Kleid!« einen Konflikt zu bewältigen. Oder wenn sich in Konferenzen die Herren trotz hochschwangeren Bäuchen beim Kettenrauchen nicht stören ließen. Oder in der Elternzeit der Arbeitgeber meinen E-Mail-Account einfach löschte. Sei's drum. Von meinen persönlichen Erfahrungen abgesehen, liegen die Fakten ja auf dem Tisch: 17 Prozent beträgt in Deutschland der Frauenanteil in Führungspositionen mittelständischer Unternehmen. In Europa verdienen Frauen im Durchschnitt 17 Prozent weniger als ihre männlichen Kollegen, in Deutschland ist es sogar fast ein Viertel. In

Norwegen beträgt der Anteil von Frauen in Aufsichtsräten börsennotierter Unternehmen 40 Prozent, in Deutschland 4 Prozent. In den Vorständen der zweihundert weltweit größten Unternehmen sind nur knapp über 10 Prozent der Stellen mit Frauen besetzt. Frauen als Vorstandsvorsitzende sind an einer Hand abzuzählen. Angesichts der tiefroten Zahlen der Weltwirtschaft wäre Umdenken auch in dieser Hinsicht angezeigt. »Die Krise ist männlich«, hat Petra Ledendecker, Präsidentin des Verbandes deutscher Unternehmerinnen, treffsicher formuliert: »Wenn mehr Frauen an entscheidenden Stellen gesessen hätten, wäre es nicht so weit gekommen.« Claudia Funke, Direktorin von McKinsey Deutschland bestätigt, »dass gemischte Teams im Sinne von Männern und Frauen oder von verschiedenen Nationalitäten bessere Ergebnisse liefern, als wenn man die Männer alleine machen lässt.« Die aufgeführten Zahlen geben Aufschluss über den Alltag von Frauen in Führungspositionen. Diese Erfahrungen möchte *Herrschaftszeiten! Vom Leben unter Männern* in ihrem Facettenreichtum darstellen. Nicht mehr – und nicht weniger.

Kein Rundumschlag. Kein Manifest. Keine Kampfansage. Keine Emanzipation 2.0. Kein Lagerdenken. Kein Positionsstreit. Sondern beste Unterhaltung mit Erkenntnispotenzial. Dieser Sammelband ist ein Beitrag zur Lagebestimmung des Geschlechterverhältnisses in der westlichen Welt zu Beginn des neuen Jahrtausends. Er soll Missstände ebenso aufzeigen wie Absurditäten und gesellschaftliche Schieflagen. Hier gibt es viel zu tun – viel mehr, als man meinen möchte. Die in den letzten beiden Jahren offen ausgetragenen Graben- und Generationskriege, die Debatten über Genital- und Alphatriebe sollen nicht entwertet werden. Aber ich habe in der Auswahl der Beiträgerinnen bewusst keine weitere, programmatische Position bezogen. Dies würde heißen, die Erfahrungen von Frauen über einen Kamm zu scheren. Dabei vermag es doch gerade das Individuelle, das Heterogene der manchmal auch von mir als kontrovers empfundenen Texte, die ganze Spannbreite unseres Geschlechterverhältnisses aufzuzeigen. Richtig, der Titel mag einen Standpunkt beziehen, das Wort »Herrschaftszeiten!« sowie das Ausrufezeichen dahinter wachrütteln und der dabei stets mitgedachte Begriff vom Patriarchat bewusst Neugier wecken wollen.

Herrschaftszeiten! Vom Leben unter Männern versammelt fünfundachtzig Beiträge von prominenten Frauen aus Kultur, Kunst, Politik, Wirtschaft, Wissenschaft und Sport. Anekdotisch und gut gelaunt bis launisch schildern sie ihre ganz persönliche Einstellung zum Ist-Zustand des Patriarchats – von Netzstrümpfen im Büro über frauenfreundliche Sinnsprüche des Dalai Lama bis zur missmutigen Beobachtung des eigenen männlichen Nachwuchses oder vermeintlich nebensächlichen Bemerkungen bei Vorstellungsgesprächen. Alle Beiträge umkreisen aus Frauensicht den (Berufs-)Alltag im 21. Jahrhundert. Ob ein einziger Satz, eine Erzählung, eine Formel, ein Kunstwerk oder kulturelle Tiefenforschung: Mal ernst, mal ironisierend, mal provokativ präsentieren die Autorinnen ihre originellen wie gänzlich verschiedenen Beiträge. Neben den Texten finden sich zudem Arbeiten international renommierter Künstlerinnen wie Pipilotti Rist, Rosemarie Trockel, Ricarda Roggan, Eva & Adele, Katharina Sieverding und Heike Baranowsky, die für die Publikation optische Beiträge schufen.

Ich wünsche mir, dass die vorliegenden Beiträge junge Frauen darin bestärken, ihren eigenen Weg zu gehen. Ganz klar, die Hürden sind größer, Wille und Durchsetzungsvermögen müssen es auch sein. Es gilt, die Veränderungen der letzten Jahre als Chance zu begreifen und im Berufsleben etwa flexiblere Arbeitszeiten und ein geschärftes Bewusstsein auf der Führungsebene einzufordern. Zudem stehen Frauen sich oftmals noch selbst im Weg – oder ausgerechnet ihren Kolleginnen. Untereinander sollten wir einen neidlosen Umgang pflegen und uns miteinander solidarisieren. Nur so können wir strategisch agieren und gemeinsam die Vorherrschaft der Männer brechen. Unter Frauen geht es wie zwischen Frauen und Männern um ein Mit- und nicht um ein Gegeneinander. Die Beiträge sollen zeigen, dass Beruf und Familie einander nicht ausschließen. Charlotte Knobloch, Christine Hohmann-Dennhardt, Silvana Koch-Mehrin, Ute Frevert, Gesine Schwan, Marianne Birthler, Maria Jepsen, Nina Ruge, Iris Radisch, Sibylle Berg: Ein Blick auf die Liste der Teilnehmerinnen dieses Buches macht die zentrale und selbstverständliche Rolle deutlich, die Frauen heute in jeder Berufssparte innehaben können.

Herrschaftszeiten! Vom Leben unter Männern soll außerdem zum entspannten und unverkrampften Dialog der Geschlechter auf Augenhöhe beitragen. Die Männer will die Publikation nicht das Fürchten, sondern die Ehrfurcht vor uns lehren. Im respektvollen Umgang mit uns sollen sie wachgerüttelt wie sensibilisiert werden. Es geht nicht um falsche Rücksichtnahme nach siebentausend Jahren Patriarchat. Nur haben die essenziellen Errungenschaften der modernen Frauenbewegung der letzten hundert Jahre beim anderen Geschlecht zu einer nicht zu unterschätzenden Verunsicherung geführt, die es gleichfalls zu berücksichtigen gilt. 2009 genügt hier bereits der Blick auf den papiernen Tabletteinleger bei Burger King:»Die Verweichlichung der Männer schreitet immer schneller voran. Gleichzeitig dringen Frauen in die letzten Rückzugsräume der Männer ein. Da können und dürfen wir nicht tatenlos zusehen! Sie haben das Gefühl, Frauen übernehmen langsam, aber sicher die Kontrolle?« Derart wirbt die Fast-Food-Kette bundesweit wie meta-ironisch für die Aufnahmeprüfung an der »MANCA-

DEMY« – »wo jeder, der als Sissy kommt, als Siegfried geht«. Die gewaltigen gesellschaftlichen Umwälzungen, die das sich rasant verändernde Geschlechterverhältnis herbeiführen, erfassen eben auch den Mann in seinem Selbst- und Rollenverständnis.

Ohne den Enthusiasmus und die fortwährende Unterstützung der Schirmherrinnen Bettina Friedl, Ingvild Goetz, Gabriele Horn und Barbara Vinken hätte ich mich mit dem vorliegenden Buch außerordentlich schwergetan. Mein herzlicher Dank an Julia Rothhaas für den intensiven Austausch. Als Redakteurin des *Magazins* der *Süddeutschen Zeitung* hat sie mir sehr geholfen. Wo keine Texte entstehen konnten, hat auch sie Interviews mit den Teilnehmerinnen aufgezeichnet und diese zusammengefasst. Ein Dankeschön gleichfalls an Petua Walter, Frauenbeauftragte der Akademie der Bildenden Künste in Nürnberg, die diese Publikation von ihrer Entstehung an begleitet und mit dem gemeinsamen Förderantrag an das Bayerische Ministerium für Wissenschaft, Forschung und Kunst überhaupt erst ermöglichte. Jederzeit durfte ich zudem mit dem Wohlwollen und dem Zuspruch von Akademiepräsident Otmar Hörl rechnen, was mich sehr bestärkt hat. Über achtzig Teilnehmerinnen haben sich für das Projekt begeistert. Jeder von ihnen gebührt mein ganzer Dank.

Fräulein Berghoff und der Pascha

Karlheinz Köpcke, lange Jahre Chefsprecher der ARD-*tages-schau*, war der Meinung, Frauen seien für Nachrichten nicht geeignet, weil sie bei jedem Unglück weinen müssten, von Sport keine Ahnung hätten und von Politik erst recht nicht. Er musste jedoch auf Druck der Chefredaktion eine Sprecherin suchen. Also rief er mich 1976 an. Das war damals so, als würde sich Hollywood melden. Er sagte:»Ich höre Sie da senden. Sie haben ja eine ganz nette Stimme. Sehen Sie denn auch einigermaßen aus?«

Ich war perplex und fand das sehr anmaßend, denn ich war überregionale Ansagerin des Südwestfunks gewesen und arbeitete auch für das dritte Programm des NDR. Er musste mich gekannt haben.

Als Frau hat man oft einen schweren Stand, denn man wird gern unterschätzt und aufs Äußere reduziert. Also muss man mit Leistung überzeugen.

Ich ging zum Casting und fragte ihn:»Haben Sie mich denn wirklich nicht gesehen?« Und er antwortete:»Ich verlass mich doch nicht nur auf eine angenehme Stimme. Selbstverständlich wusste ich, wie Sie aussehen.«

Ich wurde die erste *tagesschau*-Sprecherin in Deutschland, und meine dritte Ausgabe war bereits die 20-Uhr-Sendung. Das ist sehr unüblich, normalerweise dürfen die Jungen erst nach Monaten ran. Ich machte mir selbst viel Stress und dachte immer, ich müsse von Anfang an mindestens so gut wie meine Kollegen sein, damit dieser Beruf für uns Frauen nicht wieder verloren gehe. Wenn ich mich doch mal versprochen hatte, brauchte ich lange, um das zu verarbeiten. Aber nach einem halben Jahr war es gut.

Irgendwann wurde ich zusammen mit Karl-Heinz Köpcke fotografiert. Er war so groß wie ich. Also klein. Für die Aufnahme stellte er sich jedoch auf den Bürgersteig, ich blieb unten auf der Straße.

Er nannte mich auch permanent »Fräulein« Berghoff. Dabei war ich schon dreißig Jahre alt! Also fing ich an, ihn mit »Pascha« anzusprechen. Das mochte er wiederum nicht. Ab diesem Zeitpunkt nannte er mich »Frau« Berghoff.

Fußball

Wie es ist, auf einmal jemanden, den man geboren hat, nicht mehr zu kennen. Sich klar zu werden, dass man niemanden kennen wird, jemals. Auch wenn dieser aus einem gekrochen ist. Einsamkeit ist ein Schicksal, das keiner vermeiden kann. Mag sein, dass Unverständnis aus dem Älterwerden resultiert. Man will da nicht mehr jeden Quatsch verstehen müssen. Mir war nie klar, was am Alter so schrecklich sein soll. Frustrierte Frau um die fünfzig, Verfall, Körper, die nicht mehr begehrt werden: So ein Zeug liest man ja dauernd. Und ich sage: Ich möchte bitte sehr von keinem mehr begehrt werden. Was habe ich in meiner Jugend darunter gelitten, unter all diesen Männern, die sich paaren wollten. Andauernd. Überall. Und zwar mit mir! Es hat sie nie interessiert, dass eine Frau nicht angesprochen werden will, zu jeder unpassenden Gelegenheit. Immer diese Anspannung, sich unsichtbar machen zu wollen. Mich haben Biologie und Evolution nie besonders interessiert. EVOLUTION GEHT MIR AM ARSCH VORBEI! Man kann sich dem biologischen Programm durchaus hingeben, mir erscheint das allerdings zu einfach. Die großartigen Freuden der Sexualität haben sich mir nie erschlossen, ich fand es immer ein wenig unwürdig, einen Mann in mir stecken zu fühlen, seine Grimassen zu beobachten, seinen Schweiß auf meiner Haut. Vielleicht bin ich nicht unbedingt der sinnliche Typ. Mir war eine gute Freundschaft immer wichtiger als flüchtige, auf Vermehrung und Hormonen basierende Beziehungen. Dass ich ein Kind bekam, war eher meiner Unbedarftheit zu verdanken. Ein ungeschützter Verkehr, weil ich nicht recht wusste, wie zu sagen, dass jeder über bloßes Handhalten hinausführende Kontakt zu viel war. Ich war keine schlechte Mutter, denke ich, obwohl mir eigentlich alles Mütterliche abgeht. Zum Erziehen tauge ich nicht. Ich habe das Kind, das von einem Baby zu einem Jungen wurde und alles an ihm zu lang und zu rot, sehr lieb. Gehabt. Wie man einen Menschen eben lieb hat, mit dem man familiär verkehrt.

Er war lange Zeit still und freundlich, mein Sohn, er las viel und konnte normalen Jungensachen nicht viel abgewinnen. Das war mir nicht unangenehm, denn falls es nicht klar genug wurde: Ich verachte Männer ein wenig. Nicht sehr, es ist kein Hass. Ich habe Mitleid mit den meisten Menschen. Mit Männern und ihrem Getriebensein fast noch mehr als mit Frauen oder Kindern. Es fällt mir einfach schwer, einen Mann, der sich seinem Geschlechtstrieb so unterwirft, wie die meisten Männer es tun, ernst zu nehmen, ihm gar Verantwortung zu übertragen.

Es gibt durchaus Männer, die zu großen wissenschaftlichen oder künstlerischen Leistungen fähig sind, wahrscheinlich sind sie Produkte traumatischer Ereignisse ihrer Jugend, die ihnen einen Zugang zu beiden Gehirnhälften ermöglichen, doch in fast allen mir bekannten Fällen richten sie sich mit Drogen oder/und zu großer Eitelkeit zugrunde.

Es war für mich also ein Schock zu realisieren, dass mein Junge sich wie über Nacht veränderte. Das ist ein paar Jahre her. Mit sechzehn begann er Fußball zu trainieren, sein Zimmer mit hässlichen PKW-Postern zu tapezieren, und er redete nur noch in Ein-Silben-Sätzen. Alle Bücher verschwanden aus seinem Zimmer und mit ihnen unser Kontakt.

Der Junge ist jetzt zwanzig. Er ist zu dem geworden, was ich am meisten hasse.

Ich habe ihm nie etwas vorgeschrieben, nie etwas verboten. Das Umfeld, das ihn hätte prägen können (angenommen, ein Mensch wäre von so etwas wie sozialer Umgebung prägbar), war leise, roch gut, bestand aus Büchern, Kunst, gemütlichen Sonntagen auf dem Bett mit Fernsehen und Sushi, bestand aus Reisen, Kontakten zu weltoffenen Menschen verschiedenster Religionen und Ethnien.

20 Vielleicht ist sein derzeitiger Zustand eine Trotzphase, eine Art

Rebellion. Doch nach der Tiefe und Ernsthaftigkeit seines Gebarens steht eher der traurige Schluss zu vermuten, dass er zu dem wird, was ein Mann in seiner Reinform ist und was sich auch unter dem Kostüm der Geilheit nicht recht verbergen lässt. Ein Affe auf zwei Beinen.

Seit der Veränderung meines Kindes (ich weiß nicht einmal mehr genau, wie ich ihn nennen soll; »Mein Kind« zu sagen erscheint mir falsch, es ist weder etwas Kindliches an ihm noch etwas MEIN) ist mir in meiner Wohnung unwohl.

Alles riecht nach Schweiß, soviel ich auch lüften mag, überall, so scheint es mir, liegen feuchte Socken und diese klumpenförmigen Turnschuhe, die nur eine Botschaft ausstrahlen: Ich, der Träger, bin ein Idiot.

Wenn ich früher von der Arbeit nach Hause kam, hatte meine Wohnung diese Atmosphäre, die man aus amerikanischen Kitschfilmen kennt. Es schien immer, dass Kuchen frisch gebacken auf dem Tisch stand und ein Kaminfeuer brannte. Dergestalt behaglich war es, dass ich meistens unbewusst tief durchatmete. Mein Kind roch nach Vanille und Backpulver.

Öffne ich jetzt meine Wohnungstür, ziehe ich die Schultern automatisch nach oben, meine Verspannung ist so körperlich, dass ich seit Jahren keinen Tag ohne Kopfschmerzen erlebt habe. Entweder kommt aus dem übel riechenden Knabenzimmer dummer, deutscher Hip-Hop oder Musik aus den Charts. Ich hatte auch gehofft, dass mein Kind einen etwas eigenständigeren Musikgeschmack entwickelt hätte. Als ich ihm vor einem Jahr Pere Ubu und eine finnische Experimentalband vorspielte, schaute er mich mit derart dumpfem Blick an, dass ich mir gewünscht hatte, ich würde dieses picklige, unförmige Wesen weder kennen, geschweige mit ihm verwandt sein.

Manchmal ist er auch nicht da, wenn ich heimkomme. Ich finde in der Küche dann nur halb angefressene Pizzen, Cola-Dosen auf dem Fußboden, Kippen in Joghurts. Mich zu entspannen ist mir dann auch nur bedingt möglich. Denn ich weiß, irgendwann wird er heimkommen, mit stechend riechenden Trikotagen, die er in den Flur wirft, mit gelb riechenden Schuhen, die vermutlich in der Badewanne landen. Ich hasse mein Leben. Ich hasse Fußball.

Am Anfang hatte ich ihn ein paarmal begleitet, zu Spielen. Ich hasse jede Art von sportlicher Ertüchtigung, all diese mittelmäßigen Menschen, die ihre mittelmäßigen Körper schinden, um dem Leben ein Jahr mehr abzutrotzen, doch so weit denken sie nicht. Sie glauben, unsterblich werden zu können. Wozu, wozu? Wozu sollten gerade die Menschen, die Sport treiben, diese fadeste Sorte, überleben, für immer, und wer möchte in so einer Welt dann noch zu Hause sein?

Ich verachte Mannschaftssport, Wettkämpfe, Vater Jahn, Olympiaden, diese Ersatzschlachten des Neuzeitmenschen, diese Zurschaustellung von Fleiß, Disziplin, gesunder Ernährung und grenzenloser Dummheit. Nicht umsonst werden viele Sportler Berufssoldaten oder umgekehrt.

Wo war ich stehen geblieben?

Das Fußballspiel, das mit meinem eigenen Kind zu beobachten ich das Vergnügen hatte, war dumpfes Rennen pubertierender Jungmänner, die Gesichter zornrot, schreiend, schwitzend, fallend, sich prügelnd. Sicher kann man einwenden, Frauen fehle der Sinn für dieses hochartifizielle Spiel. Darauf geschissen, sage ich. Geht doch Panzer fahren, ihr Idioten. Geht euch erschießen und vergewaltigt ein wenig, geht am besten alle nach Afghanistan und trainiert mit Bin Laden! Sprengt euch im Anschluss in die Luft. Von ein paar unterbelichteten Frauen abgesehen, geht der Großteil des Leids, das auf dieser Welt anderen zugefügt wird, von pubertierenden Männern aus. Tickende Testosteronbomben. Fußball ist natürlich ein hervorragender Sport, um Männer möglichst lange in diesem Zustand zu halten. Ich bin mir nicht ganz sicher, was da biochemisch abläuft, aber es hat mit Hormonen zu tun, die vermehrt bei der Ausübung bestimmter Sportarten ausgeschüttet werden.

Kurz: Bei diesem ersten Spiel oder Training oder weiß der Geier, bei dem ich mein ehemaliges Kind sah, passierte es. Ich sah dieses zornige Tier über den Rasen toben und fühlte nichts mit ihm gemein.

Ich bin schlau genug, die Entwicklung, die Fehlentwicklung meines Jungen nicht ausschließlich dem Fußball zuzuschreiben, doch hat der Sport sicher einen größeren Einfluss, als ich ihn sechzehn Jahre lang gehabt habe. Das gesteht sich keine Mutter, selbst eine, die nie Mutter sein wollte, gerne ein.

Manchmal kommen seine Sportsfreunde zu Besuch. Ich glaube, es sind mehrere, ich kann sie nicht auseinanderhalten: Zwei Meter lang und mit leeren, dummen Augen, starren sie durch mich hindurch, lagern in meinem Zimmer, lagern in der Küche, pissen auf die Klobrille, kleben Kaugummis an meine Barcelona Chairs, schauen Pornofilme und betrachten mich so, wie man eine Putzfrau ansieht oder ein Haustier, das sich besser in einem Stall befände.

Mein Kind ist zwanzig Jahre alt. Es wohnt bei mir, es hat keine Interessen, außer Fußball zu spielen, Fußball zu sehen und vermutlich zu onanieren, den zerknüllten Tempotaschentüchern unter seinem Bett zufolge. Er studiert nichts, lernt nichts, arbeitet nichts, er redet nicht mit mir, ich nicht mit ihm, ich wasche seine Wäsche, damit der stinkende Haufen nicht irgendwann die Wohnung erfüllt, mich erstickt. So träume ich von ihm, in der Nacht. Ich wünschte, er wäre weg. Ich wünschte, ich wäre weg.

Ich sitze in meinem Zimmer, angstvoll lauschend, ob er und seine Freunde kommen, mich in Beschlag nehmen, meine Finger spielen mit angeklebten Kaugummis, meine Pflanzen, mein Bambus, den ich liebe, geht ein, weil er mit alkoholischen Getränken gegossen wurde. Manchmal finde ich Erbrochenes an aberwitzigen Orten in der Wohnung. Neben seinen Teamkameraden sind nun auch immer öfter Fußballfans zu Besuch bei … (ich wollte »mir« sagen, stimmt aber nicht). Hooligans mit Springerstiefeln und Bomberjacken drängen in … (ich wollte »meine« sagen) Wohnung, sie bringen Fahnen mit und Bier, sie singen und schauen Fußball, sie singen Fußballlieder: »Siegreich woll'n wir Frankreich schlagen.«

Ich möchte den Eingang (ich wollte »meiner« Wohnung sagen) zumauern, mich einmauern darin, wegziehen. Vielleicht wäre das eine interessante Alternative, ohne Nachsendeantrag.

Mein Sohn ist zwanzig, er spielt Fußball, er lebt Fußball, warum lebt er bei mir? Seit vier Jahren vergiftet er mein Leben, dieser fremde Mann in – nicht mehr – »meiner« Wohnung, an dem Ort, wo ich schlafe.

Er hatte noch nie eine Freundin, das rieche ich, das sehe ich. Wer sollte auch mit ihm zusammen sein wollen? Warum? Um Fußball mit ihm zu sehen?

Das Training hat er aufgegeben, vor ein paar Monaten, seitdem bekommt er einen Bauch. Mit zwanzig! Er sitzt in seinem Zimmer und sieht Fußball. Irgendein Spiel läuft immer irgendwo, ich schleiche in Bad oder Küche, wenn ich ihn in seinem Zimmer glaube. Ich schließe mich in meinem Schlafzimmer ein, wenn seine Hooligan-Freunde zu Besuch sind, jeden zweiten Abend, mithin öfter. Ich uriniere in Eimer, weil ich mich nicht ins Bad traue, weil sie betrunken sind, die zwei Meter großen Glatzköpfe, vielleicht sind sie auch drei Meter groß, die durch meine Wohnung (habe ich »meine« gedacht?) torkeln und brüllen, die sich zu schlagen beginnen, die Geschirr zerschlagen.

Ich habe einen Koffer gepackt. Mit dem Nötigsten. Ich bin leise die Treppen hinuntergestiegen. Das Gas habe ich angelassen. In meiner Wohnung.

ISABELLE GRAW Kunsttheoretikerin

Leben im untergehenden Patriarchat

Mit Patriarchat wird gewöhnlich eine Gesellschaftsordnung umschrieben, in der Männer eine bevorzugte Stellung einnehmen. Zweifellos gehört mein Tätigkeitsbereich, die Kunstwelt, zu den sozialen Milieus, in denen sich patriarchalische Strukturen besonders gut konservieren. Man denke nur an die ungleiche Verteilung von ökonomischem Erfolg unter männlichen und weiblichen Künstlern. Der Platz des Markterfolgs ist für Künstler*innen* nur in Ausnahmefällen vorgesehen, wobei sich in dieser Hinsicht in den letzten Jahren einiges geändert hat. Die Aufweichung des Prinzips Ausnahmefrau, demzufolge es nur eine Künstlerin pro künstlerischer Formation geben darf, der »Erfolg« im Sinne von institutioneller (und ökonomischer) Anerkennung zugesprochen wird, ist historisch meines Erachtens durch den russischen Konstruktivismus in den 1920ern und die Appropriation Art in den 1980er-Jahren eingeleitet worden. In beiden Fällen handelte es sich um künstlerische Bewegungen, bei denen es gleich mehrere Künstlerinnen waren, die über Definitionsmacht verfügten und eine zentrale Rolle spielten. Während das Prinzip Ausnahmefrau seither immer noch in den höheren Marktsphären – etwa in der Auktionswelt – regiert, wo es stets männliche Künstler und nur selten Künstlerinnen sind, deren Arbeiten Rekordsummen erzielen, verfügen die Werke von Künstlerinnen heute auf den Märkten des Wissens (Museen, Kunstvereine) über enorme Präsenz. Mit großer Selbstverständlichkeit werden sie dort mit hoher symbolischer (institutioneller) Anerkennung bedacht, wobei dieses symbolische Kapital nicht nahtlos in ökonomisches Kapital konvertiert. Warum sonst wären diese Arbeiten immer noch eher im mittleren Preissegment anzutreffen? Bewusst oder unbewusst scheint man ihnen auf dieser Ebene des kommerziellen Kunstmarkts das Etikett »Meisterwerk« nicht recht zugestehen zu wollen. So fragwürdig dieses Etikett auch sein mag, es steht doch für die Vorstellung eines als unbezahlbar geltenden Symbolwerts, der im Auktionsrekord vorausgesetzt ist. Im Unterschied zur Unterrepräsentiertheit von Künstlerinnen auf der Auktionsebene nehmen Frauen im Kunstbusiness seit den 1980ern mächtige Positionen ein. Zumal im Bereich Vermittlung trifft man auf eine Vielzahl von Galeristinnen, Kritikerinnen und Kuratorinnen. Es wäre jedoch voreilig, dies feiern oder gar als Triumph des Feminismus auslegen zu wollen. Denn dieser Platz, bei dem jene kommunikativen und sozialen Kompetenzen zum Tragen kommen, über die Frauen einem biologistischen Klischee zufolge verfügen sollen, wird ihnen bereitwillig zugestanden. Das Modell »die Frau als Vermittlerin« vermag klischeehafte Vorstellungen von Weiblichkeit nicht zu bedrohen – es bestätigt sie vielmehr. Aus dem statistischen Faktum, dass zahlreiche Frauen erfolgreich als Vermittlerinnen im Kunstmilieu tätig sind, ist folglich nicht unbedingt ein historischer Fortschritt abzuleiten.

Wenn auch Frauen als erfolgreiche Akteurinnen im Kunstbusiness auftreten, so trifft man dort zugleich nach wie vor auf männliche Galeristen oder Kuratoren, die einen überaus patriarchalischen Habitus pflegen, indem sie sich beispielsweise wie ein Familienoberhaupt gebärden. Sie bleiben dem Clan-Denken verhaftet, scharen ihre Mitstreiter wie eine ihnen untergebene Familie um sich und fordern ihnen zudem die unbedingte Loyalität eines Familienmitglieds ab. Dass die soziale Platzierung als Mann im Kunstbetrieb immer noch mit bestimmten Privilegien verbunden sein kann, lässt sich auch daran ablesen, dass es zumeist männliche Künstler oder Theoretiker sind, die wie unfehlbare Autoritäten von ihren ebenfalls männlichen Jüngern angebetet werden. Einmal zu Stichwortgebern von ihrem *young boys network* erkoren, wird ihnen eine ödipale Bewunderung entgegengebracht, die die damit unweigerlich einhergehenden notorischen Vatermordgelüste nur noch befeuert. Männer, denen eine solche Position des Vordenkers einmal zugesprochen wurde, sehen sich denn auch zumeist von Verwerfungen verschont. Während Frauen in ihrer Rolle als Kulturproduzentinnen stets damit rechnen müssen, dass ihre Arbeit nicht sachlich, sondern persönlich diskutiert wird, stehen die Angebote jener männlichen Produzenten von Kippenberger zu Zizek, über deren Relevanz Konsens herrscht, im Ruf des per se Verehrungswürdigen.

Obgleich das patriarchalische System in der Kunstwelt an einigen Stellen intakt erscheint, bröckelt es doch an allen Ecken und Enden. Die in den Medien seit geraumer Zeit beschworene Krise der männlichen Identität hat auch hier ihre Spuren hinterlassen. Nicht nur theoretisch, sondern auch praktisch ist dem männlichen Dominanzanspruch spätestens seit den Errungenschaften von Frauenbewegung und Feminismus jede Grundlage entzogen. Deshalb sollte es eigentlich unmöglich sein, sich auf die längst als sexistisch entlarvte Vorstellung einer Inferiorität der Frau zu berufen oder gar in neosexistischer Manier ihre spezifisch weiblichen Eigenschaften zu preisen, was sie letztlich auf ihre vermeintliche Andersheit festschreibt. Beides geschieht jedoch nach wie vor in der Kunstwelt – so wie es Ausstellungsmacher gibt, die, ohne zu zögern, rein männliche Gruppenausstellungen kuratieren, und dies mit der Begründung, keine »interessante« Künstlerin gefunden zu haben, was eine klassisch sexistische Formel ist, trifft man auch auf Kuratoren, die von der »weiblichen« Sensibilität einer Künstlerin schwärmen und auf diese Weise eine zum neosexistischen Repertoire gehörende Rhetorik bemühen.

Während es in den 1950ern, 1960ern und 1970ern zum guten Ton gehörte, einer Künstlerin jedes Talent oder gar die Fähigkeit zum Künstlertum generell abzusprechen, ist eine solch krude sexistische Rhetorik heute kaum noch anzutreffen. Man könnte sagen, dass die Zuschreibung »Frau« die Rezeption ei-

ner künstlerischen Arbeit nicht mehr in demselben Maße über-
formt, wie es noch in der ersten Hälfte des 20. Jahrhunderts der
Fall war. Zwar ist das Interesse an Person und Leben der Künstlerin weiterhin recht ausgeprägt. Doch dieser Hang zur Perso-
nalisierung von künstlerischen Arbeiten betrifft männliche und
weibliche Künstler gleichermaßen. Und wenn es auch nach wie
vor vorkommen kann, dass die Arbeit einer Künstlerin allein
biografistisch gelesen wird, so scheint unter progressiven Kriti-
kern doch weitgehend Einigkeit darüber zu herrschen, dass der
Faktor »Geschlecht« nicht der primäre Gesichtspunkt sein darf,
unter dem die Arbeit einer Künstlerin diskutiert wird.

Indessen gibt es immer noch zahlreiche Künstler, die die Rolle des machohaften Berserkers für sich in Anspruch nehmen.
Doch selbst dem ungebrochen machohaft auftretenden Künstler merkt man sein Wissen um die historische Unhaltbarkeit
seiner Pose an. Selbst sogenannte Malerfürsten wie Markus Lü-
pertz scheinen umso verzweifelt-verbissener an ihrem paterna-
listischen Selbstverständnis festzuhalten, je mehr dessen historische Unhaltbarkeit außer Frage steht. Sie spielen die obsolet
gewordene Rolle des Malerfürsten auf überzogene Weise, so
als wollten sie das grotesk Gewordene dieser Rolle auf sich nehmen. Das kann stellenweise recht unterhaltsam ausfallen, wenn
nicht sogar irgendwie rührend wirken. Denn ihrem Gebaren
ist durchaus anzumerken, dass sie eine leise Ahnung davon haben, längst ins Hintertreffen geraten zu sein.

Es ist die per se instabile Grenze zwischen »Kunst« und »Leben«, die Malerfürsten wie Baselitz mit ihrem Leben im Schloss
und ihrer Frau als Chanel-Kleider tragender Muse inszenieren. Für ambitionierte Künstlerinnen ist hier selbstredend kein
Platz vorgesehen. Es sei denn, sie kehrten den Spieß um, was
viele versucht haben, indem sie sich ihrerseits mit einem männlichen Pendant zur Muse umgaben. Mit dem Ideal einer gleich-
berechtigten Partnerschaft hatte dies jedoch wenig zu tun. Die

derzeit viel diskutierte Frage nach der Vereinbarkeit von privatem Lebensglück und Karriere, von Familie und Beruf, scheint mir speziell für ambitionierte Kulturproduzentinnen ungeklärt. Dies nicht zuletzt deshalb, weil im untergehenden Patriarchat diesbezüglich – und das im Unterschied zum intakten – keine Modelle zur Verfügung stehen, an die man sich halten könnte. Hinzu kommt, dass für die Kunstwelt schon lange das gilt, was zuletzt für den Postfordismus festgestellt wurde – dass die Sphären des Privaten und des Beruflichen tendenziell identisch geworden sind. Die Vorstellung eines Privatlebens als eine Art Schutzraum lässt sich unter diesen Umständen schwer aufrechterhalten. Entsprechend verfügt kaum eine Kulturproduzentin, die sich ihrer Arbeit gänzlich verschreibt, über ein Privatleben im alten Sinne. Die größte Herausforderung für ambitionierte Kulturproduzentinnen im untergehenden Patriarchat scheint mir somit darin zu bestehen, den nicht tot zu kriegenden Wunsch nach beruflicher Erfüllung und glücklicher (gleichberechtigter) Partnerschaft, nach Privatheit und gesellschaftlicher Anerkennung in die Tat umzusetzen.

CHRISTINE HOHMANN-DENNHARDT   Bundesverfassungsrichterin

Entfesselung

Von der Beharrlichkeit mentaler Strickmuster und patriarchaler Chefsessel-Bastionen

Ohne Zweifel, der lange Kampf der Frauen um die Gleichberechtigung wurde im letzten Jahrhundert mit Erfolg gekrönt – auf dem Gesetzespapier und teils auch in der Wirklichkeit. Wie ein Fixstern prangt seit nunmehr sechzig Jahren das Gleichberechtigungsgebot des Art. 3 Abs. 2 unseres Grundgesetzes am lila Frauenhimmel und hat mittlerweile schon fast alle Winkel unserer Rechtsordnung durchleuchtet, um geschlechtsdiskriminierende Normen ausfindig zu machen, sodass diese, oft mit Unterstützung des Bundesverfassungsgerichts, beseitigt werden konnten.

Mit Fug und Recht kann man deshalb heute feststellen, dass unsere Gesetze vom Eis direkter Frauendiskriminierung so gut wie befreit sind, auch wenn das Tauwetter erst Ende der Fünfzigerjahre des letzten Jahrhunderts so richtig eingesetzt hat. Selbst der mittelbaren Diskriminierung durch Regelungen, die alle ansprechen, aber maßgerecht auf Männer zugeschnitten sind und Frauen nicht passen, sondern Nachteile bringen, konnte inzwischen dort, wo sie aufgespürt wurden, der Garaus gemacht werden. Und schließlich haben Frauenbeauftragte, Frauenförderpläne und Frauenquoten das ihre dazu beigetragen, den immer noch vorhandenen ungleichen Lebenssituationen und Chancen von Männern und Frauen entgegenzuwirken und mehr reale Gleichheit herzustellen.

Das Ergebnis von alldem lässt sich durchaus sehen: Es zeigt sich in der gestiegenen Zahl von Frauen in unseren Parlamenten, im Gleichziehen der Frauen mit den Männern, was Bildung und berufliche Qualifizierung betrifft, in der Zunahme der Erwerbstätigkeit auch von Müttern, im gewachsenen Selbstbewusstsein junger Frauen und nicht zuletzt darin, dass junge Leute, ob männlich oder weiblich, ganz überwiegend den Wunsch nach einer partnerschaftlichen Beziehung hegen. Das alles ist höchst erfreulich.

Doch so sehr man diese äußerlichen Erfolge preisen kann, so schwer fällt es der Gleichberechtigung hierzulande leider immer noch, sich in den Köpfen der Menschen zu etablieren, ihre Einstellungen zu prägen und ihre Verhaltensmuster zu verändern. Zwar bemüht man sich ersichtlich um Political Correctness und weist vehement von sich, Ressentiments gegenüber Frauen zu haben oder Männer bei der Jobvergabe zu bevorzugen. Wenn dann trotzdem immer wieder ein männlicher Bewerber den Zuschlag erhält, ist dies natürlich allein dem bedauerlichen Umstand geschuldet, dass er eben über eine besondere Gabe verfügt, mit der er letztlich doch besser punkten kann als seine Mitbewerberinnen. Wie kann man da schon an ihm vorbeikommen? Und ein Jammer ist, dass die Frauen in bestimmten Berufsbereichen noch deutlich unterrepräsentiert sind. Wie gern würde man dies beheben, doch geeignete Frauen sind leider immer noch Mangelware. Aber zum Trost, die Zeit wird es schon irgendwann richten. Wer kennt nicht diese wohlfeilen Worte?

Diese nach außen getragene Emanzipationsfreundlichkeit übertüncht nur, was im Mentalen noch Urstände feiert und sich zählebig hält: die alten Rollenklischees, die intuitiv das Verhalten steuern, nicht nur bei Männern, leider auch bei Frauen. Man denke dabei nicht nur an Eva Herman und ihren medienwirksamen Griff in die Klamottenkiste fraulicher Tugenden und männlichen Beschützergeistes. Allerdings sind das Aufsehen, das sie damit erregen konnte, und der Applaus wie die Empörung, die ihr beschieden waren, deutliches Indiz dafür, dass solcherart Zuordnung männlicher und weiblicher Eigenschaften durchaus noch das Denken beherrscht. Wie anders ist es sonst zu erklären, dass Männer wie Frauen, jedenfalls in unserem Land, immer noch mehrheitlich der Meinung sind, Frauen sollten ihre Erwerbstätigkeit zugunsten der Kindererziehung unterbrechen? Und wie anders lässt sich begründen, warum der Name des Mannes auch weiterhin ganz überwiegend zum Ehenamen und Namen des Kindes erkoren wird, obwohl das Recht es nun schon seit mehr als drei Jahrzehnten ermöglicht, hier auch den Namen der Frau zu wählen?

Gewiss, da gibt es die selbstbewussten jungen Frauen, für die Gleichberechtigung kein Thema mehr ist; meinen sie doch, sie sei längst erreicht und sie müssten nur ihre Talente zum Einsatz bringen, um sich die Welt zu erobern. Doch auch sie merken schon bald, dass dem Umstand, sie könnten ja bald einmal ein Kind bekommen, im Berufsleben bei der Vergabe interessanter Positionen oftmals mehr Gewicht beigemessen wird als ihren Fähigkeiten. »Vorsicht, gebärfähig!« prangt da auf ihrer Stirn. Und wie sie es drehen und wenden, sie werden vom Kind her definiert.

Verzichten sie auf Nachwuchs, ist das suspekt, denn dahinter kann ja nur Egoismus stecken. Das Attribut »karrieregeil« ist hier schnell eingefangen und klingt nicht gut gemeint. Gleiches ist eben doch nicht ganz gleich: Was den Mann schmückt – der Wille, die Stufenleiter des Erfolgs emporzusteigen und nach der Macht zu greifen –, ist bei einer Frau Machtbesessenheit und steht ihr nicht gut zu Gesicht; wer möchte schon mit einem verbissenen Weibsbild zusammenarbeiten? Und was heißt hier Fähigkeiten? Von besonderem Interesse ist doch: Wie sieht sie aus? So kritisch beäugt und etikettiert, schwindet leicht Selbstvertrauen und Selbstsicherheit. Statt sich zu überschätzen und dem Feminismus zu frönen, ist es vielleicht doch besser, das Feminine, die sanftmütige Zurückhaltung zu üben, wie Mann es mag, denkt da so manche. Deshalb trumpfen Frauen seltener mit ihren Begabungen auf, denn sie könnten ja dadurch abstoßend wirken. Doch wird ihnen solch Unterlassen nicht gelohnt, sondern als »typisch Frau« verzeichnet, die ihr Licht unter den Scheffel stellt, allzu leicht einen Rückzieher macht und sich unter Wert verkauft. Mangelnde Führungsqualität wird ihr dafür bescheinigt – das Spielchen kann man männliche Selffulfilling Prophecy, aber auch weibliche Nachgiebigkeit nennen. Da hilft es nicht, sich über die Ellenbogenmentalität der Männer als Grund für unerfüllte Karriereträume zu beklagen und klein beizugeben, da ist Selbstvertrauen, Stehvermögen und Kampfesgeist angesagt.

Wenn sich bei Frauen aber Kinder einstellen, dann droht ihnen beim Wunsch, berufliche Karriere und Familie unter einen Hut zu bringen, der Vorwurf, eine Rabenmutter zu sein. Und welch Trauerspiel, diesen Schuh ziehen sich Frauen dann häufig auch noch selbst an. Da nagt das schlechte Gewissen, sie würden aus purem Eigennutz schmählich ihr Kind vernachlässigen. So sind nicht allein die noch fehlenden Krippenplätze der Grund dafür, dass Frauen, um sich der Kinderbetreuung zu widmen, beruflich eine Weile pausieren, zumindest aber die Arbeitszeit reduzieren. Es ist auch das ihnen eingeimpfte und verinnerlichte Gefühl, als Frau und Mutter für Kind und Familie maßgeblich verantwortlich zu sein. Und Bestätigung für diesen »natürlichen Muttertrieb« finden sie in dem Applaus, den sie allseits dafür erhalten. Kehren sie aber später wieder in das Berufsleben zurück oder wollen hier wieder volle Fahrt aufnehmen, dann stellen sie zumeist enttäuscht fest: Der Zug zur beruflichen Karriere ist längst abgefahren. Wer zu spät kommt, den bestraft eben auch hier das Leben. Da vermag die Genugtuung, sich für die Kinder aufgeopfert zu haben, nur unzulänglich über die sich breitmachende Resignation hinwegzuhelfen.

Es zeigt sich, dass Frauen, die zwischen gesellschaftlicher Zuschreibung und ihrem eigenem Bild von Weiblichkeit im Kopf versuchen, dem Klischeebild zu entsprechen, sich oftmals ein Bein stellen, statt sich zu (er)finden.

Aber auch die jungen Männer haben es heutzutage nicht leicht, sich zu verorten. Da sehen sie einerseits mit Argwohn, wie die Frauen aufgeholt haben, in die bisher von Männern beherrschte Domäne der Berufswelt eingedrungen sind und dort mit ihnen konkurrieren. Dabei Gefahr zu laufen, beim Rennen um die guten Plätze zu verlieren, nagt am Selbstwertgefühl und am männlichen Stolz, denn beruflicher Erfolg ist immer noch ein Synonym für Männlichkeit. Andererseits wird ihren wachsenden Wünschen und erfreulichen Versuchen, in eine neue Vaterrolle zu schlüpfen, mit gehöriger Skepsis, Häme, männlichem wie weiblichem Widerstand begegnet.

Da sind Vorgesetzte, die für den Wunsch eines Mannes, beruflich auszusteigen und seine Kinder zu betreuen, nur Unverständnis aufbringen. Da sind Kollegen, die sich hinterrücks über ihn lustig machen. Da sind Mütter, die die Kinderzimmer als ureigenes Terrain verteidigen, Hausmänner misstrauisch beäugen und bestreiten, dass diese imstande sind, für ein Kind »wie eine gute Mutter« zu sorgen. Das Windelwechseln und der Spielplatzbesuch passen noch so gar nicht ins Bild vom gestandenen Mann, dessen Potenz nach wie vor an der beruflichen Karriere gemessen wird. Da ist es kein Wunder, dass Männer hin- und hergerissen sind zwischen dem Bedürfnis, sich dem Kind zu widmen, und der Angst, als Mann nicht für voll genommen zu werden. Und sich letztlich, wenn überhaupt, dann doch nur für einen kleinen, zumeist auf zwei Monate begrenzten Abstecher in die Babypause entscheiden, sich ansonsten aber mit vollem Einsatz ins Zeug des Beruflichen werfen und weiter an die Karriere klammern, um daraus ihren Selbstwert zu schöpfen.

Auch sie sind insofern Gefangene der Klischees über sich selbst und stecken in der Sackgasse einfältiger Lebensentwürfe fest – da sind ihnen die Frauen sogar ein Stück weit voraus, denn sie haben ihre Einbahnstraße inzwischen verlassen. Arme Männer!

Doch bemitleiden wir sie nicht zu früh; denn haben sie es, auch dank der Steigbügel, die ihnen von Vorgesetzten gehalten wurden, erst einmal geschafft, die Chefsessel zu erklimmen, dann sind alle männlichen Selbstzweifel perdu, und das Gefühl wahrer Männlichkeit bricht sich in ihnen Bahn. Dann wähnen sie sich als die Größten, aus natürlicher Kraft und Überlegenheit, tragen ein ungebrochenes Ego zur Schau, halten sich für unersetzlich, kosten es aus, ihre Macht nach Gutdünken auszuspielen, und sind sorgsam darauf bedacht, dass ihre Einflusssphäre maßgeblich in Männerhänden bleibt. Hier oben, in den Gipfelhöhen der Vorstandsetagen, da finden wir also noch die wahren Patriarchen, da ist ihr Refugium, ihre Trutzburg gegen weibliche Infiltration, da herrscht noch eitel Freude über die männliche Erhabenheit. Allein auf ihre Großzügigkeit führen sie es zurück, wenn in diese erlauchten Kreise auch ab und an eine Frau eingelassen wird, als Feigenblatt oder Schmuckstück, wie es beliebt, aber jedenfalls als Unikum. Übertreiben sollte man nicht. Und kluge Zuarbeiterinnen sind herzlich willkommen, Mann ist ja dem Weiblichen gegenüber durchaus aufgeschlossen.

Werden diese Bastionen männlicher Herrschaft nicht endlich von Frauen gestürmt und solchem Gehabe ein Ende bereitet, dann wird sich wenig am männlich-weiblichen Klipp-klapp-Schema von Lebensentwürfen ändern, dann folgen junge Männer weiter dem Ruf ihrer Väter, sich als »echter« Mann zu erweisen. Ihnen und sich selbst zuliebe sollten Frauen deshalb ihren Vormarsch zu den Gipfeln weiter vorantreiben und dabei nicht zögern. Dafür aber müssen sie auch von dem Gefühl lassen, das Beste für ein Kind zu sein, aufhören, die Familie als ihr ureigenes Terrain zu verteidigen, Männern hier mehr Zutritt gewähren, ihnen Zutrauen schenken und hoch anrechnen, wenn sie sich auch um die Kinder kümmern wollen. Es gilt, uns alle von den Schablonen vermeintlicher Männlichkeit und Weiblichkeit zu befreien, damit jeder seinen Weg zur Selbstentfaltung finden und ihn gehen kann, im Beruf wie in der Familie. So könnten Lebensläufe zum Wohlfühlen entstehen, ungeachtet des Geschlechts. Emanzipation von Geschlechterklischees, vor allem das bedeutet Gleichberechtigung.

ULI AIGNER   Künstlerin

Keimzellen des Staates

ALEXA HENNIG VON LANGE Schriftstellerin

Verboten, verdorben, versteckt

Ich fühle mich wie eine Impression, verboten, verdorben, versteckt, aufgehalten in seiner Vielfalt.

Ich bin mit den Schlagworten der 1970er-Jahre erzogen worden:»Mach dich nie von einem Mann abhängig!« Oder:»Kind, heirate bloß nicht!« Oder:»Sei finanziell unabhängig!« Was ich für das persönliche Mantra meiner Mutter hielt, offenbarte sich mir nach und nach als Leitmotiv einer ganzen Frauenbewegung, angeführt von Simone de Beauvoir. Weg vom Mann, hin zur Selbstständigkeit – in diesem Bewusstsein wuchs ich auf; schon als Mädchen, in der Vorbereitung auf mein Leben als schreibende Frau, achtete ich darauf, unbedingte Unabhängigkeit zu demonstrieren.

Nur verstand ich noch nicht den Unterschied zwischen innerer und äußerer Unabhängigkeit, weswegen ich, sobald ich meinen ersten Freund hatte, erst einmal bemüht war, ihm klarzumachen, dass mit mir nicht zu spaßen sei. Ich bestimmte, zu welchen Konditionen unsere Beziehung abzulaufen hatte;»gehorchte« er nicht, drehte ich durch und drohte mit Selbstmord. Erschrocken über derartige Irrationalität, schenkte mir ebendieser Freund zum nächsten Weihnachtsfest das damals jüngst erschienene Suhrkamp-Buch *WahnsinnsFrauen*, darin fanden sich Kurzbiografien von Schriftstellerinnen und anderen intellektuell und schöpferisch tätigen Frauen, die zeit ihres Lebens für ihre Unabhängigkeit und gegen den inneren Wahnsinn zu kämpfen versuchten. Mein eingeschüchterter Freund schrieb mir als Widmung hinein:»Liebe Alexa, nur teilweise habe ich dieses Buch gelesen, glaube aber, dass es dir gut gefallen könnte. Frohe Weihnachten!«

Die Notiz auf dem Zettel hatte ich bereits als Dreizehnjährige aufgeschrieben. Ich arbeitete damals an einer Geschichte über eine alleinerziehende Mutter. Wie erfreut war ich – und wie bestätigt fühlte ich mich in meinen Empfindungen hinsichtlich der von Männern dominierten Gesellschaft –, als ich in den *WahnsinnsFrauen* bei der Biografie von Camille Claudel ankam und das dort angeführte Zitat las: »Ich bin wie ein Kohlkopf, von Raupen zerfressen, sobald ich ein Blatt austreibe, fressen sie es auf.« (Camille Claudel, nach 1907) In gewisser Weise empfanden wir identisch. Das Weibliche wurde konsequent pathologisiert. In diesem Moment hatte ich mein Thema gefunden: »Wo hört der Wahnsinn auf, und wo fängt die Unabhängigkeit an?«

Mann, oh Mann!

1. Schuhe aus hellbraunem Leder und Leinensto
weite Bundfaltenhose Kim Kara **4. Beuteltasche au**
Ring mit Gravur Frau der Ringe **6. Sonnenbrille mit**
Noa **8. Make up** MAC Cosmetics **9. Frisur Blonder E**

nondo **2. Blazer mit Stehkragen** Steffen Schraut **3.**
er **mit Goldschnallen** Thomas Burberry **5. Goldener**
m Gestell Fielmann **7. Tuch mit grünen Streifen** Noa
do Walz **10. Ohrringe und Rest** Familienerbstück.

Ballerina

Es beginnt noch nicht
Meine Bewegung
Setzt nach der Musik ein

Sieh ruhig schon her
Der Anfang ist unbedeutend Anfänge
Sind so Etwas wir kommen Du weißt es

Schau mir zu: Das was ihr Tanz nennt
Hat seinen Ursprung in einer entsetzlichen Wut
Die nur Erschöpfung löscht

Sieh was ich kann: Tauben und Schwäne
Tanzen Sieben Schätze Feen mit schmaler
Taille und einem gigantischen Reifrock
Was ich für Glück halte – wenn ich Glück tanzen will –
Springt hoch und hat seinen Umfang

Sieh auch was mich nicht interessiert: Alles
das aufgrund einer Verfehlung
seinen mitleidlosen Lauf nimmt
Tragödien sind vorhersehbar
Dafür trainiere ich nicht

Die Schrittfolge die du erkennst
habe ich gestern entwickelt

Wir saßen da ohne uns zu gefallen
Meine Rede war improvisiert

Colombina

Meine Herrin sagt: hellster
Ort im Haus, sättigend
Aber nachts diene ich nicht
Knete nicht Nichts
kocht vor sich hin
Nachts misst kein glückliches
Herz hundert Gramm Hirse ab Zerteilt
Hoffnung allein keinen Fisch
Wenn du den Garten riechen
Willst Improvisiere

Zwei Blätter Kerbel
sind leicht zu zerreiben
Stell dir grünen
Abendregen vor
Paradiesäpfel oder ein Kerzenfest
Mach daraus etwas

Die Küche ist ordentlich Aber
Es ist die Ordnung der heimlichen
Melancholiker Das heißt Neben
Dem toten Kaninchen liegen: Messer
In drei Größen Gabeln Löffel
Zerquetschte Johannisbeeren
Die bluten noch
Schau nicht hin

Du kannst dir ein Stück
Vom Brotmann abbrechen
Er hat keinen Namen
Schläft nachts ziemlich fest
Ein bequem ausgestreckter Körper
Und weich! Fass mal die Fußsohlen an

SILKE SCHEUERMANN

Gruß aus der Villa Massimo

*Aus dem Italienisch –
lehrheft der
Villa Massimo 2009*

THEA DORN Schriftstellerin und Fersehmoderatorin

Der König ist geköpft

Patriarchat:
            Gott ist tot.
                        Der König geköpft.
Nur Papa glaubt,
            er könne einfach so weitermachen.

Schwankende Zwischenbilanz

Nun ja, ich mag die Jungs. Sie machen mir keine Angst, haben mich nie schlecht behandelt, und das Kaffeekochen im Dienst ist auch schon ganz lange her. Aber je länger man lebt, umso einfacher werden die Dinge: in Konferenzen abwarten, bis jeder Mann, der auf sich hält, sein Teil geredet hat. Mit anderen Frauen Blicke tauschen; manche lächeln still, manche verdrehen die Augen. Die inneren Konferenzen werden kürzer, doch der Kometenschweif glüht noch immer nach: Warum lassen wir uns das bieten? Sollten wir nicht ... Die andere Seite pariert mit melancholisch-narzisstischem Lächeln: Lass sie doch, die Jungs, die brauchen das.

Zwei Fragen immerdar: Ist das die Feigheit des Mädchens, das nicht alles riskieren will, nicht Anmut & Charme & Weiblichkeit, und das sich vor der Einsicht drückt, es könnte vielleicht nicht bestehen? Das ist aber nicht so wichtig. Von Bedeutung ist nur die andere Frage – ob das Turniergehabe, das wir mit leise-ambivalenter Verachtung als archaisches Sandkastenspiel betrachten, nicht doch der Anfang vom Panzerkrieg ist. Bis einer heult! Und ob wir, im ruhigen Westen, uns nicht moralisch verschulden, wenn wir das lässig nehmen, mit anthropologischer Ironie, mit unserem »Der ist nicht böse, der will nur spielen«. Ob es nicht unsere Aufgabe wäre, mit historischem Pathos gesprochen, gerade jetzt, an dieser Stelle, unnachgiebig zu sein, lästig, nicht elegant. Aufs Zuhören zu pochen, auf Symmetrie. Unsere Jungs nicht zu verziehen, die Kleinen und die Großen.

Ich gebe zu, ich schwanke. Das ist meine Gegenwart. Ich denke: Berlusconi, Schmidt et alii, das sind verschwindende Größen. Schröder natürlich auch. Und der Dosenpfand-Umweltminister Trittin und Fischer, und jetzt ist ja eine Kanzlerin da. Aber natürlich weiß ich, dass Gesine Schwan explizit als Frau an Grenzen stößt, und ich sehe, in meiner Sphäre, dass vieles beim Alten geblieben ist: Die Jungs machen das unter sich aus; es gibt eine kleine Revolte, die Plätze werden neu verteilt, dann ist wieder Ruhe im Karton bis zum nächsten Mal.

Das geht ganz prima ohne uns, es geht überhaupt nur ohne uns. Wir haben es alle einzeln geschafft, was immer es war, und es ist ganz unter unserer Würde, uns jetzt noch als Frauen zu organisieren. Der Biologismus der Benachteiligten, den wollen wir aber nicht!

Es sind immer dieselben Konflikte. Es sind, scheint mir, auch immer dieselben Lösungen: freundliche Unnachgiebigkeit. Strukturelle Maßnahmen, die Individuen entlasten; die berühmten Rahmenbedingungen, die dafür sorgen, dass Männer- und Frauenbiografien sich einander angleichen können, ohne dass die Einzelnen einen Preis dafür zahlen, der sie deformiert. Gesetze, Reformen, Erlasse; das ganze dröge Zeug, das so schwer zu kriegen ist, und die einzige Chance. Auch für die Jungs.

P. S. zum frühkindlichen Kram:
Als Mutter eines Kindergartensohnes führe ich nicht den vergeblichen Kampf gegen Lärmen, Kämpfen, Monsterfiguren. Offenbar muss da etwas sein, wie bei den Mädchen die Prinzessin Lilifee, woran die Konzepte scheitern. Und als Schwester dreier friedlicher Brüder, die alle Indianer waren, bin ich da sorglos, gelassen. Ich denke an die Erwachsenen. Nicht an Angleichung in allem, sondern an Teilung der Sphären: Ob Box- oder Ruderklub, es sollte immerhin moglich sein, dass Jungs die Sachen unter sich so austragen, wie es ihnen behagt, während wir reden, reden, Prosecco trinken.
Nur da, wo wir uns treffen, eben in den Konferenzen, wo jetzt noch die Alphatiere, männlich, reden, und die Alphatiere, weiblich, verkniffen lächelnd schweigen, da trieze ich mich zur Mündigkeit.

JULIANE BANSE Sopranistin

Die Fäden in der Hand

Eigentlich klappt es doch bestens, das Patriarchat, wenn wir darauf achten, die Fäden fest in der Hand zu halten.

Solange
- hinter jedem erfolgreichen Mann eine starke Frau steht
- der Chefsekretärinnensessel eine Frauendomäne bleibt
- die Navigationssysteme von Frauen besprochen werden
- die Frauen weiter das Kindergebären übernehmen
- vornehmlich Frauen unsere Kinder erziehen
- die Fußballerfrauen ihren Männern zu Glamour verhelfen
- nicht zu viele Sopranisten den Rausch der hohen Töne entdecken

Es gibt ja auch eigentlich keine Alternative! Man stelle sich einmal die umgekehrte Konstellation vor ...
Für ein Matriarchat sind die Männer einfach nicht stark genug.

Mein Vater, die Frauen und ich

Vater, Mutter, ein Sohn, zwei Töchter – das ist die Familie Hayali in Deutschland. Die perfekte Familie, denn mein Bruder Nahed ist auch noch der Erstgeborene. Aber ob nun Erst-, Zweit- oder Drittgeborener, welchen Stellenwert ein Sohn in unserer arabischen Familie hat, zeigt schon die traditionelle Begrüßung: »Hallo Vater von Nahed, hallo Mutter von Nahed, schön, dass ihr da seid.« Nur nebenbei: Diese Begrüßung findet immer so statt, völlig egal, ob Nahed nun anwesend ist oder nicht. Als Tochter stand ich daneben und dachte: Schön, ich bin auch noch da, aber das scheint niemanden zu interessieren. Im Lauf der Zeit habe ich mich dagegen gewehrt und ein »Hallo Vater von Dunja« durchgesetzt. Am Anfang dachten sowohl meine Eltern als auch die Gastgeber, es sei ein Spaß, aber nach Jahren des Korrigierens merkte auch der Letzte, dass ich es ernst meine. Mein kleiner erster Erfolg gegen das arabisch-patriarchalische Machtgefüge.

Ich bin in einer Familie aufgewachsen, in der die arabische Kultur eine große Rolle spielt – und die Erziehung folgendermaßen aussah: Mein Bruder durfte alles, meine Schwester nichts, und ich Sturkopf nahm mir einfach meine Freiheiten. Außerdem waren meine Eltern etwas zu alt und müde, um sich noch gegen mich durchzusetzen. Im Übrigen habe ich ja eine Schwester, die meine Eltern zuvor versucht hatten zu ändern – wenn auch meist erfolglos.

Meine Schwester Maha und mich trennen zwar elf Jahre, und meist kämpft eine Fünfzehnjährige andere Kämpfe als eine Vierjährige, aber ich habe damals gelernt, mich mit meiner Schwester gegen das arabische Patriarchat meines Vaters aufzulehnen. Wir waren nie Konkurrentinnen, sondern haben uns immer geholfen, auch weil wir erkannt haben, dass wir so viel mehr erreichen können. Eine Erfahrung, die mich geprägt hat. Auch weil ich gesehen habe, wie sich mein Vater durch uns, durch unsere Stärke, unseren Zusammenhalt geändert hat.

Kurzum: Das heimische Patriarchat ist Geschichte. Und doch: Es lebe das Patriarchat. Denn, auch wenn ich es ungern zugebe, weite Teile unserer Gesellschaft sind immer noch von Männern dominiert: Es gibt keine einzige Frau, die einen Fußballklub in der ersten Bundesliga bei den Männern managt, kaum Frauen, die im Vorstand großer Unternehmen sitzen, selbst in meinem Umfeld finde ich nur wenige Frauen in Spitzenpositionen, in der Programm- und Chefredaktion, im Verwaltungs- und Fernsehrat. Es klingt abgedroschen, aber leider entspricht es immer noch der Wahrheit.

Doch woran liegt das? Es nur auf das Patriarchat zu schieben wäre zu leicht. Genauso leicht, wie sich darauf auszuruhen oder sich nur darüber zu beschweren.

Meine überschaubare Erfahrung von fünfunddreißig Jahren zeigt mir, dass sich zu viele von uns einfach selbst im Weg stehen. Das mag auch daran liegen, dass Frauen oftmals andere Frauen – und nicht, wie vielleicht vermutet, die Männer – als größere Gegner beziehungsweise als die größere Bedrohung auf dem Weg nach oben sehen. Synergien schaffen, sich verbünden, sich helfen und unterstützen, so wie es uns die Männer vorgemacht haben – das kommt für Frau noch viel zu selten infrage.

Bloß keine Schwäche zeigen, bloß keine Berufs- und Erfolgsgeheimnisse preisgeben und teilen, keine andere Frau neben sich dulden. Das sollten wir ändern. Und glücklicherweise gibt es mittlerweile Ausnahmen – einigen von ihnen durfte ich auf meinem Berufsweg schon begegnen.

Dies alles hören wir natürlich nicht gern, denn andere Erklärungen, zum Beispiel, dass die Männer an allem schuld seien, sind deutlich bequemer. Doch solange wir in den Grundzügen so denken, wird sich die alte Herrschaftsform nicht knacken lassen, wird es uns nicht gelingen, die Stammbaumlinie des vermeintlich starken Geschlechts zu durchbrechen. Aber das zu erreichen ist unsere Aufgabe, nicht die der Männer. Und solange wir die Männer nicht gemeinsam und ernsthaft herausfordern, schauen sie einfach weiterhin gelassen zu, wie wir uns selbst im Weg stehen. Warum auch nicht?

Mein Vater hat sich lange gegen das Aufbrechen seines kleinen Patriarchats gewehrt, aber am Ende erkannt, dass er gegen unseren Zusammenhalt nichts ausrichten kann und es besser ist, wenn er uns unterstützt, unsere Stärken fördert, uns vertraut und uns nicht kleinhält. Ich weiß, es war kein leichter Weg für ihn. Dass er ihn dennoch gegangen ist, dafür danke ich ihm sehr.

Den Kampf kämpfen

Patriarchische Strukturen haben mich von klein auf geprägt. Mein Vater führte ein mittelständisches Unternehmen, das, so wie es in allen Unternehmerfamilien üblich ist, auch unser Familienleben stark beeinflusste. Gespräche bei Tisch drehten sich immer um die Probleme im Betrieb – aber auch Erfolge wurden gerne diskutiert.

Keine Diskussion war hingegen möglich, wenn es darum ging, die mir zugewiesenen Aufgaben in der Firma meines Vaters zu erledigen. Meine Verantwortung wuchs dabei mit zunehmendem Alter. Mit acht Jahren begann ich mit der Herstellung von Knöpfen; ab meinem zwölften Lebensjahr schnitt ich Stoffe zu und tackerte Polsterungen. Wenn ich dabei gelegentlich meine Finger mittackerte, führte das nur bei mir zu Aufregung – mein Vater behielt die Ruhe und zog mit einer Zange die Klammern aus meinen Fingern wieder heraus. Nach dieser Erfahrung war ich froh, mich dann mit sechzehn Jahren der Buchführung widmen zu dürfen – eine Tätigkeit, die mich früh zu Ordnung und Disziplin erzogen hat und die mir bis heute nützt.

Die Verantwortung, die mein Vater früh an mich herantrug, hat mir nicht geschadet – ganz im Gegenteil. Beim Aufbau meines eigenen Unternehmens habe ich davon stark profitiert. Es ist mir ein wichtiges Anliegen, meine Erfahrung an andere Frauen weiterzugeben und ihnen zu vermitteln, wie viel Kraft und Energie in uns steckt. Eine Energie, die besonders im Wirtschaftsleben noch viel sichtbarer werden muss. Dafür kämpfe ich heute. Diesen Kampf zu führen und durchzuhalten habe ich gelernt.

INGVILD GOETZ Sammlerin

Stell dir vor, es ist Matriarchat, und keiner geht hin

In meinen Augen stehen die Tore weit offen für eine Neupositionierung der Frauenrolle in unserer Gesellschaft. Ob sie dann ein Matriarchat sein müsste, kann dabei dahinstehen, jedenfalls geht es um ein ausgeglichenes Geschlechterverhältnis bei der Teilhabe an Entscheidungen in politischer, wirtschaftlicher und kultureller Hinsicht. Und interessanterweise können wir auch einen Entwicklungsprozess in einigen wenigen muslimischen Ländern beobachten. Die Türkei und Pakistan wurden bereits von Frauen regiert, und in einigen muslimischen Ländern genießen Frauen eine universitäre Ausbildung. Es geht um die Änderung des Selbstverständnisses und dann des Verhaltens.

»Und keiner geht hin« – in dem mir besonders vertrauten Kunst- und Kulturbereich sehe ich Chancengleichheit der Geschlechter. Aber viele Frauen nehmen die gestaltende oder die öffentlich exponierte Rolle absichtlich nicht ein. Ich kenne Sammlungen, die im Wesentlichen von Frauen gestaltet oder jedenfalls wesentlich mitgeprägt wurden. Aber »der Sammler« ist dann der Mann, er stellt sich stolz der Öffentlichkeit und repräsentiert das nicht selten weibliche Werk. Frauen fragen mich oft, wo denn nun der Mann, der Sammler, wäre. Als könnten sie sich nicht vorstellen, dass eine Frau diese Rolle selbst und allein spielt.

Rollenverständnisse, insbesondere der Mädchen, werden von ihren Müttern geprägt. Und die lehren noch heute eher, dass eine Frau öffentlich zurücksteht und das Gestalten der Außenwelt eher Teil der Männerrolle ist. Ich war verblüfft zu erfahren, dass einige der furchtbarsten Rituale, die an Frauen in Afrika vorgenommen werden, gerade von den älteren Frauen aufrechterhalten werden. Sie sind die Umerziehungszielscheibe der UN, nicht die Männer.

Ich glaube, dass uns Frauen heute sicher in der Kultur, aber eigentlich auch in allen anderen Bereichen alle Wege offenstehen, wenn wir sie denn beschreiten wollen. Das natürlich erfordert Aufwand, stellt ein ungewohntes Risiko dar und ist rollenuntypisch, weil Frauen bis jetzt lieber »aus der zweiten Reihe« gestalten. Treten wir also nach vorn, in die Alpha-Rolle. Männer werden uns dabei nicht selten helfen – vielleicht auch, weil sie ihre Konkurrenz wiederum in Männern sehen. Mein Mann gönnt mir diese Rolle als Sammlerin, allenfalls unterstützt er mich. Kein Modell des Matriarchats, sondern einer Funktionsteilung, in der jeder das für ihn Geeignete tut und der Partner das Wachstum des anderen fördert. Also, gute Nachrichten von der Geschlechterfront – soweit wir sie wollen.

GERTRAUDE KRELL Professorin für Betriebswirtschaftslehre a. D.

Think professor, think male

Gleich beginnt das Seminar zum Thema Diversity für BetriebsrätInnen und Personalverantwortliche. Im Programm ist ein Einführungsvortrag von Prof. Dr. G. Krell, Institut für Management, Freie Universität Berlin, angekündigt. Ich sitze im Kreis der Teilnehmenden. Einige stellen Überlegungen dazu an, wie der Herr Professor wohl so sein wird. Als ich mich dann als die Referentin zu erkennen gebe, wird überrascht zur Kenntnis genommen, dass es sich bei dem erwarteten »Professor« um eine Frau und damit um eine Professorin handelt.

Dieses Szenario habe ich frei erfunden. Es fiel mir spontan ein, als es in jenem Seminar um das Thema Kategorisierungen, Stereotype, Vorurteile ging – ein Thema, das für das Verständnis und das Management von Diversity beziehungsweise Vielfalt fundamental ist. Als ich den Teilnehmenden die ausgedachte Szene schilderte, meinten einige derer, denen mein Name kein Begriff war, bei einer Ankündigung von Prof. Dr. G. Krell hätten sie wohl tatsächlich einen Mann erwartet.

Das sogenannte Phänomen *think manager, think male*, d. h., dass die prototypische Führungskraft ein Mann ist, gehört zum Standardrepertoire der Forschung zu Führung und Geschlecht. Dass auch *think professor, think male* gilt, zeigen die folgenden Begebenheiten, die ich nicht erfunden, sondern tatsächlich erlebt habe (und das nicht nur einmal):

– Diverse Personen, die mich bei ihrem Erstbesuch in meinem Arbeitsbereich zufällig im Sekretariat antrafen, kategorisierten mich deshalb als Sekretärin und fragten, wann denn der Herr Professor zu sprechen sei.

– Ich erhielt zahlreiche E-Mails und Briefe, die nicht nur an »Herrn Prof. Dr. G. Krell«, sondern auch an »Herrn Prof. Dr. Gertraude Krell« adressiert waren. Meine erste Sekretärin – 61 inzwischen ist sie im wohlverdienten Ruhestand – hatte es sich zur Gewohnheit gemacht, solche Post mit dem Vermerk, es gebe hier nur eine *Frau* Prof. Krell, zurückzuschicken. Hinzufügen möchte ich, dass Post mit der Anschrift »Herr Prof. Dr. Gertraude Krell« und/oder der Anrede »Sehr geehrter Herr ...« nicht nur aus dem Ausland kommt (hier überwiegend von Promotionswilligen, die sich nicht die Mühe gemacht haben, wenigstens kurz die Homepage der Angeschriebenen anzuschauen).

Interner Ausschluss

Im Rahmen unseres Forschungsprojektes »WirtschaftswissenschaftlerInnen und akademische Karriere« gab ein Großteil der zunächst befragten wissenschaftlichen Mitarbeiterinnen an, sich »nicht am richtigen Ort«, »nicht unterstützt« oder »nicht beachtet« zu fühlen. In einem zweiten Schritt habe ich dann meine Professoren-Kollegen dazu interviewt. Da ich damals, im Frühjahr 2005, am Fachbereich Wirtschaftswissenschaft der Freien Universität Berlin noch immer die einzige Frau in dieser Statusgruppe war, handelte es sich bei meinen Interviewpartnern ausschließlich um Männer. In den Gesprächen habe ich ihnen unter anderem die genannten Ergebnisse rückgekoppelt und um deren Kommentierung gebeten. Zwei der Kommentare haben mich noch sehr lange beschäftigt. Ein älterer Kollege, der über die hohe Anzahl der Frauen im akademischen Mittelbau, die sich »nicht am richtigen Ort« fühlten, sichtlich erschüttert war, fragte mich, ob es mir manchmal auch so gehe.

Ein anderer Kollege bemerkte zu dem »nicht beachtet fühlen«, es könne ja sein, dass Professoren mit männlichen Mitarbeitern mehr reden, ohne dass ihnen das bewusst sei. Nach einer kurzen Pause ergänzte er: »Ehrlich, also vielleicht redet man, auch ich, doch mehr mit Männern.« Ich weiß bis heute nicht, ob ihm bewusst war, was er mir als Kollegin damit sagte.

Weitere Kategorisierungserlebnisse

Eine ehemalige Studentin berichtete mir Folgendes: Sie habe überlegt, ob sie sich bei mir als wissenschaftliche Mitarbeiterin bewerben solle. Als sie das einem Bekannten erzählte, der an einem anderen Lehrstuhl arbeitete, war dessen Kommentar: »Aber da sind doch nur Lesben und Emanzen!« Ich war und bin, wie ich bei dieser Gelegenheit endlich einmal outen möchte, heterosexuell.

Aufschlussreich hinsichtlich der »Schubladisierung« von Geschlechterforscherinnen und gleichstellungspolitisch Engagierten sind auch folgende Reaktionen von Männern, die mich per Mail als Referentin für eine Tagung engagiert hatten. Wenn wir uns dann zum ersten Mal gegenüberstanden, wurde ich mit den Worten empfangen, sie hätten keine »so feminine« – oder auch »so charmante« – Person erwartet. Meine Frage »Was für eine denn dann?« wurde zwar nie beantwortet, hat aber hoffentlich manch einen zum Nachdenken gebracht.

SUSANNE KRONZUCKER   Journalistin und Fernsehmoderatorin

Psychologie im Patriarchat

Ich bin eine Frau, verheiratet, Mutter von zwei Kindern. Mein Mann verdient das Geld, ich arbeite Teilzeit.

Das ist Leben im Patriarchat

Bemerkenswert ist, dass ich es nicht anders will.

Das ist Psychologie im Patriarchat

Ich möchte weder ledig noch kinderlos, nicht alleinerziehend sein und auch nicht Vollzeit arbeiten.

Das ist privilegiert im Patriarchat

PETRA SCHWILLE Professorin für Biophysik

Gemischte Streichquartette

(Natur-)Wissenschaftlerin zu sein prädestiniert mich nicht gerade dafür, über meine Erfahrungen mit dem Patriarchat zu schreiben. Wenn es eine Gruppe innerhalb unserer Gesellschaft gibt, die Hierarchien allgemein und das Patriarchat im Besonderen nicht nachhaltig pflegt, so sind das die Wissenschaftler. Genau genommen die unter ihnen, die sich nicht aus Geld- oder Prestigegründen, sondern aus Neigung und Neugier für ein Forscherleben entschieden haben – und da die Bezahlung von Wissenschaftlern an deutschen Universitäten immer dürftiger wird, ist das heutzutage ein ziemlich hoher Prozentsatz.

Wenn ich eine einfache Erklärung dafür geben soll, warum Wissenschaft und Patriarchat nicht zusammenpassen, dann sage ich jetzt einfach mal provokativ: Das Patriarchat kann eben kein zufriedenstellendes Gesellschaftsmodell für intelligente Menschen sein. Will man etwas ausführlicher an die Sache herangehen, könnte man argumentieren, dass Wissenschaftler ihr Leben nicht auf Traditionen und Glaubenssätzen oder gar körperlichen Merkmalen, sondern auf Verständnis aufbauen, geschaffene Strukturen gern hinterfragen und schlüssige Beweise als einzige Autoritäten anerkennen. Einen stichhaltigen Grund dafür, dass Männer über Frauen bestimmen sollten, ist uns die Geschichte des Patriarchats indessen schuldig geblieben, zumal in unseren Zeiten die reine Körperkraft eher negativ mit dem gesellschaftlichen Status von Menschen korreliert.
Ich könnte den Beitrag nun einfach beenden, wenn mein Leben darin bestünde, den ganzen Tag mit intelligenten Männern und Frauen über spannende Theorien und Experimente zu diskutieren und dem ganzen Mann-Frau-Hierarchie-Gedöns schlicht aus dem Weg zu gehen, denn ich kann reinsten Herzens sagen: In unserer täglichen Arbeit ist es völlig unerheblich, welches Geschlecht ein Mensch hat. Weder erwächst ihm daraus ein Vorteil, noch spielt es in der Forschung selbst eine

Rolle. So kann ich als Kompliment für alle meine Kollegen, Lehrer, Kommilitonen und Mitarbeiter sagen, dass ich in meiner wissenschaftlichen Laufbahn niemals unter einem ernst zu nehmenden chauvinistischen Kommentar oder einer patriarchalen Struktur zu leiden hatte.

Und damit nicht genug! Ich habe auch noch das Glück, mit Dresden in einer der frauen- und familienfreundlichsten Städte Deutschlands zu leben, wo die Segnungen einer flächendeckenden Kinderbetreuung dem Überschwappen patriarchalisch-konservativer Tendenzen nach der Wende standgehalten haben. Kein Gedanke daran, für den raschen Wiedereinstieg in den Beruf nach der Geburt vorwurfsvoll angeschaut zu werden. Und im öffentlichen Leben unseres Wohnviertels (zugegebenermaßen recht akademisch geprägt), wohin man auch blickt: fast genauso viele stolze Papis wie Mamis mit Tragetüchern und Kinderwagen, beim Abholen im Kindergarten oder auf der Bank auf dem Spielplatz. Das war's mit dem Patriarchat, denkt man in so manch einem optimistischen Augenblick.

Doch ganz so ist es leider dann doch nicht. Mein Leben besteht eben nicht nur aus Wissenschaft und findet nicht nur in unserem Dresdner Idyll statt, und die Nachrichten davon, was auf anderen Kontinenten oder auch in Parallelgesellschaften innerhalb unseres eigenen Landes mit Frauen geschieht, lassen sich nicht ignorieren. Genauso wenig wie die allgegenwärtigen Bilder halb nackter Damen mit wehendem Haar auf Litfasssäulen und TV-Magazinen oder die Impressionen von gelhaarigen Machojungs mit Handy am Ohr, die in der Fußgängerzone bauchfreie, kichernde Teenies um sich scharen. In etwas gehobeneren Kreisen verbünden sich prominente Damen in der Midlife-Crisis mit weltfremd lächelnden katholischen Geistlichen, um der alleinigen Mutterrolle der Frau zu neuem Glanz zu verhelfen.

All das könnte einen wiederum zum Verzweifeln bringen, nicht etwa an den Männern, sondern an den Frauen – zu denen man ja gehört und die man infolgedessen verstehen müsste –, was sie eigentlich bewegt, sich in diese unselige gesellschaftliche Rolle des besitz- und dominierbaren Objekts, die nun nach Jahrtausenden endlich abgelegt werden könnte, immer wieder aufs Neue hineinzumanövrieren. Der Kinderwunsch als solcher kann es nicht mehr sein. Es ist heutzutage durchaus möglich, ohne allzu große Zugeständnisse gegenüber einem Mann ein Kind zu bekommen. Außerdem gibt es in unseren Breiten genügend nette, vernünftige Männer, die keine Unterwerfungsspielchen nötig haben. Was aber nicht heißt, dass ebendiese netten, vernünftigen Männer einen daran hindern, wenn man es denn so will, spätestens nach der Geburt des ersten Kindes beruflich und gesellschaftlich die zweite Geige zu spielen. Und hier liegt der Hase im Pfeffer: Offenbar wollen das immer noch sehr viele Frauen. Es muss also für uns ein besonderer Reiz darin liegen, die zweite Geige zu spielen.

Ich habe in einem Streichquartett lange Zeit die zweite Geige gespielt. Was einfach daran lag, dass die erste Geige wesentlich besser war als ich! Und ich gebe zu, dass es mir unverständlich ist, wie jemand diese Rolle für sich gewissermaßen a priori akzeptieren kann, ohne vorher mit der jeweils ersten Geige abzumachen, wer besser spielt. In meinem Fall war die erste Geige ebenfalls eine Frau, daher lag es fern, meine Inferiorität aus meinem Geschlecht abzuleiten. Aber man denke sich, jemand stellte die Regel auf, dass in gemischten Streichquartetten die Männer immer erste, die Frauen immer zweite Geige spielen sollen. Was für ein Unsinn, würde man sagen. Wenn es um die Rolle des »Ernährers« oder wenigstens »Haupternährers« in deutschen Haushalten geht, wird dieser Unsinn aber durchaus gepflegt, selbst in scheinbar aufgeklärten, emanzipierten Ländern wie Deutschland. Worin besteht dieser spezifische Reiz für Frauen, spätestens nach Abschluss ihrer Ausbildung das gesellschaftliche Zurückstecken zu üben? Warum existiert in meinem eigenen Feld, der Wissenschaft, trotz aller Freiheit immer noch ein so eklatantes Missverhältnis zwischen Studentinnenquoten und dem Anteil weiblicher Professoren? Mein vielleicht etwas provokativer Versuch einer Antwort darauf ist: Mädchen werden, im Gegensatz zu Jungen, immer noch viel weniger als nötig zu Mut und Selbstvertrauen erzogen. Frauen werden von Anfang an von ihren Erziehern (also in erster Linie ihren Müttern!) keine Rollen als Häuptlinge und Anführer zugedacht. Warum also sollten sie es irgendwann werden wollen? Auch zum Wollen muss man erzogen werden, das wusste bereits Immanuel Kant, der eine gewisse Neigung zur Abhängigkeit bei allen Menschen als Haupthindernis für eine aufgeklärte, menschenwürdige Lebensweise feststellen musste – ohne aber so weit zu gehen, diese einleuchtende Idee auch auf die spezifische Rolle der Frauen anzuwenden.

Was ich mir für die Zukunft der Frauen in unserem Land also wünsche, ist noch ein bisschen mehr Mut und gesellschaftlicher Führungsanspruch und ein Ende des ewig passiven Wettbewerbs aus den Zeiten des Patriarchats darum, vom Lehrer oder Chef entdeckt oder vom »Richtigen« erobert zu werden. Junge Frauen, Wissenschaftlerinnen: Traut euch und bewerbt euch einfach immer wieder auf attraktive Jobanzeigen, auch wenn ihr der Meinung seid, keine Chance zu haben. Die Jungs machen das genauso. Natürlich gibt es Rückschläge, und hin und wieder trifft man auch in der Wissenschaft auf eines dieser Fossile, die der Meinung sind, Frauen könnten das alles nicht so gut. Aber über kurz oder lang sterben diese Exemplare aus, und wenn man nur oft genug gegen die »gläserne Decke« anrennt, bricht sie irgendwann in Stücke. Allerdings: Anrennen muss man schon, denn die wenigsten Strukturen lösen sich irgendwann einfach von selbst auf. Auch nicht das Patriarchat.

Der Kaiser mag Tee

»In meinem Briefkasten lag das hier«, sage ich zu T. und lasse den ungeöffneten Umschlag auf den kniehohen Tisch zwischen uns segeln. Adressiert an einen Herrn, der meinen Namen trägt. Dabei fällt mir ein Satz ein, den T. vor Jahren sagte, als ich mich, frisch von der Akademie (das Thema Maßstab war mein Thema), um einen Job in seiner Galerie bewarb. Ich hatte mich zurechtgemacht (tailliertes Kleid, dezenter Semi-Absatz, karminroter Lippenstift). Eine nicht als solche wahrgenommene Verkleidung. Und so befand ich mich dann in der Probezeit für einen Job, der vorübergehend meine Miete sichern sollte. Und der, wie mir T. (wir waren per Sie plus Vornamen) erklärte, hauptsächlich darin bestand, schick im schicken Laden zu sitzen, hinter dem glänzenden, Mondrian-mäßigen Schreibtisch, um aparte Kunden zu bedienen.

Und dann natürlich die Post, die eingehende Post müsse sortiert werden, die ausgehende bewältigt. Sollte heißen: die Einladungen zu den Events adressieren, frankieren und zum Kasten bringen.

Dann der unvergessene Satz: »Und wenn Sie sich nicht sicher sind, ob sich hinter dem Namen Männchen oder Weibchen verbirgt, schreiben Sie den Empfänger unbedingt mit ›Herrn‹ an.«

Ich sah ihn entgeistert an. Dann auf das wandfüllende Regal hinter ihm, voll leerer, unfrankierter, unadressierter Hahnemühle-Büttenbriefumschläge in einem Spektrum zwischen Neonweiß und Naturfaser-Chamois.

»Warum nicht ›Frau‹?«

Darauf gebe es keine Antwort. Es sei eben eine Gepflogenheit. Er vermute, ein Mann leide darunter, wenn man ihn als Frau anspreche, während eine Frau den umgekehrten Fall hinnehme.

Der Ton, in dem er das sagte, weckte die Forscherin in mir. Ich nahm mir vor, diese Sache zu untersuchen. Herauszufinden,   71 wie es wirklich ist. Ich wollte es wissen und folgte deshalb für die Dauer meines Jobs seiner Weisung – allerdings mit umgekehrtem Vorzeichen:

Alle Geschlechtslosen unserer Adresskartei wandelte meine Post in Frauen um. Ich erwartete einen Aufschrei. Eine Revolution. Eine sofortige, fristlose Kündigung, die ich für diese subversive feministische Aktion in Kauf zu nehmen bereit war.

Ich sag es gleich: Es war eine herbe Enttäuschung. Ich habe kein Rätsel gelöst, kein Geheimnis gelüftet, keinen Hintergrund aufgedeckt, keine Botschaft entschlüsselt.

Nur festgestellt, dass keine einzige Rückmeldung von auch nur einem einzigen der vermeintlich leidenden Versuchsmänner kam. Keiner hat sich je beschwert.

So blieb mir, außer einer winzigen Genugtuung, wie so oft, nur ich selbst als Objekt meiner Forschung und vielleicht noch ein überschaubarer Kreis von Freunden und Bekannten, zu dem ich irgendwann auch T. zählte, mit dem mich seither eine merkwürdige »Tee-Bekanntschaft« verbindet – die sich gehalten hat, über den Job hinaus, bis heute.

Heute ist alles anders. Er sitzt mir gegenüber und schaut auf den Tisch und den Brief. Ich stehe ihm gegenüber und schaue auf ihn und die Adresse: An Herrn Alissa Walser.

Unser Einstellungsgespräch hat er längst vergessen.

Er schüttelt den Kopf. »Maschinen sind dumm. Und du, wie geht's dir damit?«, gibt er die ungestellte Frage zurück.

»Ach«, sage ich, »ich glaube, ich finde es lustig.«

Das findet er allerdings überhaupt nicht. Im Gegenteil. Falls ich es lustig fände, fände er das besorgniserregend.

Das müsse man schon ernst nehmen. Etwas tun dagegen.

Er wirft mir vor, wenn ich mich nicht wehrte, dem Zerfall der Werte unserer Gesellschaft Vorschub zu leisten. Es sei nämlich eigentlich gar nicht lustig. Sondern unverschämt.

»Und solche wie du«, sagt er plötzlich wutschnaubend,»finden am Ende immer alles lustig. Und tun nichts.«

»Hör zu«, sage ich,»wenn ich das nicht lustig fände, dann stünde ich wahrscheinlich dreihundertfünfundsechzig Tage im Jahr kurz vor der Klapse. Und wer kann sich das schon leisten.«

Die Infopost hat Erinnerungen geweckt. Nicht nur in mir, denke ich. In uns beiden. Und auf einmal fallen diese ganzen verrückten Statistiken wie eine Horde wilder Bullen über uns her. Immer und überall, wie aus dem Nichts können sie auftauchen, nur nicht im»wirklichen Leben«. Deutsche Frauen verdienen zirka 23 Prozent weniger als ihre männlichen Kollegen. Oder: Über zwanzigtausend Frauen jährlich wandern zum plastischen Chirurgen zwecks»Korrektur« ihrer Schamlippen.

»Sag doch was Positives«, fleht er mich an.

»Okay«, sag ich.»Ich bin immun gegen so was, gegen derartige Spielchen. Das ist wie das Spiel *Der Kaiser mag Tee. Und was mag er noch?* Keiner kennt die Regeln, und trotzdem spielen alle mit. Wenn dann am Ende irgendwann klar wird, dass es nicht um Tee oder Kaffee geht, sondern um Worte, in denen ein T. vorkommt, ist es zu spät. Das Spiel ist zu Ende. Alle haben es begriffen. Und es kann nicht noch mal gespielt werden. Du verstehst? Dich mag der Kaiser, und Korrektur mag er auch. Aber Schamlippen nicht.«

»Hört sich nicht schlecht an«, sagt T.»Sich selbst mag der Kaiser anscheinend auch nıcht. Aber wie wäre es mit Spielregeln für den Ernstfall – dem zwischen dir und mir, zum Beispiel.«

Klingt, als verlange er ein Keuschheitsgelübde.

»Dem Medium Messer«, beruhige ich ihn,»traue ich die Verschönerung ebenso wenig zu wie dem Operateur den Künstler. Aber«, füge ich hinzu,»ich habe ja Kunst studiert und bin vielleicht, was Schönheit angeht, ein bisschen penibel. Und Narben zählen, wenn sie nicht so stolz zur Schau gestellt werden wie bei den Nubas von Kau (siehe Leni Riefenstahl), nicht zu meinen Vorstellungen von Schönheit, sondern zur Ausstellung von Leere.«

»Und überhaupt«, sage ich, »was streiten wir denn eigentlich? Wir sind doch im Prinzip einer Meinung.«

Statt etwas zu sagen, schiebt er mir den Brief hin. Und ich fange an zu zeichnen, wie immer, wenn etwas nur halb gesagt ist. Halb ganz oder halb gar nicht:

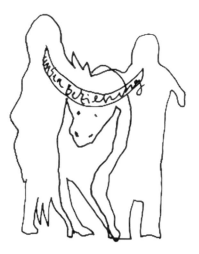

GISELA CAPITAIN Galeristin

Lebensmodelle

Zwei Fotografien, eine von Zoe Leonard und eine von Elfie Semotan, stellen meinen Beitrag zu diesem Thema dar. Sowohl die Werke als auch die Biografien beider Künstlerinnen repräsentieren für mich exemplarisch Lebensmodelle, deren Ziel es ist, eine mentale und ökonomische Unabhängigkeit und Eigenständigkeit in einer noch immer relativ rigide strukturierten Gesellschaft zu erlangen.

Zoe Leonard, geboren 1961 in New York, engagiert sich Ende der Achtzigerjahre in der feministischen »Women's Action Group« und im Künstlerinnenkollektiv »Gang« und stellt sich intensiv der Frage, in welchem Verhältnis Inhalte ihrer künstlerischen und ihrer politischen Praxis zueinander stehen. Durch einschneidende Ereignisse gezwungen, zwischen politischem Engagement oder künstlerischem Schaffen zu wählen, fällt ihre Entscheidung zugunsten der Kunst aus.

Elfie Semotan, eine Generation älter und aufgewachsen im Wien der Fünfzigerjahre, durchläuft eine scheinbar klassische Karriere als Fotomodell, danach als Fotografin für Mode und Werbung. Die Porträtfotografie bildet einen besonderen Schwerpunkt. Mit Beginn ihrer Arbeit als Fotografin setzt sich Elfie Semotan über Grenzen innerhalb des Genres hinweg, mit der »Palmers«-Kampagne provoziert sie gleichermaßen den konservativen Teil der Gesellschaft wie auch die damals noch junge Bewegung der Frauenemanzipation. Künstlerische Fotografie und Werbefotografie fließen ineinander, die Auseinandersetzungen mit der zeitgenössischen Kunst prägen ihre Arbeit.

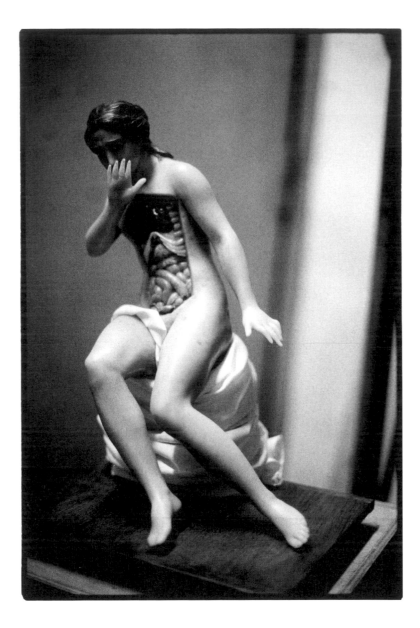

KATJA KULLMANN   Autorin

Paul P., 43, möchte gern eine Frau haben

Paul P., 43, freiberuflich tätiger Schlussredakteur, Projektantragsteller und Gelegenheitsmarktforscher, steht in seinem Badezimmer vor dem Spiegel und betrachtet sich. Was er sieht, gefällt ihm nicht. Sein rechtes Augenlid zuckt, seine Tränensäcke sind geschwollen, die Augenringe bleistiftspitzengrau, und aus dem linken Nasenloch wächst ihm ein Haar. Das Haar kräuselt sich aus dem verstopften Atemweg heraus, spiralisiert sich urzeitmenschlich aus dem Dunkel ins Freie und zittert mit Paul P.s verzagten Atemzügen. Was atmet er so seltsam? Dass jenes Haar so zittern muss? An seinem Nasenflügel? Paul P. macht einen Fischmund, auf und zu, auf und zu. Und wieder auf. Paul P. spielt seinen Opa nach, das macht er nun öfter, er weiß auch nicht genau warum. Er schaut sich selbst im Spiegel an und sieht, wie dem Raimund, dem Opa, die Fäden zwischen den dunkelblauen Lippen hängen, wie der Speichel sich spannt zwischen dem eingefallenen Oben und Unten, das Bruderküsse verteilt hat, an wen auch immer. Wie Nase und Ohren vom SS-Opa immer größer wurden mit der Zeit. Waffelgroße Ohrmuscheln hatte der, kurz bevor er starb, und Flatulenz und Husten, der nach Curry roch, und die Fingernägel fielen dem ab, und Paul P. runzelt sekundenlang seine Stirn und muss mit ansehen, wie die drei Querfalten auf seiner Stirn stehen bleiben, obwohl er mit dem Runzeln sofort wieder aufgehört hat. Er runzelt jetzt gar nicht mehr, jedenfalls nicht aktiv, doch das bleibt da stehen, das Gefurchte. Derweil das Nasenhaar ihm zuwinkt. Mit Daumen und Zeigefinger hält er es fest, ziept leicht daran, dass Tränen ihm in die Augen schießen, greift mit der Rechten nach oben, ins Badezimmerhängeregal, fingert nach der Nagelschere, findet sie auch und benutzt sie als Nasenhaarschere, kappt das Kräuselige, so gut es eben geht, so gut er eben herankommt. Zieht den Schneuz hoch, der ihm jetzt läuft. Spuckt ins Waschbecken. Das nie geputzt aussieht.
Da kann er machen, was er will.

Paul P. besitzt Scheuermilch und Antikalkzeugs, Einwegstaubtücher im Zwölferpack, hellblaue Schwämme, Sagrotan und den Biff! Power-Reiniger, aber nie sieht es bei ihm aus wie in den Hotels. Es ist verrückt. Da kann er wirklich machen, was er will. Wenn nämlich die Sonne hereinscheint wie jetzt, dann knistert der Schmutz überall, stumpf stöhnt das Porzellan unter einem gräulichen Film, und da weiß er: Er kann keine Frau mit zu sich nach Hause nehmen. Auch an diesem Wochenende wieder nicht. »Himmel«, denkt er, »gestern habe ich doch erst geputzt. Gescheuert habe ich und poliert«, überlegt er, »und jetzt ist es schon wieder dreckig oder immer noch.« Paul P. kennt die Badezimmer von Alex W. und Heiner K. und Philipp S., und die Badezimmer von Alex W. und Heiner K. sind genauso schmutzig wie seines oder sogar noch schmutziger. Doch das Bad von Philipp S. ist blitzeblanke sauber.

Philipp S. beschäftigt eine Putze und kriegt Frauen. Philipp S. ist Ressortleiter, kann sich eine runde kleine Moldawierin mit Ostblock-Hauswirtschaftlerinnendiplom leisten und ein Auto, so einen Audi, und Philipp S. fickt sie alle, der vögelt, was er will. Philipp S. hat außerdem eine feste Freundin um die dreißig, die er eigentlich gar nicht braucht, und die hat einen TV-Show-Körper und eines dieser harten Gesichter, und eine Hausbar hat der Mann und eine versenkbare Surround-Anlage.

Paul P. aber nennt einen Pauschalistenzeitvertrag sein Eigen und ist seit sechzehn Jahren nur eine Hausarbeit vom Hochschulabschluss entfernt. Wenn er beim Lidl einkauft, stellt er sich vor, dass die magazinigen Frauen beim Edeka sind. Dass man eine Schnitte beim Edeka trifft, so eine rasierte, L'Oréal-beduftete, gut frisierte, eine mit scharfkantigem Face, die total versaut ist im Bett.

So stellt Paul P. sich das vor. Dass man so was in der Pastetenabteilung beim Wertheim trifft oder vor der Auslagefläche für exotische Früchte beim Tengelmann. Während er den dunkelblonden Haaransatz der kirschrot gefärbten Lidl-Kassiererin um die vierundzwanzig betrachtet. Die da vor ihm sitzt. Mit ihrem Verlobungsring und ihrem Seepferdchenkinn. Das arme Huschi. So eine stramme Edelsau mit Krokotasche, so eine Frau mit Ziel vor Augen, so eine zackige Kaltmamsell, die will er aber auch nicht haben, nicht in der Wirklichkeit. *Brazilian Waxing* ist ihm scheißegal. Lieb soll sie sein. Entspannt. Er hofft, dass es am Ende keine Alleinerziehende in schwarzen Jeanshosen sein wird. Er hofft, dass sie keinen knielangen Funzelmantel trägt und dass das Kind kein ADHS-Syndrom hat, dass sie keinen Spanischkurs macht und keine Gemüsepfanne in einer Kiefernholzküche mit Joan-Miró-Plakat für ihn zubereitet, und eigentlich hofft er doch vor allem sehr, dass er letztlich noch etwas anderes findet. Wobei »hoffen« vielleicht zu viel gesagt ist.

Die Ponymädchen und die Schlagzeilen überall, die bringen ihn zur Verzweiflung. In Medien macht er, und das ist ein Drecksjob, ein Schleudersitz. Und dass er der Zweitälteste ist in der Redaktion, das ist ein Witz, den er selbst nicht glauben kann. Und dass er da so herumliegt, in seinem Leben, das kann er sich erst recht nicht erklären. Und Pferdeschwänze tragen diese Mädchen, die gehören verboten. Wie das wippt. Mit ihren dunkelblauen Röhrenjeanshosen und ihren Ballerinaschuhen, diese Mädchen, mit diesen schwarzen Lederblousons mit Strickbund, wie die stehen und gehen. So jung sind die und so stahlhart in ihrem ambitionierten Kunstgeschichtsstudentinnen-Auftritt, dass Paul P. jedes Mal sein weiches Doppelkinn gegen seinen Hemdkragen schlappen spürt, wenn er an so etwas vorbeiläuft. »Wapp, wapp«, macht es, und schon wieder hat die warme Frühlingsluft ihm ein Haar vom Kopf gefegt, sacht streicht ein Windhauch über sein rechtes Geheimratseck.

Paul P. besitzt eine Johnny-Cash-Plattensammlung, und einmal ist er mit einem MP3-Mädchen rein privat ins Gespräch gekommen. Er hatte einfach einmal vor sich selbst so getan, als habe er nicht schon im Voraus gehört, wie sie später über ihn kichern würde, und erst hat er sie ein wenig reden lassen, über französische Philosophen und die Krise des Kapitalismus, und hat die Knöspchen unter ihrem Blüschen betrachtet. Und dann hat er dafür gesorgt, dass das Blatt sich wendet, hat das Wort übernommen und ihr ein bisschen etwas von sich erzählt, dass er ein Mann ist, hat er ihr vermittelt, auf mehrere Arten, zunächst rein verbal, einen echten Lauf hatte er an jenem späten Samstagnachmittag. An einer gemauerten Fensterbank haben sie gelehnt, vor einem verrammelten Kiosk, in der Junisonne, irgendwo in der staubigen Stadt. Sie hat ihre Ballerinaschuhe aus- und angezogen und ihre Füße dabei betrachtet, geschlupft hat es und geschlappt, und er hat ihr dabei zugesehen, abwechselnd auf die Knöspchen und auf die Füßchen geschaut und hat immer weiter erzählt, und irgendwann hat sie ihn gefragt:»Du warst früher also mal ein echter Rockabilly, mit Tolle und so weiter?« Da hat er Ja gesagt. Tizia hieß sie und musste weg.

Im März hat Paul P. sich einen Paul-Smith-Anzug mit leichtem Webfehler gekauft, in einem Outlet-Store. Letzten Mittwoch hat er sich eine Motorradjacke besorgt, Yamaha.

Was er aber nicht glauben kann: dass eine zarte Frau mit dunkelbraunem Pagenkopf tatsächlich einmal seine Hand hält. Eine, die über Politik mit ihm streitet, aber nur ein bisschen. Und die aber genauso hübsch ein kleines Kätzchen pflegt, nebenbei. Die einem strubbeligen verletzten Kätzchen Milch einflößt, mit einer Pipette, und leise Maunz-Maunz-Geräusche macht dabei, so auf dem Fußboden, vor der Balkontür. Gern würde er die Pagenkopffrau dabei beobachten, wie sie das Kätzchen päppelt, das ein verletztes Pfötchen hätte, vielleicht. Aber sie dürfte nicht wissen, dass er zuschaut. Sonst wäre es ja wieder nicht echt. Wie sie maunzt und nicht ahnt, dass er zuhört. Das hätte er so so so gern. Und sie müsste so aussehen, als ob sie mal eine Weile in London oder Neapel gelebt hätte. Dass man ihr das zutrauen würde, so müsste die sein, vom ganzen Wesen her. Aber jetzt müssten die Wanderjahre vorbei sein, sie müsste sich ein wenig nach Ruhe sehnen, ohne darüber zu reden. Ab und an dürfte sie verrückte Ideen haben und ruhig ein bisschen anstrengend sein und sagen:»Komm, wir gehen jetzt mal in diese Nachtausstellung und dann in diese neue Bar.« Und er würde antworten:»Ach nein, ich bin müde.« Aber sie würde lachen, ihn in die Seite kneifen und zwinkern.»Los, Specki, wir gehen jetzt noch mal raus!« Die Bettwäsche würde ganz vanillig duften, und immer stünden frische Blumen in einer Vase, und den Rest könnte man dann ja sehen. Er möchte eigentlich nicht, dass, wenn er eine Freundin hätte, die allein in den Urlaub führe. Er möchte sagen können:»Nein, das will ich nicht.« Einer Fliege könnte er etwas zuleide tun. Aber das will er gar nicht. Nie hat er etwas wirklich Schlimmes angerichtet. Nur manchmal zerquetscht er Silberfische unter den bloßen Zehen, auf den matten Badezimmerfliesen. Oder er lässt ein Schweineschnitzel absichtlich verrotten, in seinem Kühlschrank, bis es süßlich riecht. Erst spät, sehr spät, ist ihm aufgefallen, dass er nie Soldat war.

Wieder ist ein Werktag zu Ende, Paul P. liegt in seinem Bett und hört die Krach-Schallplatte noch fertig, bevor es ans Einschlafen geht. Denn morgen früh muss er wieder raus, Schlussredaktion machen und auf den Bus warten, Klopapier kaufen, einen Projektantrag stellen und im Viereck denken, Pfandflaschen wegbringen, herrische Pferdeschwanzmädchen mit Etat-Verantwortung ertragen, die ihm in der Redaktion eine Verlängerung seines Pauschalistenzeitvertrags für weitere sieben Monate bewilligen oder auch nicht, eine Meinung zum Gaza-Krieg muss er haben und wenigstens 620 Euro dringend mal zurücklegen, auf sein Tagesgeldkonto, seinen Oberkörper möglichst gerade halten, handgenähte Budapesterschuhe tragen, einmal wieder schwitzen, eine Kompetenz besitzen, ein Steak braten, eine Walderfahrung machen, sich im Wald bewegen, auf dem Moos etwas machen, etwas Schweres heben, bluten. Noch einmal greift er, wie er da unter der lauwarmen Daunendecke liegt, schon halb weggedämmert, mit der Hand in den Baumwollschlitz. Was er fühlt, ist wie Samt und bleibt auch so. Müde ist er und spricht sein Gebet. »Ich will, dass Diego Maradona mein großer Bruder ist«, raunt Paul P. »Ich will, dass Senta Berger meine Mutter ist«, wispert er. »Ich will, dass Helmut Schmidt mein Vater ist.« Dabei weiß er ganz genau, dass daraus nichts mehr wird.

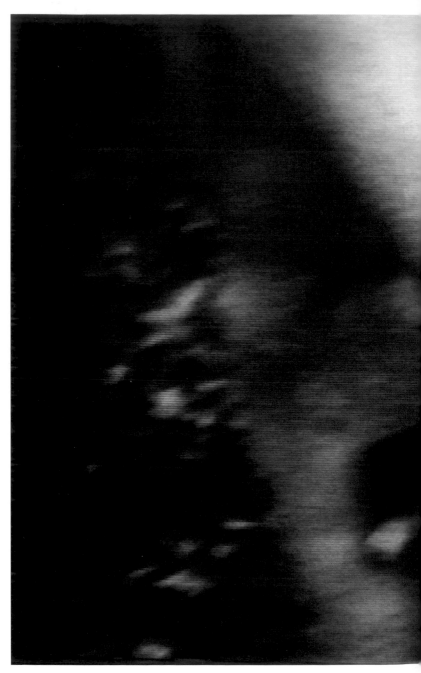

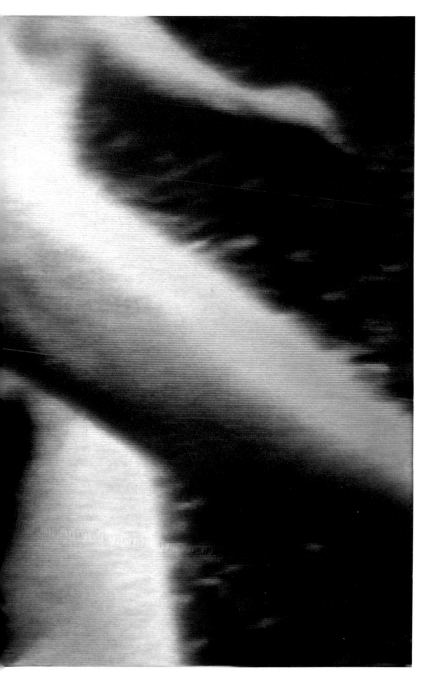

IRIS RADISCH   Literaturkritikerin

Karriere-Quarantäne

Wir tun meistens so, als wäre das Gespenst erlegt, verscheucht, endgültig im Sarg versenkt. Es ist endlich vorbei. Das Patriarchat, der alte Schlawiner, hat sich zur Ruhe begeben, und wir sind frei. Einverstanden, ein paar Korrekturen im Gehaltsgefälle, das wäre noch schön. Auch ein paar mehr von uns in den DAX-Vorständen, überhaupt in den Vorständen von was auch immer, das könnte nicht schaden. Aber sonst? Eigentlich ist es doch geschafft. Manche befürchten schon: mehr als geschafft. Warum sonst greift unser männlicher Nachwuchs, der in den neuen Geschlechterverhältnissen seine Rolle nicht mehr findet und in der Schule versagt, in seiner Gender-Verwirrtheit vermehrt zum Gewehr, um seine Mitschülerinnen zu exekutieren oder die Familie niederzumähen und seine Geschlechterwelt auf diese Weise für ein paar Allmachtssekunden wieder in Ordnung zu bringen? Solche Propaganda – den Frauen geht es viel zu gut, die jungen Mädchen stehen bereit, die Welt zu übernehmen, die Männer versinken in der Krise – täuscht über eine wichtige Kleinigkeit hinweg: über die Lebenswirklichkeit der Frauen im Herzen Europas.

Um einen Eindruck von der Lebenswirklichkeit dieser Frauen zu erhalten, ist es hilfreich, morgens zwischen sechs und sieben Uhr zum Beispiel den Zürcher Flughafen zu besuchen. Oder den Frankfurter, den Hamburger, den Wiener. Hier kommt eine Frau sich vor wie in einem jemenitischen Teehaus. Also ziemlich einsam. Denn morgens um halb sieben ist die Welt auf den internationalen Flughäfen noch in Ordnung. Wer hier aufbricht, um sein Tagwerk in den europäischen Nachbarstädten zu vollbringen, trägt ausnahmslos Schlips und dunkelblauen Anzug. Die Welt – um das zu erkennen, braucht man an so einem Morgen keine Statistik mehr zu befragen – wird von Männern regiert. Von Männern, die sich mit Männern verständigen, die sich mit Männern treffen, die mit Männern reisen, die eine männliche Welt vollkommen für sich allein haben, eine Körpersprache für sich allein haben, eine Stimmlage, eine Atmosphäre, die sie notwendigerweise für die Atmosphäre des Planeten halten müssen.

Einverstanden, wir haben eine Bundeskanzlerin. Ja, das freut mich sehr. Dass es so was gibt auf der Welt und meine Töchter das für normal halten, ist eine Revolution, die vielleicht noch größer ist als das Wunder Obama. Wir haben eine Familienministerin, auch schön. Es gibt berühmte, mächtige Erbinnen von Medien- und Verlagsimperien. Na ja. Es gibt einflussreiche Fernsehmoderatorinnen. Kann schon sein, aber noch ist keine über fünfzig. Wir haben eine weltbekannte Feministin, die keine unter fünfzig neben sich duldet. Und das ist sie auch schon, unsere versammelte hochberühmte Frauenmacht. Überall sonst ist Ruh' in den Gipfeln, auf den Chefkonferenzen, in den Konzernspitzen, auf den Vorstandsetagen. Die Frauen sind nicht da. Und es ist nicht ihre Schuld, dass sie nicht da sind. Es ist auch nicht die Schuld ihrer Kinder, die ihnen ja gar nicht so zahlreich an der Anzugjacke hängen. Es ist die Schuld der Männer, die Frauen fördern, wenn sie jung sind (Kohls Mädchen) und bremsen, wenn sie erfahren und älter werden (gläserne Decke). Und das alles nicht etwa, weil sie sich in ihren jemenitischen Teehäusern so über alle Maßen geborgen und gut aufgehoben fühlen, sondern weil am Ende doch lieber wieder das auf den Tisch kommt, was man schon kennt.

Das spricht für die Frauen, die sich offenbar immer noch nicht in die besseren Männer verwandelt haben und den Männern noch immer fremd und im Tiefsten unheimlich geblieben sind. An diesem tiefsten Punkt der Gleichberechtigungsdebatte und atavistischer Zurückweisung hilft kein gutes Zureden, hilft kein Klagen und kein Bitten. Die natürliche Andersartigkeit des Weibes, früher von misogynen Theoretikern verhöhnt, heute von ultrakonservativen Wirrköpfen gefeiert, ist der letzte, uneinnehmbare Grund, aus dem die Männer sich noch immer lieber in ihren gläsernen Teehäusern verschanzen, als mit uns Frauen von gleich zu gleich zu verhandeln. Sie kennen uns nicht und wollen uns jenseits des erweiterten Balz- und Brutpflegebereichs auch lieber nicht näher kennenlernen.

Ein altes Lamento. Dabei hat sich so viel verändert. Im Keller und im Mittelbau. Dafür bedanken wir uns auch ganz artig. Seit vielen Jahrtausenden ist es den Frauen auf der Welt nicht so gut gegangen wie uns heute in der westlichen Welt. Es ist schön, dass wir inzwischen arbeiten gehen dürfen, ohne den Ehemann zu fragen. Es ist auch schön, dass wir als Mütter arbeiten dürfen, weil wirklich ab und zu ein Kindergartenplatz bis 12.30 Uhr zur Verfügung steht. Danke, vielen Dank. Nicht zu vergessen sei auch das passive und aktive Wahlrecht, wahrlich viele tausend Jahre lang keine Selbstverständlichkeit, wir wissen das fraglos zu schätzen. Auch, dass die Vergewaltigung in der Ehe inzwischen verboten ist und wir nicht wie im Jemen mit acht Jahren zwangsverheiratet werden dürfen. Wir preisen unsere Männer dafür, dass wir uns nicht unter schwarzen Säcken verstecken müssen und sogar allein aus dem Haus gehen dürfen. Und ein besonders großes Dankeschön vor allem dafür, dass wir zur Schule gehen und sogar seit ein paar kurzen Jahren in der jahrtausendealten Geschichte der männlichen Kultur studieren, malen, schreiben, komponieren und publizieren dürfen. Das alles ist ein großes Geschenk der Männer an uns Frauen, an dem nicht herumgenörgelt werden soll. Danke für alles.

Was uns jetzt noch schmerzlich fehlt, ist der Dachausbau. Die oberen Etagen. Da wo, aus der Laune einer unwiederholbaren

Ost-West-Geschichte, heute die burschikose Kanzlerin und morgen mit Sicherheit wieder ein feucht gekämmter Kanzler sitzt, dessen Weibchen bei Empfängen wieder Kostüm und Handtasche tragen wird. Die übrigen mächtigen Frauen in Deutschland, von denen in geheuchelter Ehrerbietung gern schwadroniert wird, bewähren sich in Wahrheit beinahe alle in den alten Stammesgebieten der holden Weiblichkeit: Schauspiel, Familie, Mode, Salon (heute Talkshow). Und zwar ausnahmslos von Mannes Gnaden. Dass eine angeblich so mächtige Fernsehfrau wie die sechsundsechzigjährige Fernsehmoderatorin Elke Heidenreich kurzerhand kaltgestellt und wie ein unartiges Mädchen getadelt wird, wenn sie nicht folgsam und zu widerspenstig ist (Reich-Ranicki:»Elke hat sich miserabel benommen«), folgt genauso der Männerlogik wie die Vermarktung der Charlotte Roche, der erfolgreichsten deutschsprachigen Autorin der letzten Jahre, die auf dem Höhepunkt ihrer Bestsellerkampagne für das ZEIT-Magazin als brav-verludertes Pinup-Girl in beschmierten Unterhosen posierte.

Nichts, könnte man verzweifelt meinen, gelingt uns Frauen in der männlichen Zirkusmanege aus eigener Kraft. Jederzeit, sobald wir nur zu heftig, zu vorlaut oder auch nur zu faltig werden, kann unser Auftritt durch die Zirkusdirektion beendet werden. Mal lässt man Eva tanzen und jagt sie, stets eskortiert von Ehemann und Manager, durch die Talkshows, dann treibt Eva es zu weit, verrutscht ein wenig in der Rolle, strauchelt, blamiert sich, der Vorhang fällt, und man hat nie wieder etwas von ihr gesehen. Das ist nicht nur Eva Herman so gegangen. Das ist das Schicksal aller von Adams Gnaden agierenden Castinggirls der patriarchalen Medienindustrie. Selbst Alice Schwarzers Aufstieg zur Pop-Ikone des Nonkonformismus ist ohne ihre braven Nebentätigkeiten im Männermedienzirkus, sei es als Fuchsbergers freches Mädchen bei»Ja oder Nein« oder als

Werbetante für das Tittenblatt *Bild* undenkbar. Einzig die berühmten Verlegerwitwen genießen, wenn nicht gerade wieder irgendein scharfsinniger Witzbold im patriarchalen Zeitungswesen die Wiedereinführung der Witwenverbrennung fordert, eine gewisse Souveränität – solange das deutsche Erbrecht und der tote Gatte im Himmel seine schützende Hand über sie hält.

»Niemand«, hat mir die polnische Autorin Olga Tokarczuk gesagt, die in den letzten Jahren vorzugsweise allein zwischen China, Indien und Neuseeland reiste, »niemand ist so unsichtbar auf der Welt wie eine über vierzig Jahre alte Frau«. Jeder sieht durch sie hindurch. Keiner hört ihr zu, es sei denn, man will ihr etwas verkaufen. Olga Tokarczuk hält diese soziale Burka, unter der die alternde Frau für die Öffentlichkeit verschwindet, für einen Vorteil. Die Frau kann sich endlich frei, unbelästigt und unbeobachtet durch die Welt bewegen. Sie wird nicht länger angesprochen, angepfiffen und verfolgt. Das mag stimmen. Aber diese Freiheit hat einen hohen Preis: die soziale Bedeutungslosigkeit der Frau jenseits der magischen Fertilitätsgrenze, hinter der die von jungen Frauen als Frauenförderung missverstandenen männlichen Balz- und Schutzinstinkte versiegen. Das natürliche Ende der sogenannten Frauenförderung ist die berufliche Stagnation, die für die arbeitenden Frauen zwischen vierzig und sechzig für gewöhnlich zu einer lebensrestlänglichen Karriere-Quarantäne wird. Sie dürfen, wenn sie Glück haben, da bleiben, wo sie sind, solange sie nicht stören und nicht auffällig werden. Die meisten weiblichen Karrieren enden, wo sie begonnen haben – in der Dekoration. Das Einzige, was vom weiblichen Aufstieg am Lebensende erzählt, ist der Zustand der Vitrine, in der die Frau sich zuletzt befindet.

Jeder kennt die ein oder andere beglückende Ausnahme für diese ganz und gar erbarmungslose Regel, irgendeine mutige

Festspielleiterin, eine couragierte Intendantin, eine elegante Zentralratsvorsitzende, eine intelligente Präsidentschaftskandidatin, eine hanseatische Modeschöpferin, eine aristokratische Medienunternehmerin. Alles schön, alles gut. Doch das Patriarchat ist ein System, dem man trotz solcher kleinen Siege im gehobenen Damensektor aus eigener Kraft nicht entkommt. Die Männerdämmerung, als die man unsere jüngste Wirtschaftskrise auch lesen sollte, wird daran wenig ändern.

Was aus alldem folgt, hat einen hässlichen Namen. Viel zu lange haben wir die Forderung nach Quoten für ehrlos gehalten und zu unrecht abgelehnt. Quote klang wie Behindertenparkplatz. Quote war das Eingeständnis der Schwäche. Und schwach ist das Letzte, was wir sein wollen. Schwach ist im Gegenteil nur die Analyse unserer Lage, die schlechter ist, als das meiste, was über sie behauptet wird. Die Scheu vor der Quote ist einer unserer größten Fehler. Ohne eine zur Not mit der alten Suffragetten-Unfreundlichkeit erkämpfte Teilung der Macht zwischen Männern und Frauen wird es morgens um halb sieben auf dem Zürcher Flughafen noch ein paar Jahrtausende lang wie im jemenitischen Teehaus aussehen.

TANJA GRAF Verlegerin

Dauerfrühling des Patriarchen

Für J.

»Geld ist nicht schön, es ist praktisch – es ist der Schlüssel zur Unabhängigkeit.« Coco Chanel, eine der ersten weiblichen Unternehmerinnen, die bereits vor dem Zweiten Weltkrieg innerhalb weniger Jahre ein Weltimperium aufbaute, formulierte diesen Satz vor mehr als einem Jahrhundert. Sie hatte, ohne es sich vorzunehmen, dem Patriarchat eine lange Nase gedreht, einfach nur, weil es für sie selbstverständlich war, frei zu sein. Coco war ohne Vater aufgewachsen – und blieb zeitlebens unverheiratet. Zwar liebte sie den Mann, der ihr im Jahr 1912 Starthilfe für ihren ersten Hutsalon gab, doch setzte sie trotzdem alles daran, die Schulden schnellstmöglich zurückzuzahlen. Dies war nicht nur der Beginn einer beispielhaften Karriere als Geschäftsfrau. »Boy Capel hatte mir etwas geschenkt, das mir Spaß machen sollte, und es hat mir so viel Spaß gemacht, dass ich darüber die Liebe vergaß.«

Gewiss, Frauen, die wie Coco Chanel geniale Ideen mit Disziplin und Härte – vor allem gegen sich selbst – umsetzen, sind eine Ausnahmeerscheinung; heute vielleicht etwas weniger als vor hundert Jahren. Wäre das Patriarchat ausgestorben, wenn diese Art der weiblichen Lebensgestaltung Schule gemacht hätte? Wenn Frauen über dem Spaß an der Arbeit und dem Spaß am eigenen Geld die Liebe vergessen – und vor allem: die Männer nicht mehr gebraucht hätten? Kürzlich veröffentlichte das *Süddeutsche Zeitung Magazin* eine Studie, wonach sogenannte Superfrauen, nämlich erfolgreiche Akademikerinnen in Spitzenpositionen, auf dem Heiratsmarkt »übrig bleiben«. Männer bevorzugen demnach Frauen, die ruhig ein bisschen weniger intelligent oder ungebildeter sein dürfen, dafür aber attraktiv und fortpflanzungsbereit sein sollten. Es stellt sich also die Frage, was zuerst aussterben würde: die unabhängigen Frauen oder – die Patriarchen.

Ursprünglich wollte ich eine Typologie »Patriarch versus Macho« erstellen, wobei der Erkenntniswert sich wohl darin erschöpft hätte, dass wir natürlicherweise eine Aversion gegen Patriarchen haben, weil sie nicht anders können, als uns untertan zu machen. Und dass wir ebenso natürlicherweise ein Faible für den Macho haben, den Mann, der sagt, wo's langgeht, der Entscheidungen fällt, ohne zu zaudern, der uns nie ganz an sich ranlässt und vielleicht ein letztes kleines Geheimnis birgt, das uns hoffen und sehnen macht – unsere Fantasie jedenfalls mehr beflügelt als eine verständnisvolle, kumpelhafte Plaudertasche. Aber: Gibt es den Patriarchen, der kein Macho ist? Und ist jeder Macho ein potenzieller Patriarch?

Die Fragestellung jedoch ist eine andere: Wo hat sich in meinem Leben die gefühlte Dominanz der männlichen Kollegen manifestiert? Wie bin ich damit umgegangen?

Patriarchen brauchen bekanntlich Untergebene, Bewunderer, Leute, die ihnen gerne zuhören, die nicht widersprechen; sie wollen um Rat gefragt werden und erteilen ihn auch gerne. Sie sorgen sich und fühlen sich verantwortlich. Sie lieben es, großzügig zu sein, wenn dies entsprechend gewürdigt wird. Sie wollen einbezogen werden und bei jeder guten Idee überzeugt sein können, sie seien ihr Urheber gewesen.

Der Patriarch ist ein großes Kind: Er ist egozentrisch und hat die Begabung, das im Kopf auszuschalten, was gerade nicht genehm ist.

Frauen meiner Generation sind dem ersten Patriarchen meist im Elternhaus begegnet. Das Thema Gleichberechtigung war, je nach sozialem Hintergrund (in meinem Fall: bildungsbürgerlich), zwar bereits keines mehr, sondern eine Selbstverständlichkeit, die weder infrage noch zur Diskussion gestellt wurde. Es war selbstverständlich, dass man aufs Gymnasium ging und dies mit dem Ziel, später zu studieren und finanziell unabhängig zu sein. Erstaunlicherweise, muss man sagen, denn unsere

Eltern haben uns dieses Modell keineswegs vorgelebt. Bei mir zu Hause ging es zu wie bei den meisten Familien in den Sechziger-, Siebzigerjahren: Der Vater brachte das Geld nach Hause, war unserem Gefühl nach wenig anwesend und womöglich genau deshalb die unangefochtene Respektsperson: Er war den ganzen Tag mit den wirklich wichtigen Dingen beschäftigt. Die Mutter war Hausfrau und kümmerte sich um den ganzen kleinen Rest, das hieß um die gesamte praktische Lebensführung, was neben dem bisschen Haushalt auch die Steuererklärung, das Rasenmähen und das Auto-durch-den-TÜV-Bringen einschloss. Trotzdem ließ sie ihn immer im Glauben, dass ohne ihn nichts gehen würde – und sie glaubte selbst auch daran.

Da ich als Jugendliche die in der Familie erlebte Konstellation vehement ablehnte, wollte ich dem ersten Patriarchen, dem ich begegnete, bald zeigen, dass ich mich mindestens auf Augenhöhe befand! Oberstes Ziel war es, um nichts mehr bitten zu müssen, nicht dankbar sein zu müssen, sich aus der wirtschaftlichen und möglichst auch moralischen Abhängigkeit zu befreien. Ersteres ist relativ rasch gelungen und hatte einen unglaublich beflügelnden Effekt.

Die Soft Skills, die wir als Mädchen von zu Hause mitbekamen, waren diesem Ziel nur förderlich: Man war anpassungsfähig und einfühlsam, war sich zu nichts zu schade und fleißig. Dies, gepaart mit früher intellektueller Selbstständigkeit – da kam man schon recht schnell voran. Als »ehrgeizig« wollte man sich jedoch nicht bezeichnet wissen, denn das war ja immer noch ein Schimpfwort für Mädchen.

Bereits im Studium war es dann schon wieder so weit: Ich landete mit geradezu schlafwandlerischer Sicherheit bei den Lehrern, auf die die Definition des Patriarchen am ehesten zutraf. Warum nur? Lernte ich bei ihnen am meisten? Oder wusste ich hier einfach am besten, wie ich mich verhalten musste, um möglichst schnell zum Ziel zu kommen?

Männer, die mir privat begegneten, waren zuerst beeindruckt und angezogen von meiner Zielstrebigkeit und Selbstständigkeit, dann aber pikiert, wenn sie merkten, dass mir das eigene Fortkommen wirklich wichtig war – und zwar durchaus auch ohne sie. Konsequenterweise war das nächste Bestreben der Jungpatriarchen, mir jeweils das, was sie selbst zuerst so interessant und aufregend fanden, möglichst schnell auszutreiben. Nur sie wollten die Nummer eins sein, alles andere sollte an zweiter Stelle stehen. Meine Mischung aus Mädchenhaftigkeit und innerer Unabhängigkeit wirkte auf sie zunächst schon verführerisch – aber zu weit sollte ich es bitte nicht treiben. Das Ergebnis sah meist so aus: Der junge zukünftige Patriarch zog weiter, um sich das entsprechende weibliche Pendant zu suchen, und ich selbst konnte mich wieder ungestört meinen Interessen und Zielen widmen.

Gegen die Patriarchen im Berufsleben sträubte ich mich zunächst weniger, weil ich die ja strategisch nutzen konnte. Es schien leicht, sie zu durchschauen, mit ihnen umzugehen. Man war problemlos zu allerlei Konzessionen bereit, wenn es das Feedback gab, das man anstrebte. Und das selbst verdiente Geld – das verschaffte einem so viel innere und äußere Freiheit, dass man dafür auch mal die dankbare Untergebene spielte. Denn es waren immer die Patriarchen, die erst einmal schützend die Hand über das begabte junge Ding legten, man wurde gefördert, empfohlen ... allerdings nur: *up to a certain point.* Darüber hinaus nicht mehr. Das dann doch nicht. Zum Glück übernahm – wenigstens bei mir – rechtzeitig eine gewisse Selbsteinschätzung die Regie.

Wahrscheinlich ist es typisch weiblich, diesem unstillbaren Bedürfnis des Patriarchen nach Anerkennung Folge zu leisten. Wenn man darin gut ist, meint man, damit viel erreichen zu können. Aber man wird den Patriarchen so nicht überwinden. Man kommt mit weiblichen Mitteln beim Patriarchen sehr weit

– aber wird ihm niemals beikommen. Man durchschaut ihn, aber prallt an ihm ab – zu sehr ist er in seinem Kosmos gefangen. Die Frage ist naheliegend, ob der Patriarch in unserer Gesellschaft nur deshalb nicht ausgestorben ist, weil noch zu viele Frauen, Mütter, Geliebte, Studentinnen, Angestellte seine Existenz ermöglichen. Das Anachronistische an ihm zu erkennen ist müßig; ihn auszuschalten würde wohl nur um den Preis gelingen, seine Attitüde, seine Mechanismen zu übernehmen. Will man das?

Und mein eigener Sohn? Wird er Patriarch, Macho oder keins von beidem? Schwer zu sagen bei den elterlichen Vorbildern: Auch sein Vater ist auf subtile Weise Patriarch, selbst wenn er seine Socken selbst wäscht und täglich für das Essen auf dem Tisch sorgt, und zwar ganz konkret. Und die Mutter empfindet sich auf komplexe Weise als Untergebene, auch wenn sie es ist, die tagsüber abwesend ist, um sich mit den »wichtigen Dingen« zu befassen. Meinem Sohn ist zu wünschen, dass er seine Männlichkeit selbstbewusst empfindet, genießt und in den Dienst der anderen – auch der Frauen – stellt, ohne sie dabei einzubüßen. Und es damit gar nicht nötig hat, in patriarchalische Muster zu verfallen.

Deutschland als Altherrenklub

»Ich habe die Wette gewonnen, sie trägt einen Rock!«, war der erste Satz des Moderators einer Veranstaltung für Unternehmer aus der Elektronik-Branche, bei der ich einen Vortrag hielt. Das Publikum bestand aus circa tausend Zuhörern, darunter waren vielleicht zwanzig Frauen. Das Servicepersonal war weiblich und trug kurze Röcke. Das sind Situationen, in denen ich am liebsten mein Knie kräftig und ruckartig in die Lendengegend des Sprücheklopfers rammen würde. Wirksamer ist natürlich ein dummer Spruch. Aber nicht jedes Mal gelingt es mir, schlagfertig zu kontern. Als Notbehelf habe ich ein paar Standardsprüche im Repertoire, die ich variiert einsetze. Meine Reaktion bei diesem Anlass: »Ist doch völlig unspektakulär. Wirklich spannend wäre es, Sie im Rock zu sehen. Bei Ihren Beinen.« Die Lacher hatte ich auf meiner Seite, aber es wäre gelogen zu sagen, ich sei nicht trotzdem genervt gewesen.

Gegen charmante Komplimente habe ich nichts. Doch gegen diese Altmännerwitze bin ich allergisch. Durch meine Arbeit in Brüssel ist mir so richtig klar geworden, wie bei uns die Chefsessel verteilt sind. Von Führungspositionen bleibt im größten EU-Land ausgegrenzt, wer nicht männlich und über fünfzig ist. Wenige Ausnahmen bestätigen die Regel. Neue Kräfte unter vierzig stehen unter Oberflächlichkeitsverdacht. Die *Old-Boys-Networks* funktionieren gut. Denn natürlich gibt es sie, in Wirtschaft wie in Politik und Medien, die informellen Zusammenkünfte, bei denen wirklich entschieden wird – und zwar das, was in den offiziellen Sitzungen dann nur noch bekannt gegeben wird. Wir Frauen können uns noch jahrhundertelang folgenlos darüber aufregen, dass vielen wichtigen Entscheidungen »Stallgeruch-Rituale« mit dämlichen Witzen und Alkohol vorausgehen. Da hilft nur: Wir müssen mitmischen, und zwar solange, bis wir ausreichend viele sind und ausreichend wichtig, sodass wir den Ton mit angeben und das nicht den Machermackern allein überlassen.

103

Denn es ist doch immer noch die alte Leier: Ganz oben, in den Vorständen der dreißig DAX-Unternehmen, findet sich ab und zu mal eine Frau. Im Aufsichtsrat das gleiche Dilemma. Auch in den hundert größten Firmen sieht es nicht viel besser aus. In den Chefredaktionen der deutschen Medien haben Frauen Seltenheitswert. Frauen sind auch im öffentlichen Leben unterrepräsentiert, obwohl sie die Mehrheit der Bevölkerung darstellen. Langsam ändert sich etwas. Aber geht es nicht auch schneller? In den nächsten Jahren wird der Frauenanteil in der deutschen Wirtschaft auch auf der Führungsebene glücklicherweise steigen – weil qualifizierte junge Frauen in größerer Anzahl als je zuvor ihren Weg machen werden. Trotzdem stellt sich diese Entwicklung nicht automatisch ein. Die Frauen werden hart darum kämpfen müssen! Noch immer fühlen wir uns vom Aufstieg an die Spitze ferngehalten. Doch ist das wirklich vor allem eine Frage des Mann- beziehungsweise Frauseins?

Hartnäckig hält sich die Einschätzung, der männliche Weg nach oben fordere große Opfer an sozialer Kompetenz und an emotionaler und psychischer Kondition. *It is lonely at the top.* Stimmt. Aber das ist geschlechtsunabhängig. Ich halte das für eine – zugegeben – elegante Entschuldigung dafür, vor den Widerständen zu kapitulieren. Es gibt die berühmte Beschreibung von männlichen Machtstrukturen als *have lunch or be lunch.* Und Frauen seien so viel teamorientierter, könnten besser delegieren. Ich meine, das hat wenig mit Mann oder Frau sein zu tun, sondern mit individuellen Fähigkeiten. Zumal – wer würde so etwas zu Frauen im Leistungssport sagen? Da ist klar, dass sie, um Hochleistungen zu bringen, hart arbeiten müssen. Dass Freundschaften und Hobbys zu kurz kommen. Dass diejenigen, die schlechter sind, die besiegt wurden, nicht immer Freunde fürs Leben sind, ist auch klar. Und dass diejenigen mit den richtigen Trainern und Sponsoren bessere Chancen auf Erfolg haben, ist ebenfalls klar.

Im Business funktioniert das auch nicht anders. Natürlich ist es so, dass in reinen Männerzirkeln andere Verhaltens- und Kommunikationsregeln gelten als in gemischten. Doch das ist umgekehrt genauso der Fall. Frauen unter sich verhalten sich auch anders, als wenn ein Mann dabei ist. Natürlich ist es unfair, dass bei Frauen immer noch viel stärker auf Äußerlichkeiten geachtet wird als bei Männern. Erinnern Sie sich noch an das Sperrfeuer, das Angela Merkel durchmachen musste, als sie Bundeskanzlerin werden wollte? Sie wurde unter ästhetischen Gesichtspunkten begutachtet. Aber Frisuren, Brillen oder Haarfarben machen inzwischen auch bei männlichen Politikern Schlagzeilen.

An dieser Stelle ein Wort zum Thema Sexismus: Der ist nicht verschwunden, leider. Mit meinen persönlichen Erlebnissen könnte ich Bände füllen. Die Rituale vor allem älterer Herren, mit Zoten, Anzüglichkeiten bis hin zum versuchten Körperkontakt – das alles gibt es noch. Manchmal habe ich den Eindruck, es wird getestet, an welchem Punkt Frau sich verabschiedet. Was tun? Ohren auf Durchzug stellen? Ich finde es angemessen, sich, so gut es geht, zu immunisieren, nicht alles persönlich zu nehmen. Aber das heißt absolut nicht, dass man sich alles gefallen lassen muss. Es hat nichts mit Spießigkeit, Spielverderberei oder Verklemmtheit zu tun, wenn man den Typen klarmacht: Es reicht. Die Sensibilität für das Thema ist zum Glück viel größer als noch vor ein paar Jahren. Trotzdem ist es immer noch ein Schritt, der Überwindung erfordert. Doch es ist elementar wichtig, sich gegen Sexismus zu wehren. Da darf man nicht klein beigeben. Wird sich das ändern, wenn es mehr Frauen in Führungspositionen gibt? Das ist eine schöne Vorstellung. Wenn ich mir das Verhalten so mancher weiblicher Chauvinisten anschaue, beschleichen mich allerdings Zweifel – ob es die Chefin eines Bekannten ist, die von ihren jungen

Mitarbeitern als »meinen Chippendales« spricht, oder eine EU-Kommissarin, die beim Anblick eines adretten Jünglings sagt: »Zwischen meinen Beinen wäre der besser aufgehoben als hier im Sitzungssaal.« Nun ja, in jedem Fall wüssten Männer dann aus eigener Erfahrung, wie es sich anfühlt.

Daran denke ich oft, wenn ich mich motivieren muss, wenn ich wieder mal die einzige Frau in der Runde bin. Das ist unabhängig von meiner Person. Ich kenne zig hervorragende Frauen aus den unterschiedlichsten Bereichen. Es geht um den Filter, der angelegt wird. Man(n) kennt sich. Das ist der eine Punkt: das Netzwerk. Der zweite Punkt ist: Wer angefragt wird, lange zögert und dann absagt, womöglich mehrfach, der wird aussortiert. Ist die Glasdecke, an der Frauen kratzen und nicht durchkommen, wirklich nur von Männern gebaut? Nein, damit machen wir es uns zu leicht. Viele Frauen sind einfach weniger stark an ihrer Karriere interessiert. Dafür gibt es viele verschiedene, oft sehr persönliche Gründe. Manche bevorzugen es, den Schritt in die Selbstständigkeit zu wagen, anstatt sich weiter in den Unternehmenshierarchien aufzuhalten. Ein Motiv für diese Haltung ist die Unzufriedenheit über die Gehaltsdifferenz gegenüber den männlichen Kollegen.

Nun steht die Frage, wie Frauen Kinder und Beruf unter einen Hut bekommen, auf einem anderen Blatt als das Problem, wie Frauen in die Chefetagen kommen. Die Gleichung »Mehr Kindergärten und Heimarbeitsplätze bedeuten mehr Frauen in Führungspositionen« geht nicht auf. Bessere Betreuungsmöglichkeiten geben zwar mehr Frauen die Chance weiterzuarbeiten. Aber sie werden nicht notwendigerweise Karriere machen. Zumal eine Frau mit Kindern, die beruflich sehr weit gekommen ist, keine Schwierigkeiten hat, die Betreuung ihrer Kinder zu organisieren. Nicht vorhandene Krippenplätze wären wohl das Letzte, was sie an ihrer weiteren Laufbahn hindern würde.

Im Mittelbau der Unternehmen wird es heikel, dort tauchen

die lästigen Fragen auf. Nach meiner Erfahrung passiert es dort viel häufiger, dass die Frauen herauskatapultiert werden, egal ob tatsächlich Kinder vorhanden sind oder nicht. Auch passiert es vielen exzellenten Frauen ohne Kinder, dass sie nicht weiterkommen. Regelungen zu mehr flexibler Arbeitszeit fördern Familien, aber nicht Frauen. Denn solange sie nur oder vor allem von Frauen in Anspruch genommen werden, können sie für eine Karriere, nicht grundsätzlich für die Berufstätigkeit, zum Bumerang werden. Will eine Frau Karriere machen, verzichtet sie in Deutschland oft auf Kinder. Man weiß, dass sich die familiäre Situation von Frauen und Männern in leitenden Positionen stark unterscheidet: Die Partnerinnen von Männern in Führungsjobs haben meist ihre eigene Karriere zurückgestellt, unterstützen ihre Männer und leisten Familienarbeit. Das alte Lied von der häuslichen Regeneration der männlichen Arbeitskraft.

Männer hingegen, die mit Frauen in Führungspositionen zusammen sind, gehen meistens selbst einem Beruf nach. Solche Paare organisieren den Haushalt anders. Nicht schlechter. In anderen Ländern gehören auch für Frauen Kinder und Spitzenamt zusammen beziehungsweise schließen sich definitiv nicht aus. In Deutschland hingegen ist so etwas die Ausnahme, nicht der Normalfall. Für die Wissenschaft gilt Ähnliches. Die Vereinbarkeit von Beruf und Familie wird von Studentinnen ausdrücklich als ein Grund angegeben, eine Hochschulkarriere weniger entschieden anzusteuern. Was für eine Verschleuderung von intellektuellen Fähigkeiten, wenn potenzielle Professorinnen meinen, sie seien vor die Entscheidung Mutterschaft oder Alma Mater gestellt! Oft hört man noch den Spruch:»Ich stehe gern in der zweiten Reihe. Sacharbeit macht mich zufriedener.«

Es gibt eine Menge Frauen, die das Zeug dazu hätten, von der zweiten in die erste Reihe aufzusteigen. Häufig sind sie ihren

Chefs intellektuell überlegen und auch kommunikativ besser. Doch verschafft es ihnen ein diffuses Sicherheitsgefühl, im Schatten mächtigerer Männer zu arbeiten. Fatale Fehleinschätzung! Das ist kein Zugewinn an Sicherheit, sondern an Frustration. Der erste Schritt ist ja getan: Wir haben die Freiheit, die rechtliche Gleichheit, die Ausbildung und die Chancen. Jetzt muss der nächste Schritt kommen: Nutzen wir sie! Karriere, Macht, Führung – alles weibliche Worte!

Hierarchien gibt es überall

Meine Mutter war eine starke Frau und kämpfte für ihre Kinder wie eine Löwin. Sie hätte jeden gefressen, der uns hätte etwas antun wollen. Mein Vater war kein Patriarch, dazu hatte er keine Zeit. Er war geschwächt von zwei Weltkriegen, die er kämpfend miterleben musste, den zweiten noch als Reservist. Er war klein, witzig, gutmütig und ab und zu jähzornig. Er tat so, als wäre er der Herr im Haus. Als ich achtzehn Jahre alt war, hatte ich einen Freund, der in Paris studierte, aber kein Geld, um ihn zu besuchen. Also wollte ich dorthin trampen. Meine Mutter verbot es mir, und weil ich nicht auf sie hören wollte, sollte mein armer Vater Leo mich zur Räson bringen. Ich stand vor ihm und fauchte:»Hau mich doch!«, und reizte ihn so, dass er mir schließlich eine Ohrfeige gab. Das erste und letzte Mal. Geweint habe ich natürlich nicht, ich nahm meine Sachen und fuhr nach Paris.

Ich war zwar klein und schüchtern, ahnte aber meine Begabung. Dann, während meines ersten Engagements, bekam ich ein Kind. Man mochte mich. Aber das mochte man gar nicht. Ich war unverheiratet.

Beruflich wurde ich zunächst kaltgestellt. Ich war also allein, hatte ein Kind, war Mutter und Vater und musste meine Eltern finanziell unterstützen. Meine Tochter Nina wuchs in Hamburg und bei mir auf. Meine Gage war klein, aber ich ließ mich nicht entmutigen, liebte meine Arbeit und marschierte weiter.

Mir wurde oft gesagt: Sei nicht so männlich! Frauen, die selbstbewusst sind und keine Angst ausstrahlen, schüchtern Männer anscheinend häufig ein.

Ich musste nie unter Männern leiden. Die meisten der großartigen Regisseure, mit denen ich arbeitete, waren sehr liebenswürdig. Sie müssen genauso kämpfen wie Frauen, Hierarchien gibt es überall. Oft sind sie die Ernährer mehrerer Familien und

Kinder. Da kann die Liebe schon mal abtauchen und die Sexualität einen Ersatz heucheln. Ja, das Leben kann anstrengend
sein.

Aber nicht immer wurde ich gut behandelt. Dann hatte ich
Freunde, die mich aufgefangen und wieder zurechtgerückt
haben. Und das waren nicht nur Frauen.

Share the road

Ich erinnere mich gut an meinen ersten Flug nach Tokio im Jahr
1989. Damals war ich die einzige Frau in der Businessclass. Ansonsten habe ich nie darauf geachtet, ob ich mehr von Frauen
oder von Männern umgeben bin. Die Leidenschaft, als Designerin Produkte für das tägliche Leben zu gestalten, hat mich in eine Welt geführt, die überwie-
gend von Männern besetzt ist. Hin und wieder wurde ich gefragt, ob ich mir diesen Weg als Frau zutraue. Diese Frage hat
sich mir nie gestellt. Die Wahl des Berufs ist für mich Ausdruck
von Selbstverwirklichung.

Watch uphill speed

Als ich vor mehr als vier Jahren die Aufgabe als Präsidentin
von Designworks USA übernahm, hat niemand an meiner Füh-
rungskompetenz gezweifelt. Es war eher freundliche Neugierde, verknüpft mit der klaren Erwartungshaltung, meinen Job
gut zu machen.

Trotzdem konnte der eine oder andere Mann den offensichtlichen Wandel in der Arbeitswelt nicht unkommentiert lassen.
So erinnere ich mich zum Beispiel an eine Äußerung des damaligen Präsidenten einer der bedeutenderen Kreativagenturen in Los Angeles, der mich mit den Worten begrüßte: »Aha, jetzt haben sie eine Frau geschickt. Sie wissen ja, dass Frauen in solchen Funktionen nur eine kurze Halbwertszeit haben, wie das Beispiel von Carly Fiorina[1] gezeigt hat.«

Diversity rules

In den USA trifft man bei der Arbeit häufiger auf gemischte Teams als in Deutschland. Und eine Frau in der Führungsposition einer Designberatung wird als fortschrittlich angesehen. Die gleichen Erfahrungen habe ich in Asien und Russland gemacht.
Wenn man als Designer erfolgreich sein will, muss man die Welt verstehen lernen. Idealerweise sollte man dafür nicht nur das Internet nutzen, sondern viel reisen. Mobilität stellt für Männer weniger eine Barriere dar. Sei es, dass sie ihre Familie für ein Projekt mit ins Ausland nehmen oder ganz allein gehen. Für

Frauen ist es häufig schwieriger, einen Ehemann oder Partner »umzuerziehen«.

Männer unterwerfen sich nach wie vor stark dem Druck, beruflich erfolgreich zu sein, um gesellschaftliche Anerkennung zu erlangen. Für Frauen hingegen bedeutet weniger Druck auch mehr Spielraum, durch den sie experimenteller an Projekte herantreten können.

Frauen haben heute außerordentliche Möglichkeiten, berufliche und persönliche Träume zu realisieren. Wer Erfolg mit Erfüllung und Spaß gleichsetzt und den Anspruch hat, Nachhaltigkeit zu realisieren, wird feststellen, dass diese Gleichung für Frauen besser aufgeht als für Männer.

Right brain or left brain?

Vor ein paar Monaten las ich (mit Erleichterung) über umfangreiche Tests, die erwiesen, dass Männer und Frauen die gleiche kreative Leistungsfähigkeit besitzen.

Die Korrelation zwischen Selbstwertschätzung und Kreativität wurde jedoch bei Frauen als stärker ausgeprägt beurteilt.[2] Frauen sind umso kreativer, je stärker ihr Selbstwertgefühl ausgeprägt ist. Wenn aber kulturelle Rahmenbedingungen das Ansehen von Frauen beschneiden, wird damit die Entfaltung ihrer kreativen Leistungsfähigkeit beeinträchtigt.

Creative minds

Ich habe mich in den vergangenen Jahren intensiv mit *Creative Leadership* und *Organizational Behavior* auseinandergesetzt, um dadurch die unterschiedlichsten Mitarbeiter zu Höchstleistungen zu motivieren. Meine Erfahrungen haben gezeigt, dass in Teams ein Frauenanteil ab 20 Prozent die Arbeitsabläufe begünstigt und die Teamdynamik positiv beeinflusst. Mehr Transparenz und Offenheit sind möglich und Grundlage für eine starke Identifikation mit dem Unternehmen.

**Never bend your head. Hold it high.
Look the world straight in the eye.**[3]

Häufig werde ich in Interviews gefragt, warum es so wenige Frauen gibt, die in der Autodesign-Industrie arbeiten. Natürlich kann eine Frau genauso ein Fahrzeug oder einen Flugzeugsitz gestalten, der Männer wie Frauen anspricht. Als guter Designer sollte man die Fähigkeit besitzen, ästhetisch kraftvolle Produkte zu entwerfen, sich in soziologische und kulturelle Kontexte hineinzuversetzen, Daten und Fakten zu sammeln und auszuwerten.

Wir sind Mediatoren, die die verschiedenen Perspektiven auf ein neues Produkt in eine universelle Botschaft transformieren und Objekte entwerfen, die die Gesellschaft verändern können. Das facettenreiche Anspruchsspektrum an Designer bildet die ideale Plattform für beide Geschlechter. Nationenübergreifend. Von jung bis hocherfahren.

1) Carly Fiorina war Vorstandsvorsitzende von Hewlett-Packard von 1999 bis 2005. Vom Magazin *Fortune* wurde sie sechs Jahre in Folge zur mächtigsten Frau in der Wirtschaft gekürt. Nach internen Auseinandersetzungen mit dem Verwaltungsrat von HP über die Weitergabe vertraulicher Informationen an die Presse entließ dieser Fiorina 2005 ohne Angabe von Gründen.

2) John Baer and John Kaufman in *Journal for Creative Behavior*, Second Quarter 2008, Volume 42, S. 79

3) Helen Keller, 1932, www.afb.org

Die Wahrheit liegt im Wein

(Nach einer wahren Begebenheit)

Zwei Uhr nachts am Rand der Tanzfläche in einem kleinen Club in einer süddeutschen Universitätsstadt:

ER: (schon deutlich angetrunken, aber mit festem Ziel im Auge, stellt sich neben sie) Hi.

SIE: Hallo.

ER: Kommst du aus dieser Gegend?

SIE: Ja.

ER: Du siehst sportlich aus.

SIE: Jep.

ER: Ich mache auch viel Sport. Bis vor einem Jahr habe ich sogar in der zweiten Bundesliga Fußball gespielt. Bis ich eine ziemlich schwere Knieverletzung hatte. Und du?

SIE: Ich schwimme.

ER: Gut?

SIE: Ich bin gerade Vizeweltmeister geworden mit der Staffel.

ER: Wow. (Respektvolle Pause) Ich konzentriere mich momentan auch mehr auf mein Studium.

SIE: Was machst du denn?

ER: BWL. Ist ziemlich anspruchsvoll, aber es läuft wirklich gut. Machst du noch was außer Schwimmen?

SIE: Medizin.

ER: Am Anfang?

SIE: Eigentlich habe ich schon mehr als die Hälfte.

ER: (Lange, lange Pause, überlegt sichtlich angestrengt) Also tut mir echt leid, aber stell dir mal vor, wir wären verheiratet. Da gehe ich morgens zum Bäcker, und der fragt mich: »Hallo Herr Schmidt. Was macht denn Ihre Frau? Hat ja eben wieder was im Schwimmen gewonnen. Und als Ärztin ist sie ja auch so erfolgreich!« Wie würde ich mich denn dann fühlen? (Er schüttelt den Kopf.) Tut mir leid, aber das geht wirklich nicht. Mach's gut. (Er dreht sich um und läuft sichtlich betroffen davon.)

Rückblickend war dies das ehrlichste Statement von einem Mann zu der Frage, warum es für erfolgreiche Frauen nicht immer so einfach ist mit der Partnerwahl.

ANNA LÜHRMANN   Politikerin

Wäre sie ein Mann gewesen, wäre ihr das nicht passiert

Das Journal Frankfurt *schreibt über Anna Lührmann in seiner Ausgabe 6/2008:*

»Flop oder Top?
Anna Lührmann, Heimchen

Die jüngste Abgeordnete aller Zeiten konterkariert die Berufs- und Familienziele ihrer grünen Partei. Mit sechsundzwanzig wird sie nun die jüngste Polit-Pensionärin. Heimchen am Herd statt Powerfrau. Die werdende Mutter will ihrem Partner in den Sudan folgen.«

Darauf antwortete der grüne Bundestagsabgeordnete Omid Nouripour am 7. April 2008:

»Liebe Redaktion des Journal Frankfurt,

Sie deklarieren die Entscheidung meiner Kollegin Anna Lührmann, aufgrund der Planung für einen neuen Lebensweg nicht noch einmal für den Bundestag zu kandidieren, als FLOP. Wenn etwa ein fünfzigjähriger Mann aus der Politik in die Wirtschaft wechselt, dann stärkt dies sein ›Macher-Image‹. Wenn eine junge Frau und Abgeordnete sich entscheidet – wie schon lange angekündigt –, nach zwei Legislaturperioden den Bundestag zu verlassen, dann ist sie für Sie eine Verliererin. Warum? Weil sie sich gleichzeitig auch noch anmaßt, eine Familie zu gründen? Weil der Sudan ein so bequemer Fleck Erde ist? Wäre Anna Lührmann ein Mann, hätte Sie das alles wahrscheinlich nicht gestört, denn die Frau würde sich ja um die Familie kümmern.

Sie hätten vielleicht außerdem eine Lobeshymne darauf angestimmt, dass ›Herr‹ Lührmann Wort gehalten hat, den angekündigten Rückzug aus der Politik auch tatsächlich wahr macht und nun die Nase ins ›echte Leben‹ jenseits der Politik steckt. Nun ist Anna Lührmann aber eine Frau. Also bekommt sie von Ihnen das Etikett ›Heimchen‹ aufgedrückt und wird zurück an den Herd geschickt.

Viele Grüße
Omid Nouripour«

Ulrike Meinhof

Beispiel für patriarchalische Mythenbildung

Käme ein Fremder in dieses sonderbare Deutschland und stieße auf den Namen »Ulrike Meinhof«, stolperte er über ein dichtes Geflecht von fragwürdigen Geschichten, die wahr zu sein scheinen, weil ihre Urheber sich seit Jahrzehnten unaufhörlich aufeinander beziehen und sich gegenseitig zitieren. Aus eigenen Interessen machen sie etwas aus Ulrike Meinhof, was sie nicht war.

Die meisten Mythen über Ulrike Meinhof speisen sich aus vier trüben Quellen und werden unaufhörlich vervielfältigt: Da ist die erste giftige Quelle, Ulrike Meinhofs Pflegemutter Renate Riemeck. Sie war vor 1945 eine außerordentlich erfolgreiche junge Nazi-Historikerin. Riemeck verbarg ihre NS-Vergangenheit bis zu ihrem Tod 2003. Sie galt nach 1945 sogar als fortschrittliche Frau, die behauptete, sich »heldenhaft« verhalten und Juden geholfen zu haben – nichts davon ist wahr. Auch Alice Schwarzer lobhudelte ihr und glaubte alles. Riemeck diente unter anderem Klaus Rainer Röhl, dem Bundeskriminalamt, Jillian Becker, Mario Krebs und Alois Prinz als Zeitzeugin. Niemand überprüfte je ihre Legenden.

Die zweite trübe Quelle ist Klaus Rainer Röhl. Sechs Jahre und vier Monate lang war Meinhof mit ihm verheiratet (von Dezember 1961 bis April 1968). Röhl hat in seinen Büchern die Geschichte seines glühenden Nazi-Vaters Hansulrich »entnazifiziert«. Als Ulrike Meinhof im Hochsicherheitstrakt saß und sich schwer wehren konnte (1972–1976), verkaufte er gegen ihren Willen ihre Texte und schrieb einen obszönen Enthüllungsroman über sie.

Dann die dritte interessengeleitete Quelle: der ehemalige Chefredakteur des *SPIEGEL*: Stefan Aust. Der zwanzigjährige Bauernsohn und ehrgeizige Abiturient aus Stade stand im Januar

1967 als Layouter im Impressum von *konkret*. Er bewunderte die ältere und so berühmte politische Journalistin Meinhof. Seine marginale Rolle in ihrem Leben wird hier und dort im Film *Der Baader Meinhof Komplex* ein bisschen aufgehübscht, bei den Springer-Blockaden verschwindet er plötzlich aus ihrem Auto. Seit zwanzig Jahren strengt Aust sich an, Ulrike Meinhof vor der RAF »zu retten«, indem er sie zu entmündigen versucht.

Die vierte trübe Quelle ist das BKA, dahinter die Bundesanwaltschaft, das Bundesjustizministerium, später der Bundesgerichtshof und die Justizvollzugsanstaltsleitungen. Zwei Jahre lang wurde sie gejagt, dann gefangen und vier Jahre unter inhumanen Bedingungen in der JVA Köln-Ossendorf und in Stuttgart-Stammheim inhaftiert (man versuchte sogar gegen ihren Willen einen Eingriff in ihr Gehirn), bis sie starb. Die Bilder, die der Staat von Ulrike Meinhof kreiert, werden auch gespeist von den sonderbaren, vielfach korrigierten und an die Bedürfnisse der Justiz angepassten Aussagen der Kronzeugen Gerd Müller und Karl-Heinz Ruhland.

Der Mythos Ulrike Meinhof wird von vormals »linksliberalen« Medienleuten gern vorgetragen mit dem Sound »wie konnte sie nur, sie hatte doch so prächtige Voraussetzungen, besaß alle Möglichkeiten, und sie war doch eine von uns!«. Vor wenigen Monaten sagte Günter Grass allen Ernstes in einem Fernsehinterview: »Hätte Ulrike nur mehr mit mir getanzt, wäre sie nie Terroristin geworden.« Er ist ja ein Fachmann für Biografisches.

Der Mythos in seinem Kern – so soll es angeblich gewesen sein: *Ulrike Meinhof kam aus einem antifaschistischen, christlichen, akademischen Elternhaus, hatte seit 1949 eine gebildete Pflegemutter, durfte studieren, wurde eine bekannte Publizistin, gehörte zur sogenannten Hamburger Medienschickeria, berühmte Leute darunter, und sie wurde – so die Legende – nur*

zur Furie, weil ihr grässlicher Ehemann sie betrog, zur Medea,
zur Rabenmutter, die ihre Kinder verließ und entführte und sich
mit langhaarigen Wilden einließ. Verwirrt, verführt und planlos
wurde sie im Mai 1970 zu einer Randfigur bei der Befreiung des
Gefangenen Andreas Baader und sprang bei dieser Aktion in ei-
nem ebensolchen Gemütszustand aus dem Fenster in den Un-
tergrund. Eine Metapher, viel zu suggestiv, um sie den Fakten
zuliebe preiszugeben. Überrumpelt und bedrängt von Andreas
Baader und Gudrun Ensslin, zog sie in den bewaffneten Kampf,
legte Bomben (wahr), *erschoss Menschen* (falsch). *Später beging*
*sie im Hochsicherheitstrakt Stammheim Selbstmord (*wir wissen
es nicht sicher*), nicht, weil die Haftbedingungen so grauenhaft*
waren, nein, weil sie sich mit Gudrun Ensslin stritt, wir kennen
ja diese zankenden Weiber.
So etwa wird die Legende seit rund dreißig Jahren in diesen
Kreisen erzählt.

Der Film *Der Baader Meinhof Komplex* (2008, Regie: Uli Edel)
brutalisiert diese Fälschung und illustriert sie auf das Infams-
te. Kein Hinweis darauf, dass das Kriegskind (geboren 1934)
sensibel und intelligent die Nachkriegsgesellschaft wahrnahm.
Dass sie das Pech hatte, in Deutschland groß zu werden. Dass
sie sich als Jugendliche und junge Erwachsene, aufwachsend
zwischen alten Nazis, mitten im Kalten Krieg und zur Hochzeit
des Antikommunismus kritisch mit diesen stickigen deutschen
Verhältnissen auseinandersetzte, dass sie zur Kriegsgegnerin
wurde und zur Atomwaffengegnerin. Nicht eine Sekunde gesteht der Film ihr eine politische Geschichte zu, bevor sie ihren
Ehemann trifft. Kein Wunder, Röhl dient Eichinger-Edel-Aust
als Kronzeuge. Nicht eine Filmszene lang darf Meinhof ein politisches Subjekt sein, eigene Entscheidungen treffen, erwachsen und selbstbewusst. Sie ist abhängig und unterwürfig, basta. Sie rutscht irgendwie in die RAF hinein, als müsse sie, die

Ältere und politisch Erfahrenere – sie war von 1958 bis 1964 Mitglied der verbotenen KPD, hatte also schon sechs Jahre illegale politische Arbeit hinter sich –, Ensslin und Baader beweisen, dass sie »konsequent« ist und nicht nur redet.

Tatsächlich stritt sich Ulrike Meinhof nach dem Attentat auf ihren liebsten politischen Freund Rudi Dutschke im April 1968, nach dem Niedergang der Außerparlamentarischen Opposition (APO), dem Überfall der Warschauer-Pakt-Staaten auf den Prager Frühling (August 1968) und der missratenen Amnestie (1969/1970) mit FreundInnen über den weiteren politischen Kurs. Im Winter 1969/70 entschied sie sich für den bewaffneten Kampf und den Aufbau einer Stadtguerilla. Sie beschaffte das Geld für die Waffen zur Befreiung Andreas Baaders. Sie quartierte vor dieser Tat ihre Töchter bei Freunden ein. Sie steckte ihr ganzes Vermögen (einen Pfandbrief über 40.000 Mark) in ihre Handtasche und war bereit, im Mai 1970 in die Illegalität zu gehen. Sie sprang also nachweislich nicht tolpatschig und unvorbereitet aus dem Fenster.

Ich recherchierte mehr als sechs Jahre. Meine Ulrike-Meinhof-Biografie erschien 2007, aber die Legenden gehen weiter: Alle drei, Stefan Aust, der seine interessengeleitete, zusammengeschusterte Geschichte lieferte, Bernd Eichinger, der den Film produzierte und das Drehbuch für *Der Baader Meinhof Komplex* schrieb, sowie Uli Edel, der Regisseur, haben erklärt, dass sie die historischen Fakten ihrer Geschichte möglichst korrekt präsentieren wollten. Sie prahlten damit, die Einschusswinkel für jeden Schuss belegen zu können. Produzent Eichinger erklärte sogar, aus Respekt vor dem Gegenstand habe er auf all die dramaturgischen Eingriffe verzichtet, die er sonst benutze (*Süddeutsche Zeitung*, 25.9.2008). Respekt vor was? Vor den Einschusswinkeln?

Bleiben wir bei einem einzigen Menschen in diesem Film, bei Ulrike Meinhof. Sie, die seit den 1950er-Jahren politisch aktiv war, Atomwaffengegnerin (seit 1957), Mitglied des Sozialistischen Deutschen Studentenbunds 1958/59, Redakteurin und Chefredakteurin der linken Zeitschrift *konkret* (1959/1961), sechs Jahre lang Mitglied der illegalen und verfolgten KPD (1958–1964), in den 1960ern eine bekannte linke Publizistin, Kolumnistin, Rundfunk- und Fernsehjournalistin, berühmt und gerühmt für ihre Arbeiten über NS-Prozesse, »Gast«arbeiter, Industriearbeiterinnen und Heimkinder – diese hochpolitische, temperamentvolle, intelligente und sinnliche Frau mutiert im Film *Der Baader Meinhof Komplex* zur emotional instabilen bürgerlichen Ehefrau mit ewig zitternder Unterlippe und unterwürfiger Körperhaltung, von ihrem Gatten auf Partys vorgeführt wie ein Tanzbär.

Eichinger-Edel-Aust möchten tatsächlich glauben machen, dass Ulrike Meinhof durch Eifersucht auf die letzte Geliebte ihres Mannes in die Fänge der Studentenbewegung und schließlich in die von Andreas Baader und Gudrun Ensslin geriet, die sie in den Terror lockten.

Ulrike Meinhof, Antikriegskämpferin, Vorläuferin der neuen Frauenbewegung, große Schwester der APO – die drei Film-Männer sind unfähig, sich mit ihr politisch auseinanderzusetzen, also machen sie sie klein, stutzen sie auf das Maß ihres Frauenbildes zurecht. Beinahe schüchtern sitzt Ulrike Meinhof 1969 vor der selbstbewussten Untersuchungsgefangenen Gudrun Ensslin. Dass in Wirklichkeit die sechs Jahre ältere und politisch erfahrenere Ulrike Meinhof für die jüngeren Linken Vorbild und oft auch Respektsperson war, dass Gudrun Ensslin noch 1965 im Wahlkampf für die SPD tätig war, als Meinhof die SPD längst hinter sich gelassen hatte – all das interessiert die Filmemacher nicht. Ulrike Meinhof soll Baader und Ensslin vom ersten Augenblick an emotional unterlegen sein, damit sie zum Opfer der RAF gemacht werden kann, nicht zu ihrer Mitgründerin, Theoretikerin und Aktivistin.

Zur ersten Szene des Films: Eine dralle Klischeeblondine stoppt an einem Strandkorb. Darin sitzt Martina Gedeck alias Ulrike Meinhof 1967 während ihres Urlaubs mit ihrem Mann und ihren Zwillingstöchtern. Faktisch stimmt hier gar nichts: Die Töchter sind 1967 erst vier Jahre alt (im Film etwa sechs bis sieben). Der Film lässt uns wissen, es sei »Juni 1967«, dabei war Meinhof erst im August auf Sylt. Zudem liest sie einen zu diesem Zeitpunkt mindestens drei Wochen (!) alten Artikel aus der *Neuen Revue* über die Frau des Schahs von Persien. Die romantische, die reale Folterdiktatur verklärende Darstellung bereitete in der Bundesrepublik den Besuch des Schahs und seiner Frau vor. Ulrike Meinhof schrieb sofort einen polemischen, über die realen sozialen Verhältnisse in Persien aufklärenden »Offenen Brief an Farah Diba«, der zur Mobilisierung in Westberlin verteilt wurde. Doch zurück zur Blondine: Sie flirtet mit Röhl, Ulrike/Martina schaut unsicher, man soll denken: Sie ist eifersüchtig. Tatsächlich hatte Röhl seit Jahren Affären. Nach Auskunft von Ulrike Meinhof war die Ehe seit Langem zerrüttet. 1964 machte sie sich über eine Affäre Röhls mit einer jungen Meinhof'schen Verwandten lustig. Ulrike Meinhof hatte unbedingt Kinder haben wollen, 1961 war die Lebensform »alleinerziehende, berufstätige, politisch aktive Frau mit Kindern« indiskutabel. Um Kinder zu haben, musste man heiraten, und Röhl gefiel ihr eine Weile, obgleich sie ihn früh durchschaute (wie er selbst hier und da zugab). Meinhof hatte ihrer Ehe schon am Hochzeitstag nur eine begrenzte Lebensdauer zugestanden (was er ebenfalls zugab). Bald nach der Geburt der Zwillinge (1962) ging's bergab.

Unter Meinhofs Chefredaktion wurde die linke Zeitschrift *konkret* außerordentlich populär. Nahezu alle jungen Leute, die kritisch zu den Verhältnissen standen, lasen Meinhofs Kolumnen. Röhl litt bald darunter, dass seine Frau so viel berühmter und beliebter war als er; er beschrieb sich selbst als ihr von allen anderen in Kauf genommenes Anhängsel. Der Film suggeriert das Gegenteil. Ich fand bei meiner sechsjährigen Recherche fast keine Aktivistin, keinen Aktivisten der Außerparlamentarischen Opposition, der nicht mit den Texten der politischen Journalistin Ulrike Meinhof aufgewachsen ist. Sie war 1964 »die erste Person in der Bundesrepublik, die aufrichtig und ernsthaft wünschte, über meine Erlebnisse im Warschauer Ghetto informiert zu werden«, sagte Marcel Reich-Ranicki. Mit ihren Recherchen und Rundfunksendungen hatte sie schon seit 1965, Jahre vor ihrem berühmten Fernsehspiel *Bambule*, die fürchterlichen Missstände in den staatlichen und kirchlichen Kinder- und Jugendheimen aufgedeckt und angeprangert. Viele Heime wurden dank ihrer Vorarbeit geschlossen. Viele Betroffene, die heute immer noch um das Eingeständnis der Verantwortlichen und um winzige Renten kämpfen müssen, wissen, was sie Ulrike Meinhof zu verdanken haben. Aber für das Triumvirat Eichinger-Edel-Aust bleibt sie die sanfte, etwas trutschige und eifersüchtige Ehefrau, die im Strandkorb alte Zeitungsartikel liest und vor ihrem Gatten das Haupt senkt.

Röhl entflammte in diesem Sommer 1967 für die schwarzhaarige Griechin Danae Coulmas. Ulrike Meinhof wusste davon. Sie richtete trotzdem ein neu gekauftes Haus ein, möblierte es mit Trödel und strich die Wände bunt an. Im Oktober 1967 lud das Paar Röhl-Meinhof zu einer großen Party anlässlich des Geburtstags von Ulrike und der Einweihung des Hauses in Hamburg-Blankenese. Fast »alle« kamen: Verwandte und politische Freunde, Medienleute und viele aus der Hamburger Medienschickeria, auch Auftraggeber der freien Journalistin Meinhof. Was tat Röhl, der auf die gesellschaftliche Anerkennung seiner berühmten Frau eifersüchtig war? Von Gästen ließ er sich in verfänglichen Situationen mit seiner schwarzhaarigen Geliebten beobachten und zog um Mitternacht mit ihr davon. Er selbst beschreibt es so:»… diese Party war praktisch wie eine Hochzeitsparty, nur, es war die Hochzeit mit der Geliebten.« Er wollte seine Frau, die ihm längst über den Kopf gewachsen war, demütigen. Vier Monate später reichte Ulrike Meinhof die Scheidung ein, reiste Anfang Februar 1968 ins politisch brodelnde Westberlin, wohin es sie schon lange zog, und fand für sich und ihre Töchter eine Wohnung.

Als Meinhof ihren Mann verließ – es stimmt ausnahmsweise, sie fuhr in ihrem dunkelblauen R4 davon, und die Zwillinge saßen auf dem Rücksitz –, rannte, gleichfalls zutreffend, ihr Mann im Bademantel fassungslos dem Auto hinterher. Aber warum verlässt sie ihn? Wir sehen Ulrike Meinhof, die einen Blick zurückwirft und sich an eine Szene erinnert. Darin öffnet sie eine Tür und sieht ihren Ehemann, wie er die dralle Blondine vom Sylter Strandurlaub vögelt, die wieder braun gebrannt und nackt sein darf. Diese Szene hat es nie gegeben. Das soll man denken: Meinhof verlässt ihren Mann, an dem sie so hing und von dem sie so abhing, weil er sie betrog. So klischeehaft, so niederträchtig.

Eichinger-Edel-Aust blicken durch die Brille des verlassenen Gatten und übernehmen ohne einen Hauch des Zweifels seine Version. Ulrike Meinhofs Blick auf diese Ehe interessiert sie nicht.

Meinhof selbst beschrieb die politischen und persönlichen Widersprüche, die sie allmählich dazu brachten, ihr Leben zu ändern:»Manchmal habe ich das Gefühl, ich könnte überschnappen. Das Verhältnis zu Klaus, die Aufnahme ins Establishment, die Zusammenarbeit mit den Studenten – dreierlei, was lebensmäßig unvereinbar scheint, zerrt an mir, reißt an mir. Das Haus, die Partys, Kampen, das alles macht nur partiell Spaß, ist aber neben anderem meine Basis, subversives Element zu sein, Fernsehauftritte, Kontakte, Beachtung zu haben, gehört zu meinem Beruf als Journalistin und Sozialist, verschafft mir Gehör über Funk und Fernsehen über *konkret* hinaus. Menschlich ist es sogar erfreulich, deckt aber nicht mein Bedürfnis nach Wärme, nach Solidarität, nach Gruppenzugehörigkeit. Die Rolle, die mir dort Eintritt verschaffte, entspricht meinem Wesen und meinen Bedürfnissen nur sehr partiell, weil sie meine Gesinnung als Kasperle-Gesinnung vereinnahmt, mich zwingend, Dinge lächelnd zu sagen, die mir, uns allen, bluternst sind: also grinsend, also maskenhaft.«

Auch der konservative Fernsehjournalist Peter Coulmas, Danaes Ehemann, widersprach noch viele Jahre später Klaus Rainer Röhl ausdrücklich:»Ulrikes Problem in jener Zeit ist überhaupt nicht der Mann oder ein anderer Mann oder überhaupt Mann gewesen, sondern Politik. [Ihr] Engagement, wie man damals sagte, also die Betroffenheit und Aktivität, waren so stark, dass der Mann dazu überhaupt nicht existierte.« Mit seinem Verständnis für Ulrike Meinhof und für das, was sie antrieb, ist der Konservative Eichinger-Edel-Aust um Lichtjahre voraus.

Noch nie in meinem Leben stand ich vor einem solchen Berg aus Lügen und Manipulationen über das Leben einer einzigen Frau wie im Fall Ulrike Meinhofs. Meine Biografie über sie habe ich gegen alle Angriffe verteidigen können. Aber was ist eine Auflage von fünfundzwanzigtausend Exemplaren eines Buches – also rund hunderttausend LeserInnen – gegen die Suggestion eines mit sehr viel Geld von Banken, ARD-Anstalten und staatlichen Einrichtungen finanzierten Films, in den 2,5 Millionen Menschen gingen?

Am 7. Oktober 2009 wäre Ulrike Meinhof fünfundsiebzig Jahre alt geworden. Wäre es nicht an der Zeit, sich mit dem Menschen zu beschäftigen, der sie wirklich war? Gerade für die kritische Auseinandersetzung mit ihr müssen die Fakten auf den Tisch und keine patriarchalen Mystifikationen gekränkter und ignoranter Männer, von denen einige mal irgendwie »links« waren und nun, indem sie Meinhofs Geschichte manipulieren, ihre eigene Geschichte schönschreiben wollen. Sie sind bisher damit durchgekommen, weil es ein Interesse daran gibt, den Gedanken an Subversion, Protest und Widerstand kleinzuhalten – zumal in Zeiten einer Weltwirtschaftskrise.

ROSALIE   Künstlerin

Aber es weht ein Sturm vom Paradiese her

Barbiedrom an die Macht!

129

ber es weht ein Sturm vom Paradiese her

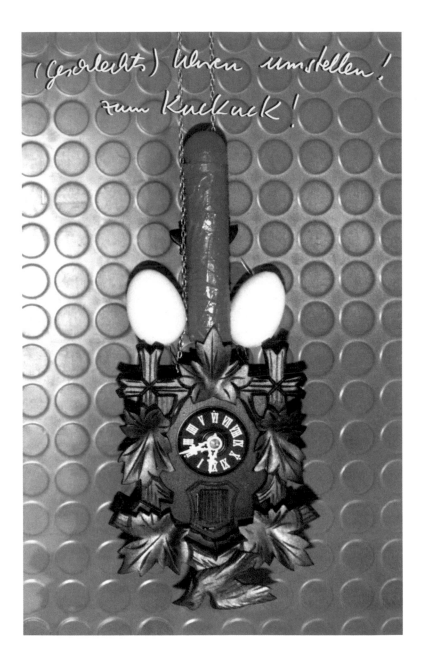

MARION KRASKE Journalistin

Das Angela-Alice-Dilemma

Seien wir doch mal ehrlich: Das gute alte Patriarchat ist nun wirklich nicht mehr das, was es mal war. Früher waren seine Vertreter von barocker Statur, beleibt, kurzatmig, den Blutdruck bis zum Anschlag. Und von ebenso barocker Ungerechtigkeit war auch ihr Auftreten: Da wurde regiert, geherrscht, kleingehalten nach Gutsherrenart. Ohne Pardon, ohne Rücksicht auf Verluste.

Überall saßen sie, in der Politik, im Kanzleramt, in den Chefetagen von Wirtschaft und Medien, altgedient, mit unermesslichem Erfahrungsschatz, weit gereist, eloquent, dickfellig.

Die alten Patriarchen haben die Republik bevölkert mit ihren schlecht sitzenden grauen Anzügen, den bunt gemusterten Krawatten, den zu kurzen Socken, die in Sitzposition bleiche, unansehnliche Unterbeine freilegten. Sie haben die Presseklubs belagert, sie zu Altherrenrunden degradiert, ganz so, als gebe es in Deutschland kein einziges denkendes weibliches Alphatier. Die Patriarchen von einst stellten Regeln auf, die die Untertanen ohne Wenn und Aber zu befolgen hatten. »Erich!«, schallte es mit schöner Regelmäßigkeit Abend für Abend über einen der Flure eines bekannten deutschen Verlagshauses, »ab in die Kneipe!« Und Erich, kaum jünger als der Meister selbst, setzte sich gehorsamst in Trab. Ab zum Bierstemmen. Trinkfestigkeit, das war für den Patriarchen von einst ein nicht verhandelbares Muss.

Ehrlich besorgt war der Patriarch alter Schule um das leibliche Wohl seiner Untergebenen, insbesondere seiner weiblichen. Im rauchverpesteten Hinterzimmer der Stammpinte hieß es dann: »Was, du bestellst Cola? Ist doch wohl nichts im Busch?« Um dann, mit bäriger Bestimmtheit, zu brummen: »Weißt ja: Schwanger werden ist nicht!«

Zugegeben: Bei so viel Drama hätten sich wohl selbst die fruchtbarsten Fruchtbarkeitswindungen aufs Empfindlichste zusammengekrampft und ihren ureigensten Dienst verweigert. Und so ist es kein Wunder, dass Deutschlands potenzielle Mama-Riege in eine Art kollektiven Gebärstreik trat, das einst so fruchtbare Land zur trostlosen Reproduktionswüste verkam. Wohl oder übel muss man neidvoll anerkennen: So viel Macht war selten. Und heute? Heute ist der barocke Typ in Rente oder sinniert im Vorruhestand über frühere, glorreiche Zeiten. Das Regiment hat nun die Spezies der Smarties übernommen. Sie kommen ungleich lässiger daher, Kategorie Morgenjogger, schlank, dynamisch, achten auf ihre Ernährung, essen Müsli statt Salamistulle.

Die Smartie-Fraktion trägt, anders als der modemuffelnde Barockvertreter, schicke Designeranzüge, dazu elegante italienische Schühchen oder – es kann ja schließlich nicht alles perfekt sein – bequeme Slipper, Sie wissen schon, die zum schnellen Hinein und Hinaus, die mit dem unanständigen Kürzel.

Derart adrett ausstaffiert, gibt man sich jovial und betont kumpelig, zumindest auf den ersten Blick, in Wahrheit buckelt man(n) nach oben, übt sich, wenn Not am Mann – sprich: um den eigenen Kopf zu retten –, schon einmal in peinlichsten Unterwerfungs- und Umarmungsgesten; getreten wird, formvollendet, nach unten.

Anders als der krisenfeste, diskussionsgestählte Altpatriarch brilliert der Smartie mit eloquent vorgetragenem Halbwissen, mit Bravour schöpft er die Kenntnisse seiner Mitarbeiter ab, um sie für das eigene berufliche Fortkommen zu nutzen.

Prinzipiell geht es den Smarties nicht um Inhalte – eine politische Grundüberzeugung sucht man vergeblich: Es geht um den eigenen Spieltrieb, man berauscht sich mit diabolischem Grinsen an Statussymbolen, an der stuckverzierten Altbauwohnung, am kokett in Szene gesetzten Familientresor, am chefigen SUV (*sport utility vehicle*), am eleganten Jaguar, vor allem aber am mühsam eroberten Eckbüro mit imposantem Ausblick.

Der Welt und dem eigenen mehr oder weniger spärlichen Gardemaß lässt sich auf diese Weise eindringlich demonstrieren: Man(n) hat die Macht.

Zwar besitzt der Smartie von heute nicht die Klasse, nicht den Intellekt des früheren Patriarchen – schon gar nicht dessen Rückgrat –, eines aber haben beide Vertreter doch gemein: Sie verteidig(t)en, und das erfolgreich, die männliche Dominanz. Denn sowohl gestern als auch heute hat der Feind des Patriarchats lediglich einen Namen: FRAU.

Halt, stopp, mögen Kritiker nun einwenden. Was ist denn, bitte schön, mit all den Angela Merkels, den Caren Miosgas oder Maria-Elisabeth Schaefflers, die heute ganz weit oben mitmischen? Haben sie das allumspannende Patriarchat nicht konsequent durchbrochen?

Zugegeben: Es sieht ganz danach aus. Sie herrschen und regieren, sie erklären der geschätzten Fernsehgemeinde die Welt. Sie fahren Unternehmen mit ihrem Größenwahn genauso an die Wand wie ihre männlichen Pendants. Echte Gleichberechtigung also, alles paletti, der Sieg über die männliche Mehrheitsmasse ist vollbracht.

Erstarrung!

Ist es wirklich DAS, was Simone de Beauvoir und ihre Töchter im Geiste einst forderten, ist die von ihnen propagierte allumfassende Gleichberechtigung tatsächlich schon Realität? Stehen unsere Frontfrauen also für den ultimativen Sieg der Emanzipationsbewegung? Die beinharte, steinerne Politikerin, die leicht verhuschte TV-Lady, die blindwütige Firmenchefin? Allesamt Frauen in vorderster Reihe, keine Frage, und doch wirken sie in der Gesamtschau wie angepasste Herdentierchon im riesigen, weltweiten Männertierkäfig.

DAS soll es jetzt also gewesen sein?

Nein, um Himmels willen, möchte man ausrufen! Wo sind nur die echten, die wahren Heldinnen? Ausgesprochen weiblich, charismatisch und visionär, mit unkonventionellem Zugang zu

Problemen, mit neuartigen Lösungen im Köcher? Mit kreativen Ideen und Überzeugungen, mit modernem Führungsstil? Kurz, die Revolutionärinnen, die Lichtgestalten?

Um sie zu finden, muss man wohl oder übel einen Blick ins Ausland wagen: OBAMA heißt die Verheißung, zugegeben: ein Mann, allerdings einer, der sowohl männliche als auch dezidiert weibliche Attribute vereinigt. Oder welcher Politiker mit einer derartigen Machtfülle – geschweige denn, welcher männliche Vorgesetzte – würde es sonst wagen, eigene Fehler einzugestehen und sich für selbige in aller Öffentlichkeit auch noch zu entschuldigen? Kritiker – wie Hillary – nicht kaltzustellen, sondern einzubinden und den anderen Blickwinkel für die eigene Arbeit, die eigene Horizonterweiterung zu nutzen? Welcher Patriarch würde seine Frau derart hingebungsvoll herzen, nicht aus wahltaktischen Überlegungen heraus – wir erinnern uns an die gruselig in Szene gesetzte Familienidylle eines gewissen Herrn aus Bayern namens Edmund Stoiber –, sondern aus echter, tief empfundener Zuneigung? Schließlich: Wer würde in einem solchen Amt so viel Sex-Appeal versprühen?

Einen solchen Popstar, EINE WEIBLICHE OBAMA – das ist es, was Deutschland dringend bräuchte.

Innehalten.

Der Soll-Zustand ist somit definiert. Was aber ist mit dem Ist-Zustand? Dem Status quo?

Wen haben wir? Nun ja, Zögern, da wäre Ursula von der Leyen, die x-fache-immer-strahlende-aber-wild-entschlossene-Familienumbilderin. Stets bereit, auch gegen Widerstände anzurennen. Gegen Althergebrachtes. Gegen Konventionen. Immerhin.

Ansonsten aber überwiegt: das Modell Frau Angela. Neben dem amerikanischen Politsuperstar kommt unsere Kanzlerin wie ein altbackener Prototyp des traditionellen Patriarchats daher, wie der tapsige, teigige Helmut höchstpersönlich – wären da nicht die schlecht sitzenden Damenanzüge und die hühner-augen-kompatiblen Frauentreter an den Füßen. Ansonsten: Ebenso machtgierig, ebenso Macht erhaltend. Ebenso Sprechblasen produzierend, ebenso Apathie provozierend. Nur: ohne Charisma, ohne eigene Agenda, ohne tragfähige, zukunftsweisende Visionen.

Frauen à la Angela sind an der Macht, doch solange sie regieren, regiert das Patriarchat fröhlich weiter. Oder erkennt irgend jemand einen Unterschied zum abgelösten Übervater?

Blicken wir den Tatsachen ins Auge: Die Frauensache ist auf der Strecke geblieben, irgendwo versackt zwischen Angepasstheit, Agonie – und eben Angela.

An der Basis: Stillstand, nichts bewegt sich, die Entscheidungsträger sind – noch immer – männlich, ganz egal, ob sie dazu taugen oder nicht. Frauen verdienen im Schnitt etwa ein Viertel weniger, Führungsetagen gleichen homoerotischen Männerbünden. In diesem Sinne präsentiert sich unser aller Deutschland als entwicklungsrückständige Sonderzone.

Dass die Lage dramatisch ist, lässt sich auch daran ablesen, dass nach all den Jahrzehnten immer noch dieselbe an vorderster Front die Sache der Frauen vertritt: Die obligatorische Alice Schwarzer, inzwischen so etwas wie der Running Gag der Frauenbewegung.

Jahrein, jahraus wird die ergraute Alice, in ihrem Umfeld längst um sich tretend wie der gestählteste aller Patriarchen, von den TV-Verantwortlichen und Interviewern zu allen nur möglichen »weiblichen« Themen aus dem Hut gezaubert, ganz so, als hätte sich – außer der neu in Szene gesetzten Frisur der Protagonistin – in den vergangenen dreißig Jahren nichts Entscheidendes getan in der deutschen Frauenliga.

Moment, ein böser Gedanke!

Vielleicht ist das ja genau DAS Problem: Womöglich haben wir es gar nicht besser verdient. Wenn wir außer Kohl-Klon-Angela und Täglich-grüßt-das-Murmeltier-Alice keine anderen Leitfiguren hervorbringen …

Geschieht es uns am Ende ganz recht? Hat das Patriarchat, ob Barock-Bär oder Seicht-Smartie, am Ende etwa recht?

Na, na, mögen Kritiker neuerlich einwenden, es gibt doch auch Hoffnungsschimmer, auf anderen Gebieten freilich, aber immerhin doch sehr erfolgreiche. Etwa die ewig quasselnde Hochzeit-mit-Promi-Söhnchen-vermarktende Gülcan. Oder die üppig-bestückte-klimper-klimper-Collien. Oder uns Heidi, die mit der weißen Zahnreihe, der eingefrorenen Lächelgrimasse und ihren aus der Konserve gesprungenen Vom-verschreckten-Rehlein-zum-Top-Modell-Anwärterinnen.

Ist all DAS etwa nichts?

Keine Frage, DAS ist super.

Und frau beginnt allmählich zu ahnen: Alles wird gut. Irgendwann. Auch wenn wir es noch nicht wirklich gemerkt haben: Unsere Obamas, unsere Heldinnen, sind längst im Anmarsch. Irgendwie. Irgendwo.

Von Patriarchat kann keine Rede sein

Der Begriff des Patriarchats steht für ein ebenso vieldeutiges wie facettenreiches Konzept. Das ursprünglich aus dem Kirchenlatein stammende Wort wurde noch zu Beginn des 20. Jahrhunderts von Max Weber als Typ einer durch Tradition legitimierten Herrschaftsform in die seinerzeit entstehende soziologische Wissenschaft eingeführt. Ein halbes Jahrhundert später wurde die kritische Auseinandersetzung mit dem Konzept des Patriarchats dank der sich gerade entwickelnden *Gender Studies* einer breiteren Öffentlichkeit bekannt. Spätestens aber durch die Frauenbewegung der 1960erjahre ging dieser Begriff in unser kollektives Bewusstsein ein. Fortan wurde das Patriarchat auch in der Alltagssprache als Kampfbegriff für ein System sozialer Strukturen und Praktiken verwendet, in dem alle Führungsbereiche einer Gesellschaft von Männern dominiert werden. Demzufolge ist das Patriarchat heute als Begriff und als Sinnbild zugleich zu verstehen, dessen Zweck es ist, gravierende Missstände in Bezug auf die Gleichberechtigung von Mann und Frau an den Pranger zu stellen. Obwohl dieser Gleichberechtigungsdiskurs schon seit über vierzig Jahren Bestand hat und seitdem zahlreiche Fortschritte gemacht werden konnten, hat er keineswegs an Aktualität verloren. Dennoch möchte ich meine Ausführungen mit der vielleicht überraschenden These beginnen, dass trotz aller Missstände, die nach wie vor unsere Gesellschaft prägen, zu Beginn des 21. Jahrhunderts in Deutschland von einem Patriarchat keine Rede sein kann.

Im Folgenden werde ich begründen, wieso ich der Ansicht bin, dass der Begriff des Patriarchats, zumindest für die Situation in der Bundesrepublik Deutschland und den meisten westlichen Demokratien, endgültig zu den staubigen Akten der Geschichte gelegt werden sollte. Zwar muss eine so grundlegende Debatte alle Bereiche unseres Lebens erfassen, als Berufspolitikerin mit nunmehr zwanzigjähriger Erfahrung bin ich jedoch am ehesten dafür qualifiziert, über das Feld zu sprechen, mit dem ich seit vielen Jahren Tag für Tag beschäftigt bin: die Politik.

Es dürfte hinreichend bekannt sein, dass viele der Meilensteine, die wir auf dem Weg zur heutigen Situation hinter uns ließen, schon weit in der Vergangenheit liegen. Bereits 1791 forderte die Schriftstellerin Olympe de Gouges, inmitten der Wirren der Französischen Revolution, in ihrer »Erklärung der Rechte der Frau und Bürgerin« deren volle rechtliche, soziale und politische Gleichberechtigung. Doch es sollte noch viel Zeit vergehen, bis ihre Forderungen erfüllt wurden. So ist es hundertein Jahre her, dass im Mai 1908 in Preußen das sogenannte »Reichsvereinsgesetz« in Kraft trat, welches Frauen erlaubte, Mitglieder in politischen Parteien und Vereinigungen zu werden. Dies war fürwahr ein historischer Schritt, denn erstmalig wurde Frauen damit das Recht zuerkannt, sich auch öffentlich in das politische Geschehen im Kaiserreich einzubringen. Eine Zäsur, die, so die Historikerin Kerstin Wolff, den »Beginn der staatsbürgerlichen Gleichberechtigung der Frau« markierte.

Doch das Kaiserreich musste erst zugrunde gehen und die Weimarer Republik ausgerufen werden, damit der wichtigste Schritt zur politischen Emanzipation der Frau getan werden konnte. So wurde im November 1918 das aktive und passive Frauenwahlrecht in Deutschland gesetzlich verankert. In den darauf folgenden Wahlen zur Weimarer Nationalversammlung zogen siebenunddreißig Frauen ins Parlament, darunter so herausragende Persönlichkeiten wie Marie Juchacz und Marie-Elisabeth Lüders. Doch damit war Deutschland von einer formalen Gleichberechtigung immer noch weit entfernt.

Als schließlich im Jahr 1949 das Grundgesetz der Bundesrepublik Deutschland verfasst wurde, musste die Frauenrechtlerin Elisabeth Selbert gegen einigen Widerstand ankämpfen und mühsame Überzeugungsarbeit leisten, um den Wortlaut von Artikel 3, »Männer und Frauen sind gleichberechtigt«, in letzter Minute durchzusetzen. Bis dieser Grundsatz über das Gleichberechtigungsgesetz und andere Normen in allen Details umgesetzt wurden, vergingen jedoch weitere Jahrzehnte. Als schließlich Elisabeth Schwarzhaupt 1961 zur Bundesministerin für das Gesundheitswesen ernannt wurde, war sie die erste Frau in der Geschichte, die ein Bundesministerium anführte. Die vorläufige Krönung dieser Entwicklung war zweifellos das Jahr 2005, als mit Angela Merkel erstmals eine Frau an die Spitze der Bundesregierung und somit an den bedeutendsten Schalthebel der Macht kam.

Blickt man nun auf diese Entwicklung zurück, dann wird deutlich, wie steinig und hindernisreich, aber auch wie erfolgreich dieser Weg war. In etwas über hundert Jahren haben wir Frauen es geschafft, von nahezu völliger politischer Unmündigkeit bis an die Spitzen der einflussreichsten Institutionen in Deutschland zu kommen. Eine ganze Reihe von Gesetzen trägt dafür Sorge, dass die früher vollkommen offene und unverhohlen praktizierte Diskriminierung von Frauen nicht nur geächtet, sondern auch ungesetzlich ist. Und so wird man unweigerlich feststellen müssen, dass nicht der Begriff »Patriarchat« eine adäquate Beschreibung der heutigen Situation des politischen Lebens in der Bundesrepublik darstellt, sondern dass formale Gleichberechtigung besteht.

Und dennoch: Blickt man nüchtern auf die Präsenz von Frauen in der Politik, betrachtet man jenseits bekannter Galionsfiguren die nackten Zahlen, wird es deutlich: Von einer formalen, einer Gleichberechtigung de jure kann durchaus gesprochen werden – von einer Gleichberechtigung de facto sind wir aber noch weit entfernt.

So sind heute nur etwa ein Drittel aller Parlamentarier weiblich, laut einer Studie der Wirtschaftswissenschaftlerin Ulrike Detmers sind gar nur 5 Prozent aller Spitzenmanager Frauen. Mehr noch, von einer Umsetzung des Prinzips gleicher Lohn für gleiche Arbeit sind wir weit entfernt: Frauen verdienen in Deutschland bis heute circa 23 Prozent weniger als Männer in gleichwertigen Positionen. Und die Arbeit, die Millionen Frauen jeden Tag im Haushalt verrichten, ist nicht nur unbezahlt, sondern genießt auch noch mangelnde Anerkennung. Von nicht vorhandenen Rentenansprüchen ganz zu schweigen!

Und auch was das Bild der Frau angeht, wie es in den Köpfen der Menschen spukt und von den Medien multipliziert wird, werden wir immer noch von veralteten Stereotypen beherrscht. In diesem Kontext ist mir die Berichterstattung über meine Ernennung zur Justizministerin im Jahr 1992 in besonderer Erinnerung geblieben: Ein großer Teil des Medieninteresses schien damals nicht meinen politischen Standpunkten zu gelten, sondern meinem Privatleben. Undenkbar, dass ein männlicher Kollege sich bei seiner Berufung zum Minister mit Bitten um »Homestories« und Interviewanfragen über »Heim und Herd« rumschlagen müsste.

In Anbetracht dessen kann die einzige Schlussfolgerung sein, dass wir trotz aller Erfolge noch einen weiten Weg vor uns haben. Das Ziel dieses Weges kann und darf jedoch keine Gleichmacherei sein. Keine politische Maßnahme wird jemals an der Tatsache rütteln können, dass Männer und Frauen unterschiedlich sind. Und diese Unterschiede sind kein Defizit, das es zu bekämpfen gilt, sondern eine Bereicherung, die wir uns unbedingt bewahren sollten, denn nichts ist reizvoller und interessanter als die Vielfalt. Ebenso kann es nicht das Ziel sein, das jahrhundertealte Patriarchat mit einem Matriarchat zu »rächen«. Eine moderne Gesellschaft sollte sich über ein Mit-, nicht über ein Gegeneinander definieren. Und genau aus diesem Grund sollten beide Kategorien künftig nur noch in Geschichtsbüchern zu finden sein. Stattdessen müssen wir eine Gesellschaft anstreben, in der nicht das Geschlecht über den Zugang zu Macht und Einfluss bestimmt, sondern Kompetenz und Qualifikation.

Die Feststellung, dass in den vergangenen hundert Jahren eine formale Gleichberechtigung von Mann und Frau erreicht werden konnte, hat weitergehende Implikationen. Denn nun ist es an uns Frauen, diesen Anspruch auch in die Realität umzusetzen. Gewiss, die rechtliche Stellung der Frau kann noch in vielerlei Hinsicht verbessert werden. Doch erlaubt uns dies nicht, die Flinte ins Korn zu werfen und selbst keine Verantwortung zu übernehmen. Denn nur eine selbstbewusste Frau ist auch eine Frau, die nicht diskriminiert wird. Und nur eine kämpferische Frau, die alle Register zieht, ist eine Frau, die erreichen kann, dass eine Diskriminierung auf Grundlage des Geschlechts nicht eintritt und wir schlussendlich auch eine de-facto-Gleichberechtigung erreichen. Mit den Worten der ehemaligen Präsidentin des Bundesverfassungsgerichts Jutta Limbach – der ersten Frau, die bis an die Spitze des deutschen Justizwesens vordrang – gesprochen:»Ohne Selbstbehauptungswillen kommt eine Frau in unserer Gesellschaft nicht voran.«

Netzstrümpfe? Blaustrümpfe? Oder: Wer hat die Hosen an?

Alles scheint gut. Deutschland wird von einer Frau regiert, Amerika wäre fast von einer Frau regiert worden, die Prozente der Professorinnen im Amt gehen auch hoch – nachdem die Löhne runtergegangen sind und der Ruf ruiniert ist, würden Zyniker sagen. Aber die hätten in diesem Fall sogar einmal nicht recht.

Alles scheint gut, wären da nicht die Netzstrümpfe. Seit den viel geschmähten Blaustrümpfen, die es den Männern gleichtun wollten und über ihrer Intellektualität alle Weiblichkeit verloren, ist das mit den Frauen und den Strümpfen keine einfache Sache.

Übrigens tat man den Blaustrümpfen unrecht: Die blauen Strümpfe trugen nämlich mitnichten die Frauen, sondern ein Mann auf den berühmten Partys der Lady Montagu, Queen of the Blues. Er verletzte den Dresscode, indem er statt schwarzer Seidenstrümpfe blaue Baumwollsocken trug. Dass frau nun auf gar keinen Fall blaustrümpfig auftreten sollte, heißt noch lange nicht, dass sie jetzt Netzstrümpfe tragen kann.

Endlos sind die Ratgeber, die erklären, wie man sich für den Erfolg richtig anzieht. Hört sich immer an wie ein Hochseilakt: Alles offensichtlich Erotische, offensiv Weibliche muss zurückgenommen werden – deswegen macht das Dekolleté der Bundeskanzlerin selbst bei den Opernfestspielen Schlagzeilen. Obwohl man sich selbstverständlich auch nicht männlich anziehen soll. Diese Ratgeber kreisen um das Verhältnis von Kleid und Geschlecht – oder genauer von weiblichem Geschlecht und Kleid.

Was als offensiv erotisch und deshalb als Tabu gilt, variiert nach kulturellem Kontext. Der *Toe cleavage* etwa, der Spalt zwischen den Zehen, der bei einem tiefen Schuhdekolleté in Ballerinas oder Pumps sichtbar wird, hat in Europa noch keinen Hund hinter dem Ofen hervorgelockt. In den USA wird davon im Büro strengstens abgeraten. Er gilt in Europa nicht als erotisches Signal, das neben dem allfälligen Fußfetischismus einen anderen Spalt, den zwischen den Brüsten im Dekolleté, ankündigt. Überhaupt scheinen Europäer, was den Fuß angeht, weniger erregbar. Riemchensandalen sind an heißen Tagen im Büro durchaus zulässig, während die Amerikaner bei weiblichen nackten Zehen, selbst wenn sie rosa lackiert sind, rot sehen. Auf keinem europäischen Flughafen würde eine Dame, die offene Blahniks oder Loubourtins trägt, der Businessclass verwiesen. Dagegen wird sie jede amerikanische Stewardess, ohne mit der Wimper zu zucken, in die Economyclass setzen: Nackter Zeh ist nackter Zeh. Einig hingegen ist man sich diesseits und jenseits des Atlantiks dass Spaghettiträger, tiefe Ausschnitte und hohe Schlitze, kurze Röcke und steile Absätze nicht ideal sind.

Unter allen Umständen aber, auch da herrscht vollkommene Einigkeit, sind Netzstrümpfe zu vermeiden! Und das, obwohl sie nach ihren erotisch belasteten Anfängen – vom Pariser Cancan über Marlene Dietrich im *Blauen Engel* und Marilyn Monroe in *River of no Return* bis zu *Im Bett mit Madonna* – seit mindestens zehn Jahren ein so fester Bestandteil des Mode-Mainstreams geworden sind, dass sie den Modefarben folgen und die Größe der Maschen streng Saison für Saison vorgeschrieben wird.

Für Männer ist es einfacher, sich für den Erfolg anzuziehen. Geschlecht und Kleid sind kein Thema. Die *don't dos* beziehen sich so gut wie nie auf das Vermeiden des Zurschaustellens anziehender Männlichkeit, sondern auf Klassengrenzen und Aktivitätsfelder. Nackte Zehen in Sandalen sollten im Büro nicht wegen ihrer unwiderstehlichen Sexyness nicht gezeigt werden, sondern weil sie einem anderen Tätigkeitsbereich – Freizeit – und einer bestimmten Klasse, dem Kleinbürgertum, zugerechnet werden. Pullover und Jeans sind ebenfalls nicht anzüglich, sondern schlicht *casual* und deshalb bei der Arbeit zu vermeiden. Das Goldkreuzchen im Brusthaar eines bis zum Bauchnabel aufgeknöpften Hemdes wird eher als Geschmacksfehler beurteilt. Obwohl das ein Grenzfall ist. Dass auch Männer – ganz selten einmal – viel, zu viel Männlichkeit ausstellen, zeigt die Jahrzehnte zurückliegende, aber bis heute mythische Landung von Jacques Lang auf dem Pariser Flughafen Charles de Gaulle. Der französische Kultusminister stieg in goldschimmernden, so gut wie durchsichtigen Hosen aus dem Flugzeug. Konnte er sich offenbar leisten. Das wäre für die meisten Männer aber fatal. Nie haben die Kleider die Geschlechter so streng getrennt wie im 19. Jahrhundert. In dieser vom Bürgertum etablierten Kleiderordnung leben wir immer noch. Nicht nur zogen sich Männer und Frauen extrem verschieden an; vor allem war jetzt zum ersten Mal das Verhältnis von Kleid und Geschlecht verschieden. In der Moderne heißt weiblich markierte Geschlechtlichkeit das Zurschaustellen oder das Verschleiern von erotischen Reizen, während Männlichkeit unmarkierte Geschlechtlichkeit bedeutet. Dass das vor der Französischen Revolution anders war, kann man wieder an Strümpfen sehen: Ludwig XIV. zeigt auf seinem berühmten Porträt die schönen Beine eines Balletttänzers in engen, weißen Seidenstrümpfen bis zum Schenkel. Innerhalb der neuen, bürgerlichen Ordnung wirkt das erotische Zurschaustellen männlicher Reize dagegen weibisch. Mit der Revolution wurde Mode mit dem Weiblichen und dem Adel zusammen- und aus der ernsthaften Sphäre bürgerlicher Männlichkeit, in der man die Macht unter sich teilt, ausgeschlossen. Frauen wurden zu Accessoires der Männer: Als Objekte des Begehrens, als Schmuckstück der Männer stellen sie männliches Vermögen aus.

Diese Geschlechterordnung ist uns unter die Haut gegangen. Veränderungen geschehen deshalb nur langsam. Metrosexuelle sind auf den Plan getreten, die Homosexuellen-Kultur hat den Mann als erotisches Objekt gestylt. Und manche Frauen haben als Kolleginnen dieselbe oder mehr Macht und Autorität als ihre Kollegen. Sie sind, hin und wieder, den Männern gleich, ja ihnen gar manchmal überlegen. Wenn sie aber so sind wie die Männer, ihnen gleich sind, können sie nicht mehr Objekte des Begehrens sein – dann würden die Männer ihnen am Ende ja glatt noch gleich: Lustobjekte! Alles, die Hierarchie der Geschlechter würde ins Wanken geraten und kopfstehen. Die markierte Weiblichkeit mächtiger Frauen, die nicht mehr auf das Vermögen eines Mannes verweist, zeichnet sie jetzt außerdem nicht mehr notwendig als Objekte des Begehrens, sondern als begehrende Subjekte aus, was die Männer zu ihren Objekten – heißt: zu Frauen – machen würde? Am Ende würden die Männer vielleicht keine Netzstrümpfe, aber wie Marlon Brando Netzhemden tragen? Oder gar goldene, durchsichtige Hosen? Damit die Männer Subjekte des Begehrens, ganz Mann bleiben können, müssen Frauen, die ihnen gleichgestellt sind, die Markierung ihrer Geschlechtlichkeit durchstreichen: auf keinen Fall Netzstrümpfe.

Das hat immer etwas eigenartig Selbstbeschränkendes, ja Selbstverstümmelndes. Damit der Mann ganz Mann bleiben kann, muss die Frau sich entscheiden: Sie kann nur Frau – dann vielleicht sogar mit Netzstrümpfen – oder eben nicht ganz Frau sein. Damit Männer nicht wie die Frauen um die Souveränität ihres Begehrens gebracht werden, dürfen die Objekte ihres Begehrens ihnen nicht durch Gleichheit gefährlich werden. Das ist am sichersten durch ein hierarchisches Gefälle garantiert: Volontärinnen, Praktikantinnen, Studentinnen, Sekretärinnen sollen ruhig kurze Röcke tragen. Und eventuell sogar Netzstrümpfe.

Aber vielleicht werden die Männer mit der Zeit souveräner und entwickeln mehr Mut zur Weiblichkeit. Dann könnten selbst

Blaustrümpfe und die Frauen, die Hosen anhaben, Netzstrümpfe tragen. Und müssten nicht zum Schutze der Männlichkeit zwischen zwei schlechten Möglichkeiten wählen: nur Frau oder nicht ganz Frau zu sein. Am Ende hätten wir gar eine Bundeskanzlerin – in Netzstrümpfen.

Tagebucheintragungen

1977 notierte ich:

Gregor von Rezzori sagte einen Satz zu mir, mit dem er natürlich mich meinte:»Wenn die Frau den Schoß leer hat, nimmt sie den Mund voll.«

Unter Dezember 1979 finde ich den Vermerk:

»Bei uns hat eine neu erfundene Naturgeschichte die Entdeckung gemacht, dass die Frau an und für sich nichts ist, dass sie nur etwas werden kann durch den Mann, dem sie in Liebe angehört, dem sie sich in Demut unterwirft, in dessen Leben das ihre aufgeht. Ein so unvollkommenes Wesen besitzt selbstredend kein vollkommenes Talent.«

Marie von Ebner-Eschenbach

Marie von Ebner-Eschenbach schrieb dies 1879, also genau hundert Jahre vor meinem Eintrag ins Tagebuch. Aber ich konnte mich immer noch so sehr mit dem Zitat identifizieren, dass ich es in meinen Film *Heller Wahn* aufgenommen habe. Dort wird es von Angela Winkler vorgelesen. Und Werner Mathes, der damalige Chefredakteur der Berliner Zeitschrift *Tip* schrieb hinterher zum Film in etwa:»Offenbar gibt es im deutschen Film leider immer noch einen Bonus dafür, wenn wer ohne Schwanz auf die Welt gekommen ist. Aber warum müssen da immer noch die Männer mitspielen?« In der Pressekonferenz wurden die männlichen Schauspieler angegriffen, weil sie in *Heller Wahn* mitgespielt hatten. Peter Striebeck, so erinnere ich mich, sagte daraufhin, sehr mutig:»Ich habe mich in dem Mann wiedererkannt.« Mathes konnte es übrigens auch nicht lassen, Hanna Schygulla mit einer rostigen Fahrradklin-

gel zu vergleichen und Angela mit einem verklemmten Ge-
päckständer (oder umgekehrt). Daraufhin haben Frauen aus
Berlin, nicht von mir angeregt, aber dennoch zu meiner Freude, die Redaktion nachts aufgesucht und die Wände mit dem
Schriftzug »Male Pigs« beschmiert.

Schwimmen gegen den Strom

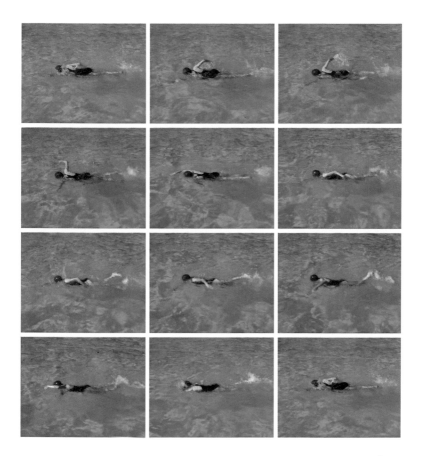

Eigentlich sollte ich ein Junge werden. Als Kind habe ich Jungs beneidet, weil sie im Stehen pinkeln konnten. Dann habe ich es selbst ausprobiert. Damit war das Thema erledigt.

In der konservativen bayerisch-ländlichen Umgebung, in der ich aufwuchs, attackierte mich ein Mitschüler, er verstehe meine ganze Diskussion um Gleichberechtigung nicht; die Frauen hätten doch sowieso die Macht. Seine Mutter entscheide *zu Hause* alles.

In meinen beiden letzten Schuljahren belegte ich den Leistungskurs Physik. Dort war ich die einzige Frau unter fünfzehn Männern und machte mir einen Wahnsinnsdruck, besser als der Durchschnitt zu sein. Ich musste ja beweisen, dass die Vorurteile gegenüber Frauen und Technik nicht stimmten. Dann habe ich einen Beruf gewählt, der nach wie vor von Männern dominiert ist.

An der Akademie der Bildenden Künste in München waren Sprüche zu hören wie »die Kreativität der Frauen liegt im Gebärenkönnen«. Als ich innerhalb meiner Ausbildung endlich einer Professorin, Katharina Sieverding, begegnete, war das eine echte Befreiung. Endlich wurden Fragen gestellt, endlich wurde zugehört. Sie vermittelte eine Haltung.

In meinem beruflichen Alltag habe ich häufig mit Handwerkern und Technikern zu tun. Ein beliebter Spruch zur Vertuschung ihrer Unwilligkeit, Lösungen für Komplikationen zu finden, ist: »Das geht nicht.« Entweder überzeugt man sie dann mit profundem Wissen, das ich nicht immer habe, oder muss mit Charme ihren Ehrgeiz anspornen.

Bis 2007 leitete ich eine Abteilung an einer Kunsthochschule in Norwegen mit sechs hauptsächlich männlichen Angestellten, die alle mehr oder weniger machten, was sie wollten. Wie sollte ich damit umgehen?

Ich entschied mich für den soften Weg: Löcher füllen. Alles, was von meinen Kollegen nicht abgedeckt wurde, übernahm ich. Das hörte sich zwar nur wenig nach der von oben geforderten Profilierung an, zeigte aber seine Wirkung. Unsere Abteilung wuchs aus einem total zerfledderten Haufen wieder zusammen, und die Arbeiten der Studenten wurden besser.

Der nächste Schritt wäre gewesen, die Abteilung nach meinen Vorstellungen weiter aufzubauen und einige der Stellen neu zu besetzen. Dazu ist es nicht gekommen, da ich mich für einen neuen Job in Nürnberg entschied.

In Nürnberg treffe ich nun auf Strukturen, die von meinen Münchner Erfahrungen nicht so weit entfernt sind, von denen ich dachte, sie schon längst hinter mir gelassen zu haben. Aber irgendwie hat sich auch viel getan, denn zu meinen Studentenzeiten gab es dort gar keine Professorinnen. Meine Studenten fangen da an, wo ich jetzt angelangt bin, und somit sind wir schon ein ganzes Stück weiter.

NINA RUGE   Moderatorin und Autorin

Antwort auf die Geschlechterfrage

»Heute ist die auf Liebe und Güte gegründete universelle Verantwortung eine Überlebensfrage der Menschheit.« *Dalai Lama*

Von wem lernen Männer das Einmaleins der Liebe und der Güte? Von Frauen.

Also wird ihnen früher oder später die Erkenntnis kommen: Das Patriarchat kann uns nicht retten. Universelle Verantwortung kennt keine Geschlechterfrage.

Die Gesellschaft der Väter

Sie sind überall, Väter mit Babys und Kleinkindern, und offensichtlich, zumindest in Teilzeit, damit beschäftigt, den Nachwuchs zu versorgen. Väter an Wickeltischen. Väter auf Spielplätzen. Väter vor den Toren der Kindergärten. Die Wahrnehmung wird ergänzt durch das Bild einer abwesenden Frau, die gerade irgendwo vor einem Bildschirm sitzt: Sie arbeitet. Patriarchat heute? Eine Vätergesellschaft, in der die Väter beim tätigen Vatersein angetroffen werden. Sie genießen es. Sie erleben es als Glück. Die Erfahrung von Nähe und Gebrauchtwerden. Der vielleicht einzige, zeitlich begrenzte Rückzug ins Private bis zum Ende des Erwerbslebens. Aber fast keine Männer in Kinderbetreuungsberufen. Kindergärtner? Tagesväter? In den Grundschulen fehlen männliche Lehrer als Rollenmodelle für Jungen. Hier kann es nicht einmal an der schlechten Bezahlung liegen. Lehrer verdienen gut. Schämen sie sich also doch, die Männer, beim Windelnwechseln, beim Füttern, beim geduldigen Erklären einfacher Dinge? Ist das für sie nur akzeptabel, wenn es dem eigenen Nachwuchs gilt? In Zeiten rarer Nachkommenschaft immerhin so etwas wie ein Fitnessbeweis: Seht, was ich mir leisten kann. Mein Haus. Mein Auto. Mein Kind! (In der Tat oft kostspieliger als die ersten beiden zusammen.)

Seltsam, dass man dies »Patriarchat« nannte: Der Mann Mitte siebzig, der sich auf einer Party vor jüngeren Frauen im Gespräch damit brüstet, dass er eines seiner längst erwachsenen Kinder nur ein einziges Mal gewickelt habe, nämlich auf der Motorhaube seines Porsches, und da sei seine damalige Geliebte dabei gewesen. Es fällt schwer, ihm zu erklären, dass er damit nicht mehr punkten kann. Auch seine Vermutung, der Geruch von Windelinhalt sei für Frauen wie Parfum, wird von keiner der Anwesenden für diskussionswürdig erachtet. Der Mann ist irgendwie erstaunt. Er hat gescharrt, und keines der anwesenden Hühner will nach dem Wurm picken, den er ihnen angeboten hat. Kein Huhn gackert.

Man nannte es Patriarchat (= die Herrschaft der Väter), obwohl die Väter darin als solche eher weniger vorkamen. Als ich ein Kind war, waren sie meist abwesend. Ihre Abwesenheit war hervorragend begründet: Sie verdienten Geld. Das war ihr Privileg. Ihr Herrschaftsanspruch gründete darauf. Es war ihr Stolz, ihre Auszeichnung – und ihre Bürde.

Ihre Bürde war schwer. Viele litten darunter. Sie hassten es, morgens aufzustehen. Sie hassten ihre Büros. Sie hassten schon den Weg dahin. Sie hassten ihre Kollegen, und ihre Vorgesetzten hassten sie noch mehr. Sie hassten die Erwartung, die auf ihnen lastete, die Erwartung ihrer Frauen, sie mögen »aufsteigen«. Die meisten Männer, so wie die meisten Frauen, sind keine Aufsteiger. Sie möchten bleiben, was sie sind. Sie finden schlimm genug, was sie sein müssen.

Viele lagen nachts wach und addierten Rechnungen. Sie mussten Bollwerke sein. Bollwerke gegen die Enttäuschung, die Not, den Verzicht und den Abstieg ihrer Familien. Manche waren es. Manche waren es nicht. Sie hielten trotzdem durch. Manche wurden krank. Manche starben früh. Manche lebten länger, bis zu ihrem Ruhestand, von dem sie ein Leben lang geträumt hatten und der dann doch eine Enttäuschung war, weil er zu spät kam.

Wenige wurden froh. Noch weniger wurden reich. Wenige empfingen Dank für ihre Mühen. So viel zu den Freuden des Patriarchats für die Männer, die es ausübten.

Und dennoch: Waren sie glücklich, als ihnen die schwere Bürde leichter gemacht wurde? Waren sie dankbar, als ihnen die Frauen anboten, ihren Teil auf sich zu nehmen? Waren sie erleichtert? Gerührt? Mitnichten. Sie waren aufs Äußerste alarmiert. Sie waren ungehalten. Sie wehrten sich. Sie schlossen sofort die Reihen. Sie ließen sich bitten. Sie ließen sich ein paar gesetzliche Maßnahmen abluchsen. Sie bereuten es sogleich. Aber es war zu spät. Sie hatten das Patriarchat abgeschafft. Hatten sie das wirklich? Strömen seither die Frauen in die Chefetagen? Unterwandern sie die Forschung, die Industrie, die Medien, die Politik, die Finanzwirtschaft? Die Antwort ist schwierig. Sie lautet: Ja und Nein. Aber ein bisschen mehr Nein als Ja.

Schöne alte Welt des Patriarchats. Ihre Eindeutigkeit. Ihre klaren Hierarchien. Der Grundkonsens, der die Männer – und auch viele Frauen – klassen-, gesellschafts- und länderübergreifend einte: dass Dominanz und Männlichkeit auf dasselbe hinauslaufen – wo ist er geblieben?

Schauen wir etwas genauer hin. Gehen wir zurück auf die Party, wo sich inzwischen andere Grüppchen gebildet haben. Wir hören die Stimmen der Männer. Die Männer reden. Wir hören das Gelächter der Frauen. Auch Frauen reden gern. Aber sie reden vorzugsweise miteinander. Wenn Männer dabei sind, dann lachen sie. Ihr Gelächter ist bereitwillig. Leicht zu erzeugen. Sie wissen, es bringt ihren Sex-Appeal ins Spiel. Und wenn sie schon älter sind, lachen sie umso lauter. Die Männer bringen sie dazu. Sie sind die Stichwortgeber für das Lachen der Frauen. Die Frauen wissen: Sie haben nicht viel Redezeit. Ihre Partner genieren sich für sie, wenn sie zu viel reden. Sie genieren sich nicht, wenn die Frauen zu viel lachen. Die Männer werden am Ende mit ihnen nach Hause gehen, und sie werden verstimmt sein, wenn ihre Frauen zu dominant im Gespräch und in der Meinung waren. Und sie werden ihnen später den Rücken zudrehen.

Jede Party, aber auch jede Sitzung, jedes Arbeitsgespräch, jeder Tag im Büro endet in den Betten. Und dahin hat sich das alte Patriarchat zurückgezogen. Ins Private. In die Welt, in der Männer Männer sind und Frauen Frauen. Da, mitten im intimen Zentrum unseres Lebens, ist es siegreich geblieben und –

wagen wir die Prognose – wird es immer sein. Ja, es ist nichts als ein Rollenspiel. Aber es sind die Rollen, die uns auf die Leiber geschrieben sind. Und wer von Beruf Chefin ist, muss schon ein gewaltiges Rollenrepertoire beherrschen. Einen verdammten Spagat zwischen Berufs- und Privatleben. Aber warum sollten wir das nicht noch hinkriegen? Schließlich ist auch das Rollenfach der neuen Väter nicht ganz einfach. Und sie haben es geschafft.

GABRIELE HORN Direktorin der KW Institute for Contemporary Art, Berlin

Gleichberechtigung durch Behauptung

(ein Gespräch mit der Kuratorin Susanne Pfeffer)

GABRIELE HORN: Mich interessiert, ob junge Frauen deiner Generation, also die heute Dreißigjährigen, die patriarchalischen Strukturen in unserer Gesellschaft überhaupt noch kritisch thematisieren oder eher mit altmodischen, traditionellen Frauenrollen liebäugeln und damit, wie es in einer Werbung heißt, ein sehr erfolgreiches Kleinunternehmen mit drei Kindern, einem Mann und fünf Haustieren zu managen?

SUSANNE PFEFFER: Ich glaube ja eher, das Problem stellt sich anders. Wenn ich es von meiner Generation aus beschreibe, so sind wir alle mit dem Bewusstsein in die Welt gezogen, dass Frauen und Männer bereits die gleichen Rechte und Freiheiten haben und patriarchalische Strukturen von vorgestern und überwunden sind. Ich glaube, meiner Generation ist eigentlich erst ab einem bestimmten Alter klar geworden, dass es nicht so ist und dass wir uns eigentlich immer noch in einer sehr patriarchal organisierten Gesellschaft bewegen.

GH: Die Generation vor mir und auch noch meine Generation, wir haben ja eher aus der Provokation am Bestehenden und der Suche nach neuen Artikulationsformen gelebt, so nach dem Motto: Das Gute am Jungsein ist, dass alle gegen uns sind. Meine Jugend in den Siebzigern definierte sich darüber, dass wir verkrustete Strukturen verändern wollten. Ich bin zwar keine Radikalfeministin geworden, aber die Frauenbewegung hat mir schon deutlich den Blick geöffnet für die gesellschaftliche, aber auch für die individuelle Dimension des Feminismus, der Emanzipation, des Respekts und der Gleichberechtigung. Wir vertraten die Überzeugung, dass wir erst zu einer menschlichen Gesellschaft kommen, wenn wir die männliche überwunden haben. Ich weiß, das hört sich humorlos, anklagend, schal und

159

wenig erfrischend an, aber dahinter stand die Haltung, dass ohne Kampf keine Veränderung vonstatten geht. Ich würde mal ganz provokativ behaupten: Besonders kämpferisch ist die Generation der heute Dreißigjährigen nicht gerade!

SP: Man darf ja nicht vergessen, dass wir zu den Kindern der 68er-Generation gehören, das heißt, die Generation vor uns hat für Veränderungen gekämpft. Viele Frauen haben sich für die Gleichberechtigung eingesetzt, durchaus auch unbewusst: Meine Mutter hat sich nie als Feministin begriffen oder als emanzipiert, obwohl sie es immer war. Trotzdem haben mir meine Eltern immer vermittelt, dass es gleiche Chancen gibt, und wollten noch existierende patriarchale Gesellschaftsstrukturen vielleicht nicht wahrhaben. Ich war auch oft genervt von den Alt-68er-Lehrern, mit denen ich groß geworden bin. Menschen, die sich nicht eingestehen konnten, dass sie in gewissen Punkten gescheitert waren.
Natürlich haben wir in der Pubertät mit vierzehn oder fünfzehn viele Bücher gelesen und uns damit auseinandergesetzt, was es bedeutet, eine Frau zu sein – ich glaube, das ist normal. Aber trotzdem hatte ich das Gefühl, in allem vollkommen frei zu sein und machen zu können, was ich wollte. Das »reale« Leben habe ich interessanterweise erst im Beruf erfahren. In der Uni war es vielleicht auch schon präsent, aber noch nicht so deutlich. Doch schließlich merkt man erst, wenn man angefangen hat zu arbeiten, dass es noch sehr klare Bilder und Strukturen gibt und dass es selbst in der Kunstwelt immer noch eine Rolle spielt, eine Frau zu sein.

GH: Die Kunstwelt unterscheidet sich da leider nicht wirklich vom Rest der Gesellschaft. Als ich Ende der Siebziger-/Anfang der Achtzigerjahre Kunstgeschichte studierte, wurde die Notwendigkeit der Frauen- und Geschlechterforschung auch an unserem Institut thematisiert. In dieser Zeit reichte es allerdings nur für eine studentische Arbeitsgruppe, die den Blick stärker auf die Produktion von Künstlerinnen richtete, sowohl historisch als auch im zeitgenössischen Bereich, und sich mit dem Denkmuster der Differenz auseinandersetzte.

Bei der Documenta IX war es 1992 immer noch möglich, bei ungefähr hundertneunzig TeilnehmerInnen Arbeiten von nur fünfundzwanzig Frauen auszustellen – und das mit dem Argument, es gäbe eben nicht so viele gute Künstlerinnen. Das blieb nicht ohne Reaktion: Ute Meta Bauer, Tine Geissler und Sandra Hastenteufel bauten kurzerhand den »Informationsdienst« auf, ein Rollwagenarchiv mit Materialien von hundert Künstlerinnen, welches parallel zur Documenta IX in Kassel gezeigt wurde und von dort aus als Wanderarchiv durch Europa und die USA tourte.

Dennoch zeigt sich an diesem Beispiel sehr deutlich, wie dominant der möglicherweise unbewusste, aber eben männliche Blick unseren Beruf beherrscht – und 1992 ist ja noch nicht so lange her. Selbst 2009 bringt es die Bundesrepublik Deutschland fertig, eine rückblickende Ausstellung mit dem Titel *Sechzig Jahre. Sechzig Werke* zu organisieren, und das mit einem Männeranteil von fast 90 Prozent, was ich, gelinde gesagt, eine Frechheit finde!

SP: Ich habe auch Gruppenausstellungen kuratiert, an denen mehr Männer beteiligt waren als Frauen. Mir war es schon immer egal, ob ich eine Frau oder einen Mann zeige – das interessiert mich einfach nur sekundär. Nicht auf Geschlechterverhältnisse zu achten empfinde ich als im eigentlichen Sinne emanzipiert, nämlich als tatsächlich unabhängig.

Aber du hast schon recht; ich habe kürzlich einen Dokumentarfilm über Nancy Spero gesehen, die auch die Frau von Leon Golub war. In diesem Film wurde deutlich, wie stark ihre Position in seinem Werk ist, wie wichtig sie als Ratgeberin war. Wenn ihn allerdings Kuratoren besuchten, richtete sich die Konzentration ausschließlich auf ihn.

Dennoch hat sich die Kommunikation von Frauen heute verändert: Sie artikulieren sich stärker, wohingegen Männer sich immer noch gern inszenieren, selbst in ebenbürtigen Situationen. Ich habe das gerade erst bei einer Jurysitzung erlebt, an der zwei Männer und drei Frauen teilnahmen, die alle sehr gleichberechtigt gesprochen haben. Die Männer allerdings setzten sich sehr typisch durch wortreiche Scheinkämpfe in Szene. Und eigentlich fand ich das Verhalten von uns Frauen sehr souverän, die wir uns zurückgelehnt haben und warteten, bis die Männer mit ihrer Inszenierung fertig waren, um dann unsere Meinungen zu diskutieren. Die Frauen hatten es nicht nötig, sich so in den Vordergrund zu spielen. Doch absurderweise führt das immer noch dazu, weniger ernst genommen zu werden.

GH: Du sagst »absurderweise« – leben wir wieder in einer Männerwelt?

SP: Ich glaube, es schwenkt gerade wieder um. In den letzten Jahrzehnten ging die Diskussion sehr stark um das Rollenbild der Frau. Frauen haben sich mit männlichen Verhaltensweisen auseinandergesetzt und an Möglichkeiten gewonnen. Jetzt dringen Männer in Terrains vor, die vorher als ausschließlich weiblich galten, und tun dies mit einer ganz neuen Selbstverständlichkeit. Das sehe ich auch bei der jüngeren Generation, wenn man mit Männern spricht, die Anfang oder Mitte zwanzig sind. Hierin liegt auch die Chance, dass das männliche Bild sich stärker verändert. Dies wird letztlich auch zur Entlastung des Frauenbildes führen, das so voll gepackt ist mit männlichen und mit weiblichen Attributen. Ein grundgesellschaftliches Problem in allen Bereichen sehe ich in dem extremen Individualismus und dem subjektivierten Eindruck, das Einzige, woran man sich orientieren könne, sei man selbst. Vielleicht trägt die derzeitige Krise zur Einsicht bei, dass die Gesellschaft doch maßgeblich auch das eigene Leben gestaltet und gestalten muss und man sich wieder stärker als Teil einer Gemeinschaft fühlt. Ich bin dahingehend sehr hoffnungsvoll und merke, dass man mit den jüngeren Männern anders reden kann. Aber zurück zur Kunstwelt, wie siehst du das eigentlich? Wie empfindest du dich innerhalb der Kunstwelt?

GH: Also grundsätzlich denke ich, es gibt noch viel zu tun. Und ich erwische mich immer öfter dabei, dass ich Werbung sehe, Zeitschriften durchblättere, Gespräche führe, Ereignisse wahrnehme und mich frage, ob mit dem Abgesang oder der Historisierung des Feminismus alles so seine Richtigkeit hat. Ist das denn so souverän oder ironisch, was ich da sehe und wahrnehme, oder wäre es nicht vielleicht auch mal wieder sinnvoll und an der Zeit, den Konsensweg zu verlassen und auf Konfrontation zu gehen? Mir geht es oft so wie dir in der geschilderten Jurysitzung: Ich rolle in Sitzungen oder Terminen innerlich die Augen über so viel männliche Selbstinszenierung und mitunter »väterlichen Rat«. Dann finde ich es einerseits auch gelassen und souverän, darüber hinwegzuschauen – es hat Termine gegeben, aus denen ich mit Kolleginnen regelrecht flüchten musste, damit der Lachanfall nicht so unmittelbar zu hören war. Andererseits finde ich es aber auch ärgerlich und unsouverän, dass wir einen derartigen Gesprächsstil nicht offensiv und direkt hinterfragen, sondern höflich hinnohmen.

Ich denke prinzipiell schon, und da komme ich natürlich aus dem Denken der Siebzigerjahre, dass es in der Kunstwelt notwendig bleibt, Netzwerke unter den Frauen aufzubauen und in ihnen zusammenzuarbeiten. Von daher lege ich in meiner Arbeit nach wie vor großen Wert darauf, einen Automatismus zu entwickeln und zuallererst auf die Kolleginnen und Künstlerinnen zu schauen und ihnen einen entsprechenden Platz einzuräumen, sei es, wenn ich nach personellen Vorschlägen gefragt werde oder über Ausstellungen nachdenke. Ich lege schon Wert darauf, Geschlechterspezifika in den Produktionsabläufen, in Institutionen, in der Präsentation und Repräsentation mitzudenken, und fordere das auch von einem Team ein.

SP: Ich glaube auch, dass man das reflektieren sollte. Mich erfüllt es übrigens mit einem gewissen Stolz, dass viele deutsche Kunstvereine, die lange annähernd vollständig in männlicher Hand waren, heute von Frauen geführt werden. Und in den vergangenen Jahren sind die Direktionsposten der ersten wichtigen Museen an Frauen gegangen. Damit ist doch ein wesentlicher Vorstoß geleistet worden – wenngleich natürlich immer noch viel zu tun bleibt.

Ich glaube, für meine Generation gilt, dass wir uns manchmal auf gewisse Weise instrumentalisiert gefühlt haben, weil wir natürlich nicht eins zu eins an dem andocken konnten, was die Feministinnen gesagt haben. Die heute Dreißigjährigen haben schon ein anderes Bewusstsein. Du und ich zum Beispiel, wir beide führen ja immer die Auseinandersetzung über das Binnen-I, die ich sehr lustig finde. Du beharrst darauf und findest es wichtig, Künstlerinnen und Künstler beziehungsweise KünstlerInnen zu schreiben. Ich habe da einen ganz anderen Ansatz, indem ich einfach immer Künstler schreibe und damit beide meine – und ich finde es auch ganz wichtig, damit beide zu meinen. Natürlich ist mir klar, dass auch die sprachwissenschaftliche Auseinandersetzung notwendig war, um die männliche Dominanz aufzuzeigen. Ich glaube aber, heute ist es wichtig, die Zeichen in den Hintergrund zu rücken und Veränderung und Gleichberechtigung durch Handlungen zu demonstrieren. Deshalb hat dieses »Beide-Meinen« auch viel mit meinem Selbstverständnis als Kuratorin zu tun.

GH: Sicherlich ist die geschlechtsneutrale Umschreibung der goldene Weg – also über die Kunst statt über die KünstlerInnen zu sprechen. Das geht aber eben nicht immer. Und dann über die Künstler zu reden und so die Künstlerinnen mit einzubinden ... da wäre ja der umgekehrte Weg der logischere: Künstlerinnen zu schreiben und damit auch die Künstler zu meinen.

SP: Es hat, finde ich, sehr viel damit zu tun, worüber wir am Anfang gesprochen haben: Ich bin mit dem Selbstverständnis aufgewachsen, dass es Gleichberechtigung gibt, und möchte diese Behauptung auch immer weitertragen, um sie in gewisser Weise auch durch die Behauptung selbst zu erreichen.

GH: Gleichzeitig sagst du aber auch, du stellst letztendlich fest, dass es Gleichberechtigung nicht wirklich gibt.

SP: Trotzdem möchte ich sie gerade deshalb weiter behaupten, um sie schließlich Realität werden zu lassen.

STEFANIE CZERNY   Geschäftsführerin Hubert Burda M & C

Kurznotiz ...

an Antonia, Anastasia und Agnes, meine drei Töchter

Lernt, was ihr wissen müsst
Wisst, was ihr könnt
Teilt, was ihr wisst.

Seid schnell und spielerisch
Seid treu, neugierig und liebenswürdig
Seid streng und ernst in euren Themen, zieht sie durch
Seid misstrauisch ohne Angst, vertraut.

Seid gut im Umgang, haltet Kontakt
Erkennt die Muster, wer mit wem, warum, denkt neuronal
Sprecht nicht von Netzwerken, lebt sie
Strickt neue, verknüpft sie, springt lachend darüber hinweg.

Schaut nach vorn
Alles hat seine Gründe, keiner will sie wissen.

Träumt!

Herzlichst Eure Mutter

PS: Und denkt ab und zu an Eure Großmutter Ada, die neunzig Jahre alt, rotbackig, rund und augenzwinkernd ihre Geburtstagsrede mit dem Satz beendete: »Ich liebe Männer, aber Frauen habe ich lieber.«

Geschlechterdifferenz

Am liebsten würde ich das Thema Emanzipation und Diskriminierung von Frauen vollständig ignorieren. Und bis weit über das Studium hinaus hat es für mich keine Rolle gespielt. Aus einem ganz einfachen Grund: Ich hatte einfach keine eigene Anschauung, wenn von der Benachteiligung der Frauen die Rede war. Im Jurastudium waren wir alle gleich, auch in dem sich anschließenden Referendariat gab es keine Unterschiede. Letztlich habe ich bis heute zum Glück keine grundlegende Benachteiligung erfahren, weil ich eine Frau bin.

Und trotzdem bin ich mir der Geschlechterdifferenz heute viel bewusster als früher. Von den gleichaltrigen männlichen Kollegen zu hören, die schnelle Karriere habe doch auch etwas damit zu tun, dass Frauen bevorzugt würden, ist in der Tat entwürdigend. Und die erste handfeste Diskriminierung habe ich erlebt, als ich in einer ansonsten rein männlichen Fakultät den Posten der Gleichstellungsbeauftragten übernehmen musste. In Gremien die einzige Frau zu sein kann anstrengen, und die Bemerkung, wie eine so nette junge Frau zu einem so trockenen Thema wie dem Steuerrecht kommt, ist schrecklich nett gemeint, aber hinterlässt bei mir immer leichte Peinlichkeit.

Die Benachteiligung von Frauen ist heute subtiler als vor dreißig oder vierzig Jahren. Sie ist leider durch neue Gesetze und Verordnungen nicht aus der Welt zu schaffen, und sie beginnt in der Regel erst, wenn Kinder und Karriere unter einen Hut gebracht werden sollen. Männer können eben nicht schwanger werden. Sie könnten zwar Kinder aus dem Kindergarten abholen und auf dem Nachhauseweg vom Büro noch schnell den Einkauf erledigen, aber dies bleibt so lange die Ausnahme, als der Mann – vielleicht auch weniger kompromissbereit – regelmäßig in seiner Karriere weiter ist und das höhere Einkommen hat.

Das Zeitfenster für Karriere und Kinder schließt sich für Frauen zudem meist in etwa gleichzeitig. Hieran ließe sich durchaus etwas ändern, indem man Arbeitszeiten flexibler handhabt, Kinderzeiten mitberücksichtigt. Dass die Karriereschritte rechtfertigende Leistung geschlechtsunabhängig erbracht werden muss, steht außer Frage, schließt aber Flexibilität nicht aus. Im öffentlichen Dienst lassen sich kindbedingte Unterbrechungen mittlerweile ohne größeren Karriereknick überstehen. Private Arbeitgeber tun sich schwerer. Aus meiner Sicht ein Resultat kurzsichtiger Personalpolitik. Denn weder volks- noch einzelwirtschaftlich wird man in Zukunft auf Frauen in qualifizierten Positionen verzichten können.

Mein Leben im Patriarchat (in sechs Blickwinkeln)

I. »Sie schreiben vorwiegend historische Romane, da würden Sie doch sicher lieber in der Vergangenheit leben?« Diese Frage wird mir, in Variationen, ständig gestellt. Und ich antworte jedes Mal, dass gerade meine Leidenschaft für Geschichte und die historischen Kenntnisse, die sie mir einbringt, dafür verantwortlich sind, dass ich ganz bestimmt nicht in einer früheren Epoche, egal welcher, leben möchte. Es gibt nämlich keine einzige, in der ich als Frau in der Wahl meines Berufs und meines persönlichen Lebensstils so frei gewesen wäre wie heute auf dem Fleckchen Europa, auf dem ich lebe; von den Chancen, dass ich mit vierzig überhaupt noch gesund und am Leben wäre, statt der Hälfte meiner Zähne beraubt, nach sechs oder sieben Schwangerschaften mit unzureichender hygienischer Versorgung entweder sehr gealtert oder tot, ganz zu schweigen. Ich habe Glück mit dem Hier und Jetzt.

II. Was nicht heißt, dass ich im feministischen Utopia lebe. Eine andere Frage, die ab und zu kommt, lautet: »Wenn Sie sagen, Sie wären Feministin, dann meinen Sie doch nicht wirklich Feministin – nicht eine dieser unangenehmen/lauten/hässlichen ...«

Oh ja, die Klischees sind diesbezüglich sehr lebendig. Feministinnen sind »unangenehme«, »laute« Frauen, die wohl nur etwas von Gleichberechtigung faseln, weil sie nicht hübsch genug sind, um einen Partner zu finden. Dergleichen Ansichten hört man beileibe nicht nur von alten Herren, sondern auch von Leuten in meinem Alter oder manchmal jüngeren. Wenn man sie dann darauf aufmerksam macht, dass Gesetzesänderungen vom Wahlrecht für Frauen vor neunzig Jahren bis hin zur Strafbarmachung von Gewalt in der Ehe (erst vor wenig mehr als zehn Jahren) nie zustande gekommen wären, wenn diese »unangenehmen« Frauen sie nicht laut gefordert hätten, gibt es betretene Gesichter.

Als meine Mutter meinen Vater heiratete, hätte er noch das Recht gehabt, gegen ihren Willen ihr Konto aufzulösen und ihr Geld an sich zu nehmen. Hätte er nie getan, weil er ein anständiger Mensch ist, aber das Gesetz hätte ihm damals das Recht dazu gegeben. Dass es für meine Generation nicht mehr so ist, verdanken wir vor allem »lauten« Frauen. Ich salutiere ihnen.

III. Als ich vor Jahren in Mumbai war, um die indische Schriftstellerin Shobhaa Dé zu interviewen, unterhielten wir uns darüber, wie man Mentalitätswandel erreicht, gerade in Sachen Gleichberechtigung. Und wir waren uns einig, dass gemischte Schulen und gemeinschaftliche Erziehung von Jungen und Mädchen ein Schlüssel dazu sein können. Wenn man nämlich Männer als Jungen erlebt und mit ihnen aufwächst, kommt man erst gar nicht in Versuchung, sie als überlegene, höhere Wesen zu empfinden. Nichts für ungut, Jungs.

IV. »Weißt du, dass du mich fast dazu getrieben hast, Priester zu werden?«, sagte ein ehemaliger Mitschüler, mit dem ich über mehrere Klassenstufen und in mindestens drei Fächern (Deutsch, Geschichte und Religion) immer leidenschaftlich debattiert hatte, neulich bei der Geburtstagsfeier einer gemeinsamen Freundin, wo wir uns zum ersten Mal seit Jahren wieder sahen und königlich miteinander unterhielten. »Ich dachte mir nämlich, beim katholischen Priesteramt gibt es wenigstens nie Mädchen als Konkurrenten.« Manchmal fällt es schwer, Männer als Erwachsene ernst zu nehmen.

V. Manchmal allerdings wird man (oder frau) daran erinnert, dass Männer und Frauen in unterschiedlichen Welten auf eine Weise leben, die nicht so amüsant ist. Im Vorfeld einer Sendung, in der ich Studiogast war, saß ich mit anderen Gästen zusammen, zu denen auch Hellmuth Karasek gehörte. Er erzählte Anekdoten aus seiner Billy-Wilder-Biografie. Als Bewunderin von Wilders Filmen hörte ich zu, obwohl ich sie zum größten Teil schon kannte. Er erzählte auch zwei Geschichten, die mir bereits bei der Lektüre seines Buchs im Hals stecken geblieben waren. Die eine war ein Wilder-Zitat aus der Zeit, nachdem die Dreharbeiten zu Manche mögen's heiß und damit seine Zusammenarbeit mit Marilyn Monroe beendet waren: »Ich esse wieder besser. Mein Rücken tut nicht mehr weh. Seit Monaten kann ich zum ersten Mal wieder schlafen. Und ich kann meine Frau anschauen, ohne sie zu verprügeln, bloß weil sie eine Frau ist.«

Die andere beschrieb, wie Wilder zusammen mit ein paar Freunden in der Kantine der Paramount-Studios saß, als die junge Elizabeth Taylor, mit einundzwanzig oder zweiundzwanzig Jahren gewiss eine der schönsten Frauen der Welt, diese Kantine durchquerte. Die Männer waren stumm vor Bewunderung, bis Wilder einen Witz machte, um das jähe Schweigen zu durchbrechen: »Möchte wissen, wie die Nutte zum Film gekommen ist.«

Die meisten Zuhörer lachten pflichtschuldigst. Ich nicht. Ich kam mir vor wie ein Farbiger, in dessen Gegenwart ein rassistischer Witz erzählt wird. Nur, dass es als normal empfunden wird, vor Frauen andere Frauen herabzusetzen. Ich sagte, wie zuwider mir diese Art von doppelten Maßstäben für Männer und Frauen sei. »Über männliche Schauspieler könnte diese Pointe nicht gemacht werden, weil niemand auf die Idee käme, einen Mann herabzusetzen, indem man etwas über seinen sexuellen Verschleiß impliziert. Im Gegenteil, bei einem Mann heißt es dann: Was für ein toller Hecht. Casanova, Playboy, Don Juan, Frauenheld, das sind alles Ausdrücke mit einem bewundernden Unterton. Einen Mann würden Sie nie Nutte nennen, weil es so einen Ausdruck für einen Mann in unserer Sprache nicht gibt.«

Karasek wirkte ein wenig irritiert, meinte, nun übertriebe ich aber, und ging zu seiner nächsten Wilder-Anekdote über. 171

VI. Ich machte mit sechzehn Jahren einen Kochkurs, habe aber das meiste vergessen, und wenn ich nicht essen gehe, dann greife ich sehr oft auf Fertiggerichte zurück. Vor ein paar Jahren hatte ich mal einen Gast in meiner Wohnung, der dem Wunsch nach einer »ordentlichen« Mahlzeit Ausdruck gab, womit er nicht das nächste gute Restaurant meinte. »Also«, sagte ich halb verlegen, halb kämpferisch, »wenn du mit Spaghetti zufrieden bist …«

»Oh, ich habe doch nicht gemeint, dass du kochst!«, sagte er bestürzt. »Ich werde natürlich kochen.«

Wie ich schon sagte: Ich habe Glück mit dem Hier und Jetzt.

Die Qualität von Mann und Frau

Eines meiner Lieblingsmottos lautet:»Arbeite wie ein Pferd, sprich wie eine Dame, und handle wie ein Mann. Dann wird dir alles im Leben gelingen.«

Hinter diesem Spruch steckt eine Menge Wahrheit. Eine Frau muss tüchtiger sein als ein Mann und sich dabei trotzdem wie eine Dame benehmen. Und doch wird sie nur vorankommen, wenn sie sich wie ein Mann verhält. Das bringt natürlich immer Widersprüche im Sein und im Handeln mit sich. Ich finde, Frauen dürfen ihre Weiblichkeit nicht aufgeben und die Intuition nicht unter den Intellekt stellen. Sie müssen kämpfen wie Männer, ohne dabei die Keule zu schwingen.

Ich kann das natürlich nicht als real existierende Frau beurteilen – auch wenn Lilo Wanders immer als wirkliche Person wahrgenommen wird.

Aber in meiner Dualität als Frau, die ich spiele, und als Mann, der ich nun mal bin, erlebe ich immer wieder Skurriles. Vor ein paar Jahren ging ich zum Beispiel privat – also als Mann – in die Redaktion eines großen Magazins, um Fotos zur Bebilderung eines Artikels über mich abzustimmen. Der Chefredakteur behandelte mich wie ein rangniederes Tier, und das, obwohl er mir nur wenige Tage zuvor auf einer Veranstaltung noch die Hände geküsst hatte. Da war ich jedoch als Frau aufgetreten.

Als Jugendlicher hatte ich immer Angst vor Männern und empfand sie als Bedrohung. Erst später habe ich gelernt, mit ihnen umzugehen. Heute finde ich Männer ganz niedlich, auch weil ich sie durchschaue. Man kann sie so wunderbar manipulieren. Zum Beispiel stelle ich mich bei Handwerkern immer ein bisschen doof. Dann blühen sie auf. Ich habe diesen weiblichen Trick übernommen – auch, um als Mann bestehen zu können. 173

Manchmal glaube ich, dass Männer und Frauen einfach nicht zusammenpassen. Wenn man sie als Bananen und Pflaumen in eine Kiste legen würde, dann wären sie nett anzuschauen. Aber kreuzen könnte man sie eben nicht.

I am lucky

I am lucky ... in der Modebranche zu arbeiten. Dort wird man nach seinem Talent beurteilt, und es spielt keine Rolle, ob man Frau oder Mann, hetero oder homo, schwarz oder weiß ist. Es kommt einzig und allein auf die Kreativität an.

I am lucky ... in einem Beruf tätig zu sein, der Länder und Kulturen vereint. Die Mode kennt keine Länder- oder Sprachbarrieren. Deswegen konnte ich meinen Beruf schon in Tokio, Paris, San Francisco und New York ausüben.

I am lucky ... dass ich schon für zahlreiche erfolgreiche Designer wie etwa Issey Miyake und Calvin Klein arbeiten konnte. Beide sind liberale, weltoffene Visionäre, die ihr Augenmerk nur auf Kreativität legen.

I am lucky ... Eltern zu haben, die meinen Glauben bestärkt haben, dass ich alles erreichen kann. Eine Frau zu sein war nie ein Hindernis oder Nachteil.

Once, I was not so lucky ... Ich hatte für kurze Zeit einen Job im amerikanischen Massenmarkt. Der Job bedeutete viel Verantwortung, ein dickes Gehalt und regelmäßige Geschäftsreisen im Firmenjet durch die ganze Welt. Dazu gab es außerdem: einen chauvinistischen, Zigarre rauchenden und viel Alkohol trinkenden Vorstandsvorsitzenden. So richtig schön Klischee. Mit ihm zusammenzuarbeiten, hieß für alle, auf erniedrigende Art behandelt zu werden. Wenn ich mit ihm im Privatjet reiste, wünschte ich mir stattdessen einen Sitzplatz auf einem ganz normalen Linienflug. Als ich mich weigerte, eine Zigarre zu rauchen oder mit ihm etwas zu trinken, musste ich mir entwürdigende Kommentare anhören. Leider spielten für ihn meine Kreativität und mein Talent kaum eine Rolle. Folglich blieb ich dort nicht lange.

Diese Erfahrung war der letzte Anstoß dafür, im Jahr 2000 meine eigene Firma zu gründen. In meinem Unternehmen ist es mir wichtig, dass ich mit Leuten zusammenarbeite, die ich bewundere und respektiere, in einem Umfeld, das gesund und fair ist, und dort meine eigenen Visionen schaffen und erreichen kann. Am wichtigsten ist es mir, integer zu sein, etwas zu bewirken und auch etwas zurückgeben zu können. Zum Glück hat all dies nichts damit zu tun, eine Frau zu sein.

Mein VW-Käfer

Wenn junge Frauen begründen, weshalb sie keine handwerk-
lich-technischen Ausbildungsberufe anstreben, steht ein Argument an erster Stelle: Sie befürchten, dass sie mit so einem Beruf nicht nur unattraktiv für die Männerwelt werden, sondern
sogar abschreckend auf potenzielle Beziehungs- und Ehekan-
didaten wirken.

Ein Beispiel aus meinem Leben: Als junge Seminarleiterin für
Arbeitsrecht reiste ich zu einer Schulung. Es war ein Herbsttag
mit viel Regen und Nebel. Ich war zu spät. Mein VW-Käfer hatte mich im Stich gelassen. Ich berichtete meinem Teamkolle-
gen, dass ich die Verteilerkappe hätte abbauen und die Kontakte anschleifen müssen; erst dann sei es mir gelungen, den
Wagen zu starten und loszufahren.

Von den Teilnehmern, die in Hörweite standen, knuffte einer
dem anderen in die Seite: »'ne lustige Woche wird das bestimmt
nicht! Hast du gehört, was das für 'n Feger ist?«

Kein Spaß mit handwerklich begabten Frauen? Befürchten das
junge Patriarchen auch heute noch?

Auf einer Stufe

Das Wort »Patriarch« habe ich zum ersten Mal in meiner Kindheit gehört: in Verbindung mit meinem eigenen Vater. Er war der Inhaber eines Textilunternehmens mit Sitz im Schwäbischen. »Der Ulmer ist ein Patriarch« hieß es damals. Wer ihn so nannte, wollte damit ausdrücken, dass er absolut dominant in seinem Unternehmen war, aber auch fürsorglich gegenüber seinen Angestellten, seiner Gemeinde und der Kirche. Er war wie ein Übervater, und das bedeutet das Wort Patriarch. Auch in der Familie erlebten wir Kinder unseren Vater als Patriarchen. Als General der Reserve pflegte er einen strengen, manchmal fast militärischen Erziehungsstil. Erst wenn Vater vom Esstisch aufstand, durften wir Kinder uns erheben. Es gab bei jeder Mahlzeit ein Tischgebet, das täglich ein anderes Kind vorsprechen musste. Allein abends auszugehen war für mich und meine sechs Geschwister undenkbar. Noch als Teenager hatte ich um acht Uhr zu Hause zu sein. Da half auch alles Betteln bei der Mutter nichts: »Wenn Vater das so bestimmt hat, kann ich nichts machen«, lautete ihre stets gleiche Antwort. Ich wünschte mir als junges Mädchen oft einen anderen Alltag mit weniger Bevormundung und mehr Möglichkeiten, mich nach meinen Wünschen und Träumen zu entfalten, so wie es meine Freundinnen taten. Obwohl Vater sehr streng war, hat er mich nicht kleingehalten oder benachteiligt, weil ich ein Mädchen war. Es war ihm ungeheuer wichtig, dass auch wir die Möglichkeit bekamen, in unseren Berufen erfolgreich zu sein.

So denkt leider nicht jeder Patriarch. In meiner Mission als UNESCO-Sonderbotschafterin, bei Reisen in die Elendsviertel und Armutsgebiete Afrikas, Indiens, Südamerikas oder des Nahen Ostens, begegne ich oft schreiender Ungerechtigkeit gegenüber Mädchen und Frauen. Gerade wo Not und Armut am drückendsten sind, behandeln die selbst ernannten Überväter ihre Frauen und Töchter besonders unmenschlich und repressiv: Mädchen dürfen nicht zur Schule gehen, werden von klein an auf die Rolle der Dienerin gedrillt, und man gibt ihnen keine Chance auf eine andere Zukunft. Paradoxerweise sind die Frauen gerade in diesen Gesellschaften diejenigen, ohne die das Überleben nicht möglich wäre. Mit geradezu übermenschlichen Anstrengungen bringen sie ihre Familien durch. Sie nehmen quälend lange Fußmärsche in sengender Hitze auf sich, um Wasser, Reisig und Brennholz zu holen. Sie bestellen die Felder – und schuften wie Knechte –, versorgen die Kinder und nebenbei auch noch die Männer. Die sitzen vor der Hütte, qualmen irgendein Kraut und tun nichts, außer den harten Ton anzugeben – eine Art Patriarchat. Auch in den internationalen Hilfsprojekten sind es die Frauen, welche die Programme am Laufen halten. Sie opfern sich in den Waisenhäusern, Kliniken, Kindergärten und Schulzentren auf, damit Kinder die Chance auf ein besseres Leben bekommen. Andererseits führe ich in meiner Position die wichtigen Verhandlungen fast ausschließlich mit Männern, denn sie sind in der Regel die Justizminister, Bildungsminister, Regierungschefs oder Gemeindevorsteher – auch eine Art Patriarchat.

Im Lauf von mehr als zwanzig Jahren karitativer Arbeit habe ich das Selbstbewusstsein entwickelt, mich als Frau jederzeit auf eine Stufe mit diesen Männern zu stellen. Was einheimischen Frauen verwehrt ist, hole ich mir: den Respekt und die Anerkennung als ebenbürtige Gesprächspartnerin. Die Gewissheit, Kindern eine bessere Zukunft zu ermöglichen, gibt mir die Souveränität, den überheblichen Minister für das neue Bildungsprogramm zu gewinnen oder die verstockte Männerrunde der Dorfältesten von der Notwendigkeit einer Schule für Mädchen zu überzeugen.

Meist sind diese Gespräche von gegenseitigem diplomatischem Respekt geprägt, und ich erhalte Anerkennung in Form eines Ordens, einer Urkunde oder eines traditionellen Geschenks. In

Burkina Faso bekam ich in einem Kral als Ausdruck höchster Anerkennung eine Ziege. Doch bis die Schule, das Waisenhaus oder das Ausbildungszentrum entsteht, in dem Mädchen genau wie Jungen dieselben Rechte erhalten, ist oft viel Überzeugungsarbeit nötig (das bezieht sich nicht auf alle Länder, in denen ich arbeite). Doch ich bin sicher: Irgendwann begreift auch der verknöchertste Patriarch, dass starres Festhalten an alten Traditionen, Ungerechtigkeiten und Benachteiligungen auch ihm selbst schadet.

Nur wenn alle Kinder, egal ob Mädchen oder Jungen, die gleichen Chancen bekommen, kann eine Gesellschaft Wohlstand und Wachstum hervorbringen. Jedes Kind muss die Chance auf Bildung haben. Dafür arbeite ich mit meiner ganzen Kraft und Überzeugung.

Die Personalvereinbarungen

Seit Sommer 1999 war ich im Vorstand der KfW (Kreditanstalt für Wiederaufbau), der großen deutschen Förderbank. Als öffentliche Institution unterliegt die KfW dem Gleichstellungsdurchsetzungsgesetz, was die Förderung von Frauen im Vergleich zu den privaten Banken durchaus erleichtert: seit Jahren ein Ganztagskindergarten für die Kinder der Mitarbeiter und Mitarbeiterinnen, Frauenförderplan, Gleichstellungsbeauftragte, Unterstützung einer Kita, Beteiligung am Audit »Beruf und Familie«, Öffnung der Führungsebene für Jobsharing, regelmäßige Treffen zwischen den weiblichen Führungskräften und mir selbst.

Bei der Steigerung der Anzahl weiblicher Führungskräfte haben wir durchaus – wenn auch mühselig – etwas erreicht.

Dass man trotzdem immer wie ein Luchs aufpassen muss, zeigte mir eine Begebenheit kurz nach der Jahrtausendwende: Dem Vorstand wurde kurzfristig eine neue Personalvereinbarung zur Beschlussfassung vorgelegt. Sie begann mit den Worten: »Diese Personalvereinbarung gilt für alle Mitarbeiterinnen und Mitarbeiter der KfW«. Dazu gab es eine kleine Fußnote mit dem Inhalt, im folgenden Text werde der Einfachheit halber immer die männliche Formulierung »Mitarbeiter« benutzt, die weiblichen Mitarbeiterinnen seien aber immer mitgemeint. Es folgten dann etliche Seiten, auf denen viele, viele Male ausschließlich das Wort »Mitarbeiter« auftauchte (siehe Fußnote).

Dass es überhaupt Frauen in der KfW gab, auf die Idee konnte man überhaupt nicht mehr kommen. Was tun? In einem Änderungsantrag alles Punkt für Punkt durchgehen?

Ich wählte eine andere Methode. Als wir am nächsten Morgen im Vorstand über die Personalvereinbarung diskutierten, sagte ich, dass ich in der Sache sehr einverstanden sei, allerdings eine Kleinigkeit zur Änderung vorschlagen wolle: In der Fußnote solle es heißen: »Im folgenden Text wird der Einfachheit halber immer die weibliche Formulierung ›Mitarbeiterinnen‹   183 benutzt, die männlichen Mitarbeiter seien aber immer mitgemeint.« Ich erinnere mich noch heute an die Reaktion: Absolute Verblüffung, für einige Sekunden war es total still. Dann sagte der damalige Sprecher der Bank: »Das haben Sie doch wohl nicht ernst gemeint!« Ich erwiderte, dass mir tatsächlich eine geschlechtsneutrale Formulierung lieber sei, ich den fünf männlichen Kollegen aber doch verdeutlichen wollte, wie Frauen die vorgeschlagene Formulierung empfinden müssten: als eine klare Diskriminierung! Ihre Reaktion auf meinen Gegenvorschlag habe mir gezeigt, dass viele Männer überhaupt keine Vorstellung davon hätten, mit wie vielen – vermeintlich kleinen – Diskriminierungen sie die Frauen verletzten und benachteiligten.

Dass man bereit sei, den Frauen mit der inkriminierten Fußnote etwas zuzumuten, das man für die Männer als unfassbar ansah, zeige, dass wir noch eine Menge zu tun hätten.

Da der Vorstand der KfW durchaus für die Gleichberechtigung von Mann und Frau war, änderten wir nach diesem Intermezzo in wenigen Minuten die Formulierungen der Personalvereinbarung. Die Lösung? Gemischt! Mitarbeiter und Mitarbeiterinnen, die Mitarbeiterschaft, MitarbeiterInnen. Also versuchte man, das natürlich nicht so schöne Wort mit dem großen »I« zu vermeiden und den Ausdruck zu umschreiben. Im Zweifel aber mit dem großen »I«. Jedenfalls nicht mehr mit der nur männlichen Form.

Die Moral von der Geschicht': hartnäckig bleiben in Sachen Gleichberechtigung.

Männer und Medien tendieren dazu, den Wunsch nach weiblichen Formulierungen in der Sprache als Kleinkram oder lächerlich anzusehen. Dass es das nicht ist, sieht man daran, dass sie die umgekehrte Formulierung als absolut unakzeptabel ansehen. Sprache prägt nämlich!

CAROLIN WIDMANN Violinsolistin

Ungeklärte Fragen

Ich war der festen Überzeugung, dass ich in keinem Patriarchat lebte und lebe und das alles der Vergangenheit angehöre. Ich wuchs auf in einer Familie, in der ich mich völlig gleichberechtigt fühlte und nie zu »Mädchenpflichten« verdonnert wurde. Meine Mutter arbeitete genauso wie mein Vater, und ich sah das als völlig selbstverständlich an.

Aber je länger ich darüber nachdachte, desto mehr drifteten meine Gedanken auch in die Gegenwart und zu meinem Beruf. Ich bin Violinsolistin und habe eine Professur an der Hochschule für Musik und Theater in Leipzig. Wie war das gleich bei meinen Einstellungs- und Gehaltsverhandlungen? Ich verhandelte ausschließlich mit Männern, die die Führungsetage unserer Hochschule repräsentierten: dem Rektor, dem Kanzler, dem Fachgruppenleiter. Sie sind so freundlich, fortschrittlich und überhaupt keine Vertreter des Patriarchats, dass ich ihr Geschlecht darüber vergaß.

Und weiter ging die Gedankenreise, zu meinem Alltagsleben im Beruf, nämlich Violinkonzerte mit Orchestern unter – männlichen – Dirigenten zu spielen. Im Mai 2009 kam es nun zum ersten Mal vor, dass ich unter einer Dirigentin spielte, nämlich unter Anu Tali in Tallinn. Sie ist eine junge, schöne (und das scheint ja bei Frauen wichtiger zu sein als bei Männern), energetische Frau. Und ich überlegte, ob sie mit neunzig Jahren wohl auch noch auf der Bühne stehen und eine Weisheit für das Publikum verkörpern würde, wie es einst Günther Wand, Sergiu Celibidache oder Herbert von Karajan im hohen Alter taten. Wäre das möglich? Meine Realität begann zu bröckeln.

Von diesen Gedanken war es nur noch ein kleiner Schritt zu einer kritischen Betrachtung des Berufs des Violinsolisten, von dem man in der Zeitung liest, er sei fest in der Hand der sehr jungen Geigerinnen. Das stimmt, und dennoch gibt es auch die mittlere Generation von männlichen Geigern, die über Jahre hinweg Qualität und Beständigkeit in ihrem Künstlertum ge-

185

zeigt haben. Aber wo sind die vierzig- oder fünfzigjährigen Geigerinnen? Auf Anhieb konnte ich nur die ewig jung gebliebene und bleibende Anne-Sophie Mutter finden. Ich zog eines der Lieblingsbücher meiner Kindheit zurate, *Große Geiger unseres Jahrhunderts* von Albrecht Roeseler. Es kam in den späten Achtzigerjahren heraus, und alle darin genannten Violinisten und Violinistinnen waren meine großen Vorbilder. Und wiederum: Nahezu alle männlichen Geiger der damals jüngeren Generation sind heute noch aktiv im Musikleben und auf der Bühne vertreten, wie beispielsweise Frank Peter Zimmermann und Thomas Zehetmair. Die Geigerinnen allerdings sind nahezu verschwunden. Was sind die Gründe? Sind Männer doch das stärkere Geschlecht mit größerem Durchhaltevermögen? Oder zogen sich die Damen freiwillig zurück? Hat der sogenannte »Markt« sie ab einem bestimmten Punkt abgelehnt?

Nach dem Schreiben dieses Beitrags sind all diese Fragen für mich ungeklärt, und es ergeben sich ständig neue. So schnell kann es gehen, dass Gewissheit sich ins Gegenteil verkehrt.

An das ZDF Mainz

Sehr geehrter, lieber Herr ...
nachdem wir uns in verschiedenen Projekten mit der Zukunft befasst haben, möchte ich Ihnen heute einen Blick zurück vorschlagen. Mir schwebt eine Serie vor, in deren Mitte eine Figur steht, die man früher einen Patriarchen genannt haben würde, wenn Sie verstehen, was ich meine: einen Mann, der die Fäden, die er jederzeit in der Hand hat, dann auch gleich noch zieht, der über eine ebenso grundgütige wie gelegentlich von unbegründetem Jähzorn gekennzeichnete Gemütslage verfügt, wie man sie hat, wenn alle nach dieser Pfeife tanzen. Während er am Sonntag beim Kirchgang in der ersten Bank Platz nimmt, verteilt er werktags pro Folge mindestens einmal seine Gunst an eine Frau, mit der er immer dieselben Spiele spielt, ebendie, die er kann. Er gibt, sie nimmt, und er nimmt dann übel. Dies geschieht so, dass die Mitglieder seiner Familie dabei zuschauen können, was sie nicht nur mit Schadenfreude erfüllt, weil sie selbst von einem Moment auf den anderen ebenfalls das Objekt der Herrschaft des Alten werden können. So regelt er selbstverständlich die Frage, wer am Ende wen heiraten darf und wie es dabei mit der damals noch sogenannten Mitgift aussieht, die ihrem Namen in einigen Episoden alle Ehre macht.
An der Seite des Patriarchen sehe ich eine grundgütige, aber zugleich von ihm und auch dem Leben schwer gezeichnete Frau, die nicht nur die meisten Worte verkleinernd ausspricht (»Papale« sagt sie zu ihrem Mann, an hohen Feiertagen »Väterchen«). Ihre Aufgabe ist die einer Troubleshooterin, sie kittet das Porzellan oder schafft die Scherben auf die Seite. Sie wirft sich mannhaft in jeden Konflikt, den der Patriarch anzettelt, wenn seine Vorgaben nicht beachtet werden. Die freilich gelten, was man zu seiner Ehre sagen muss, immer der Familie, auch wenn man zugleich sagen muss, dass er die Familie ist.
Höhepunkte dieser Serie könnten die kirchlichen Feiertage sein, an denen die ganze Großfamilie nicht nur den Heiligen,

sondern auch dem Alten zu huldigen hat. Das würde ich in langen, aber gleichwohl vor Spannung knisternden Essen im großen Salon, der dafür eigens auch geheizt wird, zeigen, mit einer Tafel, an der streng nach Rang und Namen gesessen und gegessen und auch jede Menge getrunken wird. Jede dieser Großmahlzeiten würde im Raucherzimmer enden, in dem sich natur- und zeitgemäß nur männliche Wesen über einundzwanzig Jahre versammeln und den Lebensweisheiten des Alten lauschen dürfen, die die Älteren unter ihnen längst kennen. Dabei wäre ein Running Gag, dass der Alte über den einen, immer gleichen Witz, den er dabei erzählt, immer erst selbst gelacht haben muss, bevor die anderen einstimmen dürfen.

Zu Beginn wäre mein Held in seinen späten Fünfzigern. In der letzten Folge würde ich ihn sterben lassen wollen. Die Drehgenehmigung für einen Friedhof, auf dem ich die letzten vierzig Beerdigungen gedreht habe, ist als Anlage beigefügt.

Das Besondere an einer solchen Serie, die das deutsche Fernsehen so noch nicht gesehen hat, läge für mich darin, etwas zeigen zu können, was es in dieser Reinkultur längst nicht mehr gibt, was einem aber ohne die entsprechenden Herrenhäuser und Frauenzimmer jederzeit neu begegnen kann. Doch während man meinen Vorschlag unbedingt als eine in jeder Hinsicht dramatische, in Teilen sogar tragische Familiengeschichte schreiben müsste, sind solche heutigen Varianten am Ende doch immer ohne die notwendige Fallhöhe der Figuren und im Zweifel nur komisch. Der Patriarch, wie wir ihn kennen, hat abgedankt wie der Kaiser. Ein großes Publikum würde man mit seinen heutigen Nachfahren, die gelegentlich auch weiblich sind, nicht erreichen, was bei der Serie, die ich mir vorstelle, durchaus zu erwarten wäre, vor allem, wenn Sie zustimmen würden, dass der Patriarch entweder Gutsherr (Mecklenburg-Vorpommern!) oder aber – was dann ins frühe 20. Jahrhundert zu legen wäre – Chefarzt einer großen Klinik ist, in der man freilich nichts von George Clooney und Dr. House oder, in aller Freundschaft, von skrupulösen Chirurgen finden könnte, die sich dem Sparwillen der Verwaltung beugen müssen. Wie bei jeder Serie steht und fällt alles mit der Besetzung. Nachdem O. W. Fischer längst tot ist und Armin Müller-Stahl leider keine Serien spielt, trage ich mich mit dem Gedanken, an Harald Schmidt heranzutreten. Seine Haarpracht erfüllt bereits eine wichtige Voraussetzung; es wäre seine erste wirklich große Rolle im deutschen Fernsehen, und Sie hätten ihn nebenbei der ARD abgejagt.

Hier bin ich aber für alternative Vorschläge jederzeit offen, was auch für die Frau des Alten gilt, für die mir Iris Berben als Patriarchin (Konsulin Buddenbrook! Frau Krupp!) geeignet erschiene. Ich bin mir im Übrigen sicher, dass ein solch elementares Vorhaben – ich denke, erschrecken Sie jetzt nicht, an viermal dreizehn Folgen! –, die Vergangenheit einerseits zu zeigen, sie aber zugleich auch Vergangenheit sein zu lassen, die Creme der deutschen Schauspieler anlocken wird, vor allem, wenn, was ich gerne weiter verfolgen würde, ein Mitglied der Familie auf Geheiß des Alten in einer deutschen Kolonie die Landwirtschaft aufbauen muss, bis Gras über eine Sache gewachsen ist, die zu Hause dumm gelaufen ist und ein anderes zwischen den Feiertagen zur See fährt. Das würde mir Gelegenheit geben, die schönen Seiten von Namibia und einige Häfen, die *Das Traumschiff* noch nicht angelaufen hat, dem deutschen Publikum nahezubringen.

Musik würde ich nicht eigens komponieren lassen. Richard Strauss bietet sich an, *Zarathustra* oder auch der eine oder andere Wagner. Das aber sind Sachen, die wir besprechen sollten, wenn Sie sich für diese Idee erst einmal haben begeistern lassen. Wir sollten bald mal essen. Dann sollten wir uns auch über den Hauptsponsor Gedanken machen. Ich habe da eine Idee, die Ihnen gefallen wird. Aber das alles dann nach Tisch.

MEDITATION irgendwo
in München...

TIEF EINATMEN, AUSATMEN,
EINATMEN UND AUS-
ATMEN →MIT DEM EINATMEN
NEHMEN WIR DIE MÄNNLICHE
ENERGIE IN EINEM HELLEN WEISEN
STRAHLE VON OBEN KOMMEND
IN UNS AUF UND
MIT DEM AUSATMEN NEHMEN
WIR DIE DUNKLE ENERGIE VON
UNTEN AUS DER ERDE AUFSTEIGEND,
IN UNS AUF, AUF-STEIGEND DIE
DUNKLE WEIBLICHE ENERGIE.
WIR SPÜREN DAS DUNKLE WEIBLICHE
UND IM EINATMEN VON OBEN
DAS HELLE, DEN HELLEN MÄNNLICHEN
STRAHL UND
                    EIN-

BIOLOGIE

Biologieunterricht:

DIE MÄNNLICHE UND

~ 1982,

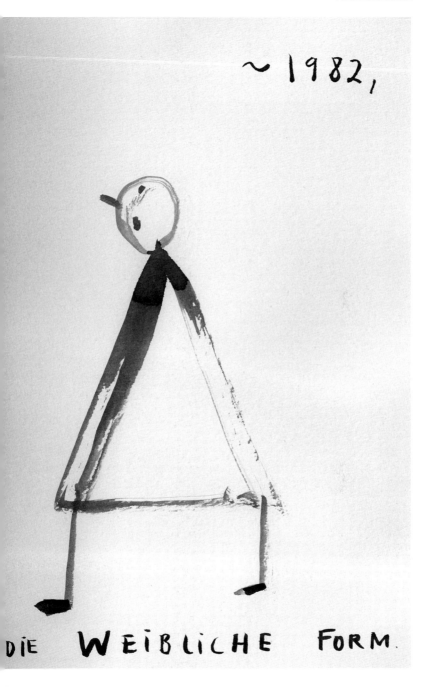

DIE WEIBLICHE FORM.

"IM GEISTE GLEICH"
(PARADIESSZENE)

DIE GEISTER

ADAM UND EVA MIT GANZ KÖRPERBEHAARUNG

Lange Haare, kurzer Verstand

Mein Vater ist ein kluger Mann. Und indem er sich in meine Mutter verliebte, hat er zweifellos bewiesen, dass er sehr viel für kluge Frauen übrig hat.

Doch als junger Vater hatte er enorme Schwierigkeiten mit seiner ältesten Tochter. Irgendwie wollte er nicht begreifen, dass ich mit einem eigenen Kopf und einer Menge Verstand ausgerüstet war. Eigenschaften, die er bei meinem älteren Bruder als selbstverständlich voraussetzte.

Als ich ein kleines Mädchen war, machte mein Vater sich einen großen Spaß daraus, mich mit dummen Sprüchen zu ärgern. »Lange Haare, kurzer Verstand« bekam ich zu hören. Oder – ausgerechnet von ihm, dem Kirchenkritiker – den Apostelsatz: »Die Frau schweige in der Gemeinde.«

Bis heute weiß ich nicht, wie ernst es ihm damit war. Nie hat er begründet, warum er mit so platten Rollenklischees hantierte. Vielleicht, weil ich ihm zu lebhaft und redselig war? Vielleicht, weil er verlässlich mit meinem Widerspruch rechnen konnte und ihn das Spiel reizte?

Eine pädagogische Glanzleistung war sein Verhalten wohl kaum. Trotzdem bin ich mir nicht sicher, ob es mich nicht einiges gelehrt hat: mich zu wehren zum Beispiel, Zuschreibungen, zumal Rollenzuschreibungen, nicht einfach anzunehmen, zu kämpfen, wenn ich mich ärgere und ungerecht behandelt fühle.

Bei Paul Watzlawick findet sich das Konzept der paradoxen Verschreibung. Man sagt das eine, um beim Gesprächspartner das Gegenteil zu erreichen. So gesehen hätte mein Vater meinen Widerstandsgeist geweckt und geschult. Kein schlechtes Ergebnis angesichts solch dummer Sprüche.

Exoten-Bonus

Während meines Studiums in den 1960er-Jahren sagte ein Assistent am Anglistischen Seminar der Universität Heidelberg nach einer Klausur zu mir, ich sähe ja nicht schlecht aus und könne sicher heiraten anstatt weiterzustudieren. Das war wohl als Trost gemeint für eine akademische Leistung, die er zwar nicht für optimal hielt, doch die bei einer Studentin selbstverständlich weniger ins Gewicht fiel angesichts der offensichtlichen Alternative für die Lebensplanung, die für einen Studenten wohl seiner Ansicht nach nicht infrage kam.

In den 1980er-Jahren bekam ich von der Universität Stuttgart regelmäßig Rundschreiben mit der Anrede »Herr« (und korrektem Namen), und auf den Einladungskarten zum Uniball sollte ich ankreuzen, ob ich mit meiner Gattin käme. Alternativen waren nicht vorgesehen. An der Universität Tübingen redete, auch zu dieser Zeit, ein sehr liebenswürdiger Kollege Studentinnen noch prinzipiell mit »Fräulein« an. Aus seiner Sicht war das völlig korrekt. Erst als ich ihn in einem Seminar darauf aufmerksam machte, dass zumindest eine der Studentinnen hochschwanger und die Anrede wirklich unpassend sei, revidierte er das.

Im Übrigen fand ich die männlichen Kollegen an den diversen Universitäten, an denen ich zwischen 1970 und 2005 lehrte, durchweg freundlich, oft liebenswürdig, meist hilfreich und selbst als Konkurrenten um Stellen oder Stipendien zumindest mir gegenüber zurückhaltend. Unmut wurde sicher eher hinter meinem Rücken geäußert; denn sich mit einer Frau offen über berufliche Belange anzulegen galt ganz offensichtlich nicht als gesellschaftlich akzeptabel. Stattdessen gehörten abwertende Bemerkungen über Feminismus und »die Feministinnen« fast überall zur Tagesordnung. Ich vermute, dass es sich dabei um eine Art Ventil handelte, alltägliche Verärgerungen nicht an einer bestimmten Person, sondern an einer für lästig und unangemessen gehaltenen politischen Position auszulassen, die stellvertretend für den Konflikt verantwortlich gemacht wurde. Echten Machtverlust musste schließlich keiner der Kollegen fürchten; das unterschied die Universität wohl von der Familie.

Rückblickend scheint es mir vor allem überraschend, dass ich zwölf Jahre lang an einem Institut der Universität Hamburg die einzige Professorin unter zunächst siebzehn und zum Schluss, nach diversen Stellenstreichungen, neun Professoren war. Vermutlich erwirbt man sich mit diesem Status automatisch einen gewissen Exoten-Bonus, der allerdings einige Veränderungen im universitären Alltag zur Folge hatte. Die Anrede bei Rundschreiben wurde in den 1990er-Jahren in die Doppelform mit und ohne Schrägstrich geändert. Aber die Erwartungshaltung der jungen Generation blieb bis 2005 recht stabil: Wann immer ich in Hamburg während der Mittagspause im Sekretariat meine Post einsammelte, konnte ich Studierende, die sich wegen irgendwelcher Auskünfte an mich wandten, darüber aufklären, dass nicht alle Frauen an der Universität notwendigerweise Sekretärinnen sind.

Das benevolente Patriarchat in der Medizin

Unser Gesundheitssystem ist weiterhin von archaischen Strukturen geprägt. Kern ist die traditionelle Rollenverteilung mit dem Arzt als Wissendem und väterlich benevolentem Heiler und der Patientin als der Unwissenden, die sich mit Demut und Dankbarkeit dem Arzt anvertraut. Der Umgang mit unheilbaren Erkrankungen macht dies besonders deutlich. Kürzlich haben dreizehn führende – ausschließlich männliche – Krebsexperten in einer gemeinsamen Publikation ihr Zukunftskonzept für die Betreuung von an Krebs Erkrankten in Deutschland veröffentlicht. Demnach definiert weiterhin vornehmlich der Arzt Ziele und Wege der Diagnostik und Behandlung, die Aufgabe der Patientinnen reduziert sich auf das Befolgen seiner Anweisungen. Beteiligung an Entscheidungen und Nichtinanspruchnahme von medizinischen Maßnahmen ist nicht vorgesehen.

Die Beziehung zwischen medizinischen Experten und Bürgerinnen baut auf ein ausgeprägtes Wissensgefälle. Die vermeintlich Wissenden haben die Macht über die vermeintlich Unwissenden. In einer Geschäftswelt wie unserem Gesundheitssystem sind die Unwissenden den Täuschungs-, Betrugs-, und Ausbeutungsstrategien der Wissensmächtigen voll ausgeliefert. Der Unterschied zwischen Männern und Frauen verliert dabei vergleichsweise an Bedeutung.

Die paternalistische Beziehung zwischen Ärzten und Patientinnen beziehungsweise zwischen Gesundheitspolitikern und Bürgerinnen prägt auch die Art und Weise, wie kommuniziert wird. Die Informationen an Patientinnen und Bürgerinnen sind interessengeleitet, überredend und irreführend. Sie zielen auf Gehorsam und wollen die Therapietreue erhöhen.

Der Widerstand der Experten, das Wissensgefälle abzubauen, ist groß. Die Angst überwiegt, dass Patientinnen und Bürgerinnen nicht mehr das tun könnten, von dem die Wissenden meinen, dass es gut für sie wäre. Als Beispiel seien hier die Untersuchungen zur Krebsfrüherkennung genannt. Eine Allianz aus Ärzteschaft und Politik unterminiert seit Jahren vehement jeden Versuch, die Bevölkerung wahrheitsgemäß über das (zweifelhafte) Nutzen-Schaden-Potenzial dieser medizinischen Untersuchungen aufzuklären. Sie trauen den Menschen nicht zu, eigenverantwortlich zu entscheiden, ob sie die Untersuchungen in Anspruch nehmen wollen oder nicht. Opfer der Propagandainformation sind nicht nur die Bürgerinnen, sondern auch die Ärzte selbst.

GLAUBE UND WAHRHEIT – FRAUEN UND DAS HERZ
Wer unterliegt hier einem Trugschluss – doch nicht etwa der Hormonpapst Professor Dr. Dr. Johannes Huber?

„Dass Hormone des Eierstocks das Herz schützen, beweisen epidemiologische Untersuchungen. Während vor den Wechseljahren Männer wesentlich häufiger an Herz-Kreislauf-Erkrankung leiden, steigt nach der Menopause die Wahrscheinlichkeit einer diesbezüglichen Erkrankung bei Frauen sprunghaft an und übertrifft in ihrer Häufigkeit die der Männer."
Diese Information stand im Jahr 2009 auf der Homepage von Univ. Prof. Dr. Dr. Johannes Huber

Und hier die Fakten:

STERBEFÄLLE AN ISCHÄMISCHEN HERZKRANKHEITEN 2004, DEUTSCHLAND

Pro 100 000 Einwohner   ■ Männer ■ Frauen

Quelle: Nach Statisi. Bundesamt Wiesbaden 2006
Infografik: Sabine Kraus

Altersgruppen 35-39 40-44 45-49 50-54 55-59 60-64 65-69 70-74 75-79 80-84 85-89 90+

Das Erfinden von Krankheiten – die Unterwerfung der Gesunden

Unser Gesundheitssystem ist ein Jahrmarkt und ein großes Geschäft. Dies führt dazu, dass die Wissensmächtigen im Komplott mit den Geschäftsleuten neue Erkrankungen erfinden dürfen.

Das Ideal des ewig jung bleibenden, funktionstüchtigen und lebensbejahenden vitalen Menschen hat zu einer idealtypischen Normierung der als gesund geltenden Körperfunktionen und -zustände geführt. Abweichungen von diesen statisch definierten Normzuständen gelten als behandlungsbedürftig und legitimieren medizinische Maßnahmen, selbst bei Menschen, die sich gesund fühlen. Als Beispiele seien hier die über die letzten Jahrzehnte wiederholten und immer weiteren Absenkungen von Grenzwerten für normalen Blutzucker, Cholesterin oder Blutdruck genannt. So werden immer mehr Gesunde, oft von einem Tag zum anderen, zu Patientinnen mit Diabetes, Fettstoffwechselstörungen oder Bluthochdruck, ohne dass sich etwas an ihren Körperfunktionen oder Gesundheitsrisiken verändert hätte. Der Vitalitätsstatus der Bevölkerung wird damit zu einem Produkt von Normierungsausschüssen.

Auch Befindlichkeitsstörungen wie Schwitzen, Bauchgrimmen, Unterleibsziehen, Aufstoßen und Beinkribbeln oder Persönlichkeitsmerkmale wie Sexmuffeligkeit, Lebhaftigkeit, Melancholie, Lustlosigkeit, Schüchternheit oder Ängstlichkeit werden zu behandlungsbedürftigen Erkrankungen erklärt. Im Extremfall wird dies zum gesellschaftlichen Dogma, wie der Anspruch auf ein Leben und Sterben ohne depressive Verstimmungen und in völliger Schmerzfreiheit. Das Erfinden von Krankheiten hat inzwischen einen Namen erhalten – *disease mongering*. Die Industrie und medizinische Leistungsanbieter nutzen dies als Strategie zur Vermarktung von alten und neuen Therapieverfahren. Anwendungsbereiche werden ins öffentliche Bewusstsein manövriert und gleichzeitig die Produkte und Leistungen als Lösung für diese Probleme angeboten.

Die Frau, ein Mangelwesen

Seit zwanzig Jahren stehe ich im Diskussionsstreit mit den vornehmlich männlichen Befürwortern der Behandlung mit Sexualhormonen bei Frauen in und nach der Menopause. Die »Hormonmänner« haben es geschafft, Frauen als Mangelwesen zu definieren, die ohne lebenslange Hilfe in Form von Hormonzusatz nicht lebenstüchtig seien.

Gleichsam als Strafandrohung werden fast alle Beschwerden und Krankheiten des Alters und Alterns einem behandlungsbedürftigen Hormonmangel zugeschrieben. Schuldgefühle wurden geschürt, wenn sich Frauen als widerspenstig erwiesen und sich den Übergriffen entzogen.

Einer der hervorragenden Protagonisten hormoneller Behandlungsbedürftigkeit von Frauen ist seit Langem der Theologe und Medizinprofessor Dr. Dr. Johannes Huber. Als Hormonpapst für Anti-Aging und leitendes Mitglied des österreichischen nationalen Ethikrats gilt er als medienwirksamer Experte in der deutschen und österreichischen Öffentlichkeit.

In der Tat ist die Verknüpfung von Geschäft und Krankheit mit Irr- und Gut-Glauben charakteristisch für dieses System der Unterwerfung.

Quelle: Gigerenzer G et al. Helping doctors and patients make sense of health statistics. Psychological Science in the Public Interest 2008; 8:53-96.
Infografik: Sabine Kraus

Befragung von 160 Frauenärzten, die in Berlin an einer von einer Pharmafirma gesponserten Fortbildung teilgenommen haben.

Wie wahrscheinlich ist es, dass bei einem verdächtigen Mammographiebefund tatsächlich Brustkrebs vorliegt?

| Mögliche Antworten: | 90% | 81% | 10% | 1% |
| Antworten je 100 Ärzte: | 47 | 13 | 21 | 19 |

RICHTIG GEANTWORTET HABEN 21% DER ÄRZTE

Was bedeutet diese massive Überschätzung für die betroffenen Frauen?

BETTINA SCHLEICHER   Stellvertr. Vorsitzende des Deutschen Frauenrates

Fünf Milliarden Jahre

Ich lebe auf dem einzigen uns als belebt bekannten Himmelskörper, der etwa 4,6 Milliarden Jahre alt ist und der wohl in fünf Milliarden Jahren durch die Ausdehnung der Sonne in seiner jetzigen Form zerstört wird. Vor mir sollen einhundert Milliarden Menschen gelebt haben, und derzeit müssen es rund 6,75 Milliarden Menschen mit mir aushalten. Wir unterscheiden uns von anderen Lebewesen, indem wir Vorstellungen entwickeln, an die Vergangenheit denken, für die Zukunft planen, global handeln, glauben, die Natur beeinflussen und dabei den Planeten auch ruinieren können.

Wir leben auf verschiedenen Kontinenten, unterscheiden uns im Aussehen, sprechen verschiedene Sprachen und haben manch komische Sitten und Gebräuche. Der Mensch ist überwiegend, aber nicht durchweg friedlich, viele Menschen sind benachteiligt oder werden unterdrückt. Über alldem schwebt ein ganz besonderes Thema: Mann und Frau. Von Wuchs und Wesen, im Denken, Handeln und Fühlen durchschnittlich unterschiedlich. Wir teilen uns die Arbeit, die Freizeit und können uns ineinander verlieben. Wir Frauen sind in etwa die Hälfte der Weltbevölkerung, und eines ist sicher: Es geht nicht ohne uns – nicht nur aus Gründen der Erhaltung unserer Art. Und dennoch: Frauen arbeiten mehr, verdienen weniger und haben noch weniger Vermögen.

Ich habe wenigstens mit dem Land, in dem ich lebe, an sich Glück. Nicht nur, weil unser Lebensstandard hoch ist und wir von Naturkatastrophen weitestgehend verschont bleiben. Mädchen und Frauen haben hier die gleichen Rechte wie die Männer. Wir bestimmen selbst über unser Leben und dürfen in der Gesellschaft mit entscheiden. Seit neunzig Jahren haben wir Wahlrecht. Wir haben den gleichen Zugang zu Bildung, die Mädchen erreichen heutzutage in der Schule die besseren Ergebnisse. Wir können unseren Beruf selbst auswählen. Es gibt mehr Studentinnen als Studenten, und wir schneiden in den

Examen besser ab. Wir müssen keinen Wehrdienst ableisten. Wir können uns frei bewegen und frei entscheiden, ob wir allein wohnen oder mit wem wir zusammenleben wollen. Wir können uns von Partnern wieder trennen und selbst bestimmen, ob und wenn ja, wie viele Kinder wir gebären und großziehen wollen. Uns stehen alle Wege offen – unsere Großmütter träumten davon, und viele Frauen auf diesem Globus träumen noch heute von solchen Bedingungen.

Was machen wir daraus? Frauen verrichten freiwillig den größten Teil der unbezahlten und unbezahlbaren Arbeit. Wir umsorgen unsere Lieben, das Helfersyndrom steckt in uns. Wenn wir uns für einen Mann entscheiden, übernehmen wir von uns aus den größten Teil der Hausarbeit; wenn wir Kinder bekommen, bleiben wir meist ein bis drei Jahre, wenn nicht für den Rest unseres Lebens zu Hause und widmen uns der Familie. Das für den Beruf Gelernte wird häufig vergessen oder nicht mehr benötigt, aber das ist ja egal: Die Gesellschaft macht uns wegen der volkswirtschaftlich unnützen Ausbildungs- und Studienkosten keine Vorwürfe, auch nicht in Zeiten knapper Haushaltslagen. Und ein Teil kommt eventuell auch zurück, wenn Frauen zur Selbstverwirklichung oder um die Haushaltskasse aufzufüllen, eine Teilzeitarbeit übernehmen.

Sicher, es gibt sie auch: Die Frau, die voll berufstätig ist und sich in der Regel parallel um Haushalt und Familie kümmert. Sie absolviert dann ein etwas größeres Arbeitspensum und hat entsprechend weniger Freizeit. Und dann soll es noch eine Spezies Frau geben, die Wert darauf legt, berufliche Potenziale voll auszuschöpfen, die hoch qualifiziert und befähigt ist und mit oder ohne Familie auf der Karriereleiter ganz nach oben will. Nur kommt sie da nicht an, von durch die Gunst der Stunde bedingten Ausnahmen (wie zum Beispiel Spendenaffären) abgesehen. Sind es tatsächlich die herkömmlichen Verhaltensmuster, die der Besetzung von Spitzenpositionen mit Frauen entgegenstehen – oder fehlen den infrage kommenden Frauen vielleicht die Männer, die ihnen zu Hause den Rücken freihalten und zur Repräsentation der passende Begleiter sind? Rentiert es sich überhaupt für die Frauen, beruflich engagiert zu sein? Sie verdienen im Durchschnitt etwa 23 Prozent weniger als die Männer und erwerben ohne Berufstätigkeit Ansprüche gegen den Ehemann. Aber geht ihnen neben erworbenen beruflichen Fähigkeiten nicht noch mehr verloren? Wie sieht es mit dem Anhäufen von Vermögen aus, bei dem die Frauen den Männern hoffnungslos unterlegen sind, abgesehen von den letzten fünf bis acht Jahren ihres Lebens als Witwe?

Nach dem Gesetz liegt heute und bei uns in Deutschland die Herrschaft gleichermaßen bei Männern und Frauen. Die meisten Entscheidungsträger sind aber noch immer Männer. Ist das ein Naturgesetz? Wir könnten doch die Frauen überzeugen, die Haus- und Familienarbeit loszulassen und mehr da mitzumischen, wo das Geld verdient wird und die Entscheidungen fallen. Dafür plädiere ich in meinem Umkreis schon seit ewigen Zeiten, und es hat sich nichts geändert.

So lange leben wir jedoch noch nicht auf der Erde, und es muss sich wohl noch herumsprechen, dass man mit Macht und Geld auch Gutes bewirken und den Planeten erhalten kann. Immerhin haben wir erst seit neunzig Jahren Wahlrecht, aber noch fünf Milliarden Jahre Zeit für Veränderungen. Machen wir also weiter so.

Versprecher und andere Kleinigkeiten

Leben im Patriarchat? Dass ich nicht lache. Männerherrschaft gibt es nicht mehr. Das Grundgesetz, ehrwürdige sechzig Jahre alt, hat sie auf allen Ebenen abgeschafft: »Männer und Frauen sind gleichberechtigt.« Überall, immerzu. In der Familie geht es nicht mehr patriarchalisch, sondern partnerschaftlich zu. Im Beruf steht Frauen gleicher Lohn zu. In der Politik können sie wie Männer wählen und gewählt werden. Bildungsmäßig haben sie die gleichen Chancen und besuchen die gleichen Einrichtungen wie ihre männlichen Altersgenossen.

Allerdings: Das Leben hält sich nicht immer an das Grundgesetz oder an »Gleichstellungsdurchsetzungs«-Gesetze. Es ist bunter und widerspenstiger. Und selbst wenn es nicht (mehr) im Patriarchat stattfindet, zeigt es doch, dass Männer und Frauen ihre Rechte unterschiedlich nutzen.

Frauen dürfen zwar, seit 1919 schon, ihre Vertreter ins Parlament entsenden, und sie tun das ebenso häufig wie Bürger männlichen Geschlechts. Aber im Parlament vertreten sind sie eben nicht in gleichem Maße, weil Parteien lieber männliche als weibliche Kandidaten aufstellen. Darauf, dass es eine Frau ins Kanzleramt schafft, mussten wir sechsundfünfzig Jahre lang warten. Auf eine Bundespräsidentin warten wir noch immer.

Dabei fehlt es Frauen nicht an Bildung. Dass sie, wie man früher sagte, dümmer und unreifer seien als Männer, stimmt nicht. Sie machen häufiger das Abitur, und ihre Noten sind besser. Sie bleiben weniger oft sitzen und brechen die Schule seltener ab. Aber was nützt es ihnen? Bildung übersetzt sich bei Frauen nicht automatisch in sozialen Aufstieg und attraktive Berufspositionen. Selbst wenn sie nach dem Schulabschluss ein Studium beginnen, beenden sie ihre akademische Karriere früher als ihre männlichen Kommilitonen. Sie werden seltener promoviert, und unter denjenigen, die sich mit einer Habilitation für eine Professur qualifizieren, sind sie deutlich in der Minderheit.

Bei der Besetzung von Professorenstellen geht die Schere noch weiter auseinander: Lediglich 12 Prozent aller C4/W3-Professuren (die höchste Stufe) werden von Frauen besetzt, bei einem Studienanfängeranteil von annähernd 50 Prozent. Nur in den Vorstandsetagen der DAX-notierten Unternehmen ist die Luft für Frauen noch dünner als im Wissenschaftsbetrieb. Ist das etwa kein Patriarchat? Wie soll man es sonst nennen, wenn die höchsten, bestbezahlten und prestigereichsten Positionen, die ein Land zu vergeben hat, fast ausschließlich von Männern besetzt sind? So ausschließlich, dass die wenigen Frauen, die es bis in die Topetagen der politischen, wirtschaftlichen und akademischen Macht geschafft haben, gar nicht als solche wahrgenommen werden?

Ein Beispiel: Einmal im Jahr treffen sich alle Direktoren und wissenschaftlichen Mitglieder der Max-Planck-Gesellschaft. Ein großer Event, mit viel Aplomb. Jeder Teilnehmer bekommt eine Mappe und eine persönliche Namenskarte:»Es wird gebeten, diese Karte an der äußeren Brusttasche sichtbar zu tragen.« Im ersten Jahr meiner Mitgliedschaft trug ich ein Kleid ohne jegliche Tasche. Das war misslich, und ich war unsichtbar. Also suchte ich im zweiten Jahr meinen Kleiderschrank nach Blazern mit Brusttasche ab – ohne Erfolg. Alles, was ich aufbieten konnte, waren Kostümjacken mit Taschen auf Taillenhöhe. Für eine Erkennungsmarke wenig geeignet. Man musste den Rücken schon arg beugen, um den Namen zu entziffern. Was mache ich im dritten Jahr? Entweder ich kaufe mir ein Jackett mit Brusttasche – oder ich vertraue darauf, dass die wenigen Frauen, die auf Direktorenposten sitzen (18 von 269), ohnehin namentlich bekannt sind, bunte Pfauen in einer grau schwarz-blauen Masse von Männeranzügen. Sie brauchen keine Namensschilder, weder an Brust- noch Hüfttasche.

Ich kann natürlich bei der Max-Planck-Gesellschaft vorstellig werden und darum bitten, eine andere Form der Personenerkennung einzuführen, die nicht an typisch männliche Kleidungsstücke gebunden ist. Aber irgendwie bin ich es leid, nach vierzig Jahren »neuem Feminismus« auf solche Details aufmerksam zu machen. Wie während meines Studiums in den 1970er-Jahren, als Studentinnen noch mit »Fräulein« angeredet wurden – was ich mir freundlich, aber bestimmt verbat.

Sicher, seither hat sich so manches geändert. Gerade im öffentlichen Dienst wimmelt es von Frauen- beziehungsweise Gleichstellungsbeauftragten, Gender-Mainstreaming, Mentorenprogrammen. Auch an den Hochschulen hat sich viel getan, vor allem bei Doktorandinnen und Habilitandinnen, deren Anzahl und Anteil deutlich gestiegen sind. Selbst an der Spitze konnten Frauen zulegen, immerhin hat sich die Professorinnenquote in den letzten zehn Jahren verdoppelt.

Dennoch geht mir das alles viel zu langsam. Und ich ärgere mich über die vielen kleinen Störpartikel. *Nitty-gritty*, Mumpitz, übersensibel – werden manche sagen, wenn sie meine Geschichte über die Brusttaschenkarten lesen. Warum so kleinlich? Gibt es nichts Wichtigeres?

Klar gibt es das. Aber diese Kleinigkeiten stehen für das große Ganze. Zwar redet mich heute keiner mehr als »Fräulein« an, das hat sich auf breiter Flur geändert, und außerdem bin ich dafür zu alt und zu verheiratet. Aber immer wieder bekomme ich Briefe, in denen ich als »Herr Frevert« adressiert werde. Wohlgemerkt: Oben steht mein voller Name. Da gibt es keinen Zweifel: Ute ist im Deutschen eindeutig weiblich.

Mit der direkten Anrede aber hapert es. Allein in der letzten Woche habe ich vier Anschreiben mit Versprechern bekommen: Mal hieß es »Sehr geehrter Herr Frevert«, mal »Sehr geehrter« oder »Lieber Frau Frevert«. Selbst wenn der Vorname also richtig zugeordnet wird, schleicht sich noch ein grammatikalisch männliches »r« ein.

Wie kommt das? Neulich habe ich einem bekannten Kollegen, der mich in einer E-Mail als »Herr Frevert« anschrieb, etwas indigniert geantwortet, dass ich seit meiner Geburt eine Frau sei und auch nicht gedächte, das im Alter zu ändern. Prompt antwortete seine Sekretärin und nahm alle Schuld auf sich. Es war also gar nicht der Professor, dem das Versehen unterlaufen war, sondern seine Mitarbeiterin, die die von ihm diktierten E-Mails tippt. Wahrscheinlich gehen 90 Prozent dieser Briefe an männliche Kollegen. Da kann es schon mal passieren, dass die Sekretärin bei den zehn Ausnahmeprozenten danebengreift und die Adressatinnen vermännlicht. So wird es gewesen sein, so passiert es immer wieder.

Aber müsste nicht gerade eine Sekretärin aufmerken, wenn sie es mit weiblichen Kollegen ihres Chefs zu tun hat? Müsste sie hier nicht, gewissermaßen aus Geschlechtersolidarität, besonders penibel auf korrekte Formen bedacht sein?

Als ich, ungefähr in der Mitte meiner Professorinnenkarriere, eine neue Stelle antrat, eröffnete mir die gleichaltrige Sekretärin am ersten Tag, sie glaube nicht, dass wir gut zusammenarbeiten würden.»Weiber können nicht miteinander.«

Ich war halb amüsiert, halb verärgert. Es war klar, sie, die bislang für berühmte Männer gearbeitet hatte, empfand meine Berufung als persönlichen Abstieg. Fortan tat ich alles, um sie davon zu überzeugen, dass sie sich meiner nicht schämen müsse. Ich bekam den Leibniz-Preis, prestigereiche Einladungen und schließlich den Ruf nach Yale. Ob das ausreichte, ihre Angst vor Statusverlust zu besänftigen?

Und was war mit dem anderen Vorurteil:»Weiber können nicht miteinander«? Auch das, behaupte ich, ist ein patriarchalisches Stereotyp. Sicher gibt es zahllose Fälle, in denen die Chemie zwischen Frauen nicht stimmt. Wir alle kennen die Sticheleien auf dem Schulhof, die üble Nachrede unter Mädchen, das, was meine Tochter *bitchen* nennt. Wir kennen den Neid und die Eifersucht, auch unter engen Freundinnen. Aber erstens sind das keine Gefühle, die Frauen für sich gepachtet haben. Auch Männer werden davon heimgesucht, und nichts spricht dafür, dass ihre Machtkämpfe untereinander weniger verletzend sind. Zweitens gibt es mindestens ebenso viele Frauenbeziehungen, die von anderen, positiveren Gefühlen geleitet werden. Schon die alte Frauenbewegung des späten 19. und frühen 20. Jahrhunderts hat der »Brüderlichkeit« die »Schwesterlichkeit« zur Seite gestellt. Der »neue Feminismus« hat dieses Verhaltensmodell dann weiter ausgeleuchtet und in vielen Varianten ausbuchstabiert. *Sisterhood is powerful*, hieß es 1970. Aber all dies ist offenbar nicht mächtig genug, patriarchalische Vorurteile unter Frauen erfolgreich zu bekämpfen. Denn auch das gehört zum Patriarchat: die Komplizenschaft von Frauen. Herrschaft ohne Zustimmung und Einverständnis der Beherrschten gibt es nicht. In der einen oder anderen Weise tragen Frauen selbst dazu bei, männliche Herrschaft aufrechtzuerhalten und zu verfestigen. Solange sie deren Rituale praktizieren und deren Symbole akzeptieren, sitzen die Patriarchen fest im Sattel. Und das tun sie heute noch, wenn auch weniger demonstrativ und selbstherrlich als vor vierzig, fünfzig, sechzig Jahren. Manches deutet sogar darauf hin, dass der Gestus des Rückzugs nicht von Dauer ist. Die jüngste Männerstudie der katholischen und protestantischen Kirchen weist aus, dass das Bild des »modernen«, partnerschaftlich denkenden Mannes gerade unter den ganz jungen Männern immer weniger Beifall findet. Nur 13 Prozent der unter Neunzehnjährigen können sich dafür erwärmen – während 41 Prozent ihrer Altersgenossinnen sich in diese Rubrik einordnen. Hier sind Konflikte vorprogrammiert, und wir werden sehen, ob die Frauen standhalten. Gerade deshalb ist es wichtig, patriarchalische Rituale und Praktiken als solche zu benennen und zu kritisieren – auch wenn es scheint, als ob sie nur Kleinkram seien, lässliche Sünden, randständige Details. Wie Versprecher und falsche Anreden. Oder eben Brusttaschenkarten.

Milde Sorte

I. Es gibt drei Sorten Mann: den Unverbesserlichen, den Verbesserungsfähigen und den Guten. Der Unverbesserliche kennt nur zwei Sorten Frauen; die eine will er ficken, die andere will er nicht ficken. Die Frauen, die er ficken will, lässt er das eindeutig wissen. Je nach sozialem Status grapscht er gleich, oder er macht im Vorfeld kostspielige Avancen. Frauen, die er nicht ficken will, wählt er als Ehefrau oder bei der Bundestagswahl. Der Verbesserungsfähige macht sich ungern mehr Gedanken als nötig. Frauen nimmt er als Erkenntnisangebot. Wenn sie nichts will, macht er ihr nichts vor. Wird er gefordert, so gibt er sich Mühe: mit sich, mit der Fordernden, mit seinem Selbstbild. Ob Haushalt, G-Punkt oder zuhören: Wie man ihn bettet, so liegt er. Der Gute gibt ohne Gegenleistung, liebt ohne Auflagen und versteht die Welt nicht, die sich im Begrifflichen verheddert, weil es ihr an Inbrunst fehlt.

II. Wir sehen sie, diese Typen, und wir möchten sie beim Wort nehmen, aber sie reden ja nicht. Also machen wir die Worte, bauen das Miteinander aus unseren Vermutungen und wickeln sie und uns zu schiefen Paaren. Der Gute soll uns ficken, der Unverbesserliche soll uns erkennen, der Verbesserungsfähige soll es ohne uns hinkriegen. Systematisch transformieren wir unsere Sehnsucht zur Sollbruchstelle. Unsere Erwartungen haben wir im falschen Genre geschult. Es sind romantische Komödien, die wir auf die Trennwand zwischen den Geschlechtern projizieren, und das Schweigen der Männer verwechseln wir mit Zustimmung zum Programm.

III. Die Werbeplakate der Online-Partnervermittlung *neu.de* zeigen patente, mitteljunge Frauen mit geglättetem Haar, die selbstbewusst in die Kamera blicken. Ihre Arme umschlingen

tiefer gelegte Männer, deren Gesichter mit dankbarem Ausdruck in Ausschnitthöhe drapiert wurden. »Ich hab ihn«, steht
darunter zu lesen. Man hat den Frauen das Wort, den Würge-
griff und die Werbebotschaft überlassen. Sie haben und halten
ihn, auf Brust-, nicht auf Augenhöhe, ihren neuen Irrtum, von
dem sie nicht lassen können, weil sie sich längst dem kosmeti-
schen Imperativ gebeugt haben, der da lautet: Machen Sie das
Beste aus Ihrem Typ.

Das Leben ist kein Mann

Herr Merkmann aus dem Erdgeschoss hat ein Badezimmerschränkchen für mich entgegengenommen, neulich, als ich umgezogen bin. Ich brauchte es für das neue Bad, war aber gerade nicht daheim, als es geliefert wurde. Als ich nach Hause kam, fand ich eine Benachrichtigung in meinem Briefkasten. Herr Merkmann lächelte freundlich und übergab mir das 20 Kilo schwere Etwas. Ich dachte erst, das habe er nur für den einen Moment getan, das schwere Etwas mir nur ganz kurz zum Halten übergeben, bis er seine Tür zugezogen hätte, dann, dachte ich, würde er mir das gute Stück in den vierten Stock tragen oder mir wenigstens dabei helfen. Aber Herr Merkmann wünschte mir einfach nur einen schönen Tag und überließ mich meinem Schicksal. Ich sah an mir hinunter, die teuren spanischen handgemachten Sandalen hatte ich schon beim Fahrradfahren halbwegs markant ruiniert; man sah überall Punkte, Streifen und kleine Ritzen auf dem weichen Leder. Die Feinheit dieser Schuhe, sagte ich mir, diese Feinheit wird eines Tages gegen dich sprechen, weil man sehen wird, wie du sie ruiniert hast. Das ist ja auch ein viel zu teures Leder für mich, ging mir durch den Kopf, und das Tragen dieses Monsterpakets wird meinen Sandalen bestimmt den Rest geben. Und barfuß wollte ich nicht gehen, wie sieht das aus, dachte ich, dann glauben deine Nachbarn, so gehen die Leute vom Balkan durchs Leben, und man weiß ja, die ganze Welt hat es doch gesehen, was aus diesen Wilden werden kann. Krieger, aus diesen Barfüßigen sind Krieger geworden.

Schon beim ersten Zupacken begriff ich, dass ich das hier mehr würde schleifen als tragen können. Und schon eine Minute später hatten meine spanischen Schmuckstücke einen recht unansehnlichen Stempel bekommen: Aus der Kartonecke lugte etwas Merkwürdiges heraus, so was wie eine Büroklammer, nur dreimal größer. Und ich hatte sie natürlich nicht vorher gesehen. Die überdimensionale Büroklammer hatte eine unwiderrufliche, sich von einem zum anderen Ende durchziehende Ritze in die linke Sandale gezogen. Auch noch ein Kratzer auf meiner Herzseite!

Als ich nach einer halben Stunde außer Atem und verschwitzt wie ein Boxer im vierten Stock ankam, aber stolz auf meine gut erprobte Fähigkeit, niemanden um Hilfe zu bitten, dachte ich, Herr Merkmann habe vielleicht gedacht, ich sei emanzipiert, und mir deshalb nicht geholfen. Das kommt davon, sagte ich mir, während ich den Karton im Flur an die Wand lehnte, dass du immer so geheimnisvoll unbedürftig wirken willst.

Meine Freundin Natalia sagt:»Das hat bestimmt etwas damit zu tun, dass du das Patriarchat kaputt machen willst, du kleine Kriegerin du! Und es rächt sich an dir, du musst deine Badezimmerschränkchen allein in den vierten Stock hochtragen.«
»Wie kommst du darauf, dass ich das Patriarchat kaputt machen will?« frage ich Natalia, die ich seit meiner Kindheit kenne und mit der ich schon damals im Kirchenchor gesungen habe.»Na, hast du nicht schon als Fünfjährige darüber nachgedacht, ob Gott nicht eher eine Frau als ein Mann sein könnte oder vielmehr sein sollte?«, sagt sie.»Damals im Kirchenchor, als wir das Kyrie eleison zusammen gesungen haben?«»Das stimmt schon, aber das kann doch Herr Merkmann unmöglich wissen. Der weiß doch nicht einmal, was mein Beruf ist«, sage ich.»Macht doch nichts, Herr Merkmann kann förmlich riechen, dass du Abraham und seine Opferungen nicht gutheißt und all das andere, was man opfern muss, um irgendetwas anderes zu sein, jemand, eine Frau, die nur eine Frau ist, zum Beispiel, nur eine Frau, die nur an der Seite eines Mannes lebt, der nur ein Mann ist.«»Ach was«, sage ich zu Natalia,»Herr Merkmann wäre ja dann intuitiv, wenn er all das spüren könnte.«»Ich weiß nicht«, sagt Natalia,»ob man dafür intuitiv sein muss.«

Eines ist klar, ich bin gerade nicht dankbar dafür, einen derart emanzipierten Eindruck zu machen, dass ich mein Badezimmerschränkchen allein tragen muss und mir dabei auch noch meine spanischen Sandalen ruiniere. Aber dankbar kann ich sein, zum Beispiel dafür, dass das Leben kein Mann ist, sondern nur das Leben an sich. Es gab schon auch eine Zeit, in der ich glaubte, es sei andersherum. In dieser Zeit traf ich natürlich nur Männer, die mir immer alles trugen, meine Einkaufstüten, meine Vorhänge für neue Wohnungen, die Schrauben aus dem Baumarkt. Man stelle sich das nur mal vor, die Schrauben aus dem Baumarkt ließ ich auch die Männer tragen! Einmal hatte ich sogar einen Geliebten, der immer meine Handtasche trug. Das war eine der unheimlichsten Erfahrungen, die ich bis zu diesem Zeitpunkt je gemacht hatte.

Meine Idee war es allerdings nicht, dass er meine Handtasche trägt. Und es war auch keineswegs ein Wunsch. Solche Wünsche hatte ich zum Glück auch damals nicht, wer weiß, was aus Frauen wird, die solche Wünsche haben.

Dieser Mann wollte immer meine Handtasche tragen, und er tat es stets mit ungeheuerlicher Hingabe. Anfangs dachte ich, das mache er aus Liebe. Es sah irgendwie schön aus, meine Tasche in seiner Hand zu sehen. Später, nachdem wir uns mehrfach in die Ausweglosigkeit hineingestritten hatten und ich mich einmal deshalb aus einem fahrenden Zug werfen wollte, nur um nicht mehr mit ihm streiten zu müssen, da habe ich etwas begriffen. Er hat dich abhängig gemacht, dachte ich, er hat dich absichtsvoll abhängig gemacht, indem er dir alles abgenommen hat, was in deiner Handtasche drin war.

Ich hatte auf einmal diese merkwürdige Vorstellung von der Handtasche einer Frau als dem Abbild ihres spezifischen Gehirns oder mindestens von der singulären Art, wie sie träumte oder ihre ureigene Lust zeigen konnte. Da hast du dein ganzes Gehirn, deine Träume, deine Lust diesem Mann in die Hand gegeben! Worüber wunderst du dich denn noch? War es denn nicht mathematisch genau vorprogrammiert, dass du dich aus einem fahrenden Zug werfen wolltest und ihm dann aber doch wieder hinterhergelaufen bist wie ein kopfloses Tier, das seinem Herrn folgen muss, weil es allein den Weg nach Hause nicht kennt? Nachdem ich verstanden hatte, dass ich mich, evolutionär betrachtet, durch das Fortgeben meiner Handtasche in den Naturzustand der Tierwelt zurückgeschleust hatte, wollte ich von nun an jede Art von Hilfe und ganz besonders jede männliche Hilfe doppelt und dreifach ablehnen. Ohne es zu merken, war auch das recht bald in meine durchs Denken gesteuerte Verfasstheit eingeflossen und wiederum zu einer Art Natur in mir geworden. Der Zustand hielt ein paar Jahre an. Als Herr Merkmann mir die Tür vor der Nase zumachte und ich dadurch einmal mehr meinem vielfältig kreativen Schicksal überlassen wurde, begriff ich, dass jeder feste Zustand einen anderen mit sich bringt, der sein Gegenteil hervorruft.

»Mensch«, sagt Natalia, als ich ihr noch am selben Abend beim Italiener von meinen Erkenntnissen über die Handtaschen-Angelegenheit erzähle, »das darfst du bloß nicht publik machen. Wenn die Männer davon Wind bekommen, machen sie sich auch die Absurdität des Seins zunutze, um uns zu unterdrücken.« »Ist doch egal«, finde ich, »wir kennen sie ja auch. Wir können doch spielen. Jedes Spiel ist gut, und wir können es nur gewinnen, wenn wir auf dem Schachbrett des Lebens unser Lachen einsetzen.« »Ist das etwa deine Art slawische Rosa-Luxemburg-Strategie?«, fragt Natalia. »Na hör mal«, antworte ich, »weißt du denn nicht mehr, wie ich den Pfarrer damals in der Kindheit dazu überredet habe, das Kyrie eleison ganz allein zu singen, obwohl er fest davon überzeugt war, ich sei Janis Joplin ähnlicher als Jesus Christus und dass genau das gegen mich spricht, wie nur etwas gegen einen Menschen sprechen kann?« »Natürlich weiß ich das noch«, sagt Natalia, »der hatte ja keine Ahnung von Wörtern, der hat nicht einmal gesehen, dass die beiden Namen mit den gleichen Buchstaben beginnen und enden. Der hat doch eigentlich nur gewusst, wie man fremde Regeln in die sogenannte Wirklichkeit übersetzt.«»Das stimmt«, sage ich,»aber er konnte noch etwas anderes.«»Was denn?«, will Natalia wissen, weil sie sich nicht vorstellen kann, was das sein könnte.»Er konnte Angst in anderen auslösen.«»Du findest, das hat etwas mit Können zu tun?«»Ja«, erkläre ich,»er selbst wusste nur nichts davon. Ich aber wusste, dass ich es wusste, und ich habe von ihm gelernt, dass das Wissen mich beschützt. Schließlich habe ich mich doch am Ende durchgesetzt, habe als der sprichwörtliche raustimmige Teufel in der Kirche das Kyrie eleison gesungen, und zwar ohne ein Wörtchen zu sagen. Oder hast du etwa gehört, dass ich den Pfarrer darum hätte bitten müssen?«

NADJA MICHAEL   Sopranistin

Ein Baum ist ein Baum ist ein Baum

Was für ein Thema, wie unzeitgemäß und im Moment so gar kein integrativer Bestandteil meines Denkhorizonts – dieses Patriarchat. Wo sollte diese antiquierte Begrifflichkeit irgendeinen Bezug zu unserer aufgeklärten, abgeklärten Realität haben? Patriarchat, ist das nicht längst Vergangenheit? Frauen sind Frauen. Männer sind Männer, und zusammen bilden sie eine Gesellschaft ...
Ein Baum ist ein Baum ist ein Baum. Oder?
Dann jedoch gingen meine Gedanken ungewollt auf die Reise, hangelten sich an den Buchstaben P-a-t r-i-a-r-c-h-a-t entlang, verweilten bei philologischen Überlegungen wie Patria – Vaterland, bei dem wir Deutschen aus altbekannten Gründen innerlich zurückzucken, schlängelten sich weiter durch die Historie unserer großen »Landesväter«, spannten den Bogen zu meiner ganz privaten kleinen Familienpatergeschichte, und plötzlich sah ich mich einer fast zu großen Thematik ausgeliefert. Voller hinterlistiger Fragen, die einen nicht schlafen lassen, die eigentlich ein ganzes Studium benötigen. Wie kann man in wenigen dürren Sätzen Sinnvolles zum Leben in einer durch mehr als zweitausend Jahre geprägten, auf den großen All-Ur-kosmischen Vater ausgerichteten Gesellschaft und seiner Kultur sagen? Das Patriarchat ist bei näherem Hinschauen eine der großen, archaischen, komplexen Fragen der gesamten christlichen Gesellschaft – und längst nicht nur der christlichen. Die Urmutter scheint aus unserem Denken verschwunden zu sein.
Erda, Gaia haben uns lange verlassen. Ein anderer Kontext hat uns im Griff. Nicht die Fülle, der Reichtum, das Nährende, sondern Sünde, Buße, Reue und Opfer geißeln unsere Gedanken und sind jedem noch so atheistischen Geist allzu vertraut.
Unsere Gesellschaft verlangt es nach dem Vater. Dem übergroßen Alphaführer, der leitet, lenkt und Projektionsfläche für alles nicht Gedachte und Ungelebte ist. An der Spitze soll er sein, auch wenn es hier und da kracht und bröckelt, und gewis-

se weibliche Tugenden mehr und mehr die alten Formen der Macht zu unterminieren scheinen.

Ich habe diese Patres als Dirigenten, Regisseure, Intendanten, Redakteure, Kameramänner, Komponisten, Bühnenbildner und Festivalleiter vor mir. Und auch sonst sind sie da, die großen Dirigenten der öffentlichen Meinung auf jedem Niveau, wie Reich-Ranicki oder Bohlen oder smart und neu Barack Obama. Von unserer demokratischen Legitimation beglaubigt, wird der Wettbewerb eröffnet, und die Mütter sind schnell mit dem Blick auf ihre Äußerlichkeiten hinwegargumentiert. Wer hat schon die unwürdige Debatte über Angela Merkels Ausschnitt bei der Eröffnung der neuen Osloer Oper vergessen.

Nimmt eine Frau eine Pater-Rolle im Gesellschaftsspiel ein – verlässt die Ammen- oder Weibchenattitüde –, wird es schnell kompliziert. Die Gesellschaft tut sich schwer, Intellekt, konstruktives Denken, aber auch Wettbewerb und Ehrgeiz bei Frauen zu akzeptieren.

Unsere Kultur- und Religionsgeschichte hat uns fest im Griff. Natürlich auch mich.

Auch ich suche ihn immer wieder, den symbolischen Vater, der allen Widrigkeiten trotzt, nie um Antwort und sinnvolle Weisung verlegen ist. Wie schön der Gedanke, Verantwortung abgeben zu können! So man sie überhaupt noch spüren kann in unserer »Der-Erste-macht-das-Rennen-Gesellschaft«.

Dessen ungeachtet haben wir den großen Urpatriarchen, den spirituellen Sinnstifter unserer Kultur geopfert. Unwillkürlich. Es geschah einfach so.

Die Aufklärung raste über ihn hinweg und dann der technische, industrielle Fortschritt. Das wissenschaftliche Denken, der Pragmatismus hat die Welt entzaubert. Die magische Kraft der Dinge existiert nicht mehr. Ein Opfer auch sie.

Ein Baum ist ein Baum ist ein Baum.

Er ist zu dem geworden, was die Buchstaben sagen. Ein B-a-u-m
– mehr auf keinen Fall.

Doch. Vor noch nicht allzu langer Zeit hatten alle Dinge um uns
herum, belebt oder unbelebt, in der Vorstellung der Menschen
eine Seele. Sie atmeten nicht nur Sauerstoff, sondern sammel-
ten allerlei Vorstellungen und Wünsche der Menschen in sich.
Sie symbolisierten viel mehr, als mikroskopische Untersuchungen je zum Vorschein bringen können. Nun werden Augenbli-
cke als Zeit und Lichtreflex durch unsere Augen im Hirn empfunden. Ein Baum ist ein Baum ist ein Baum. Eine Pflanze mit
klarer Aufgabe. Biologisch, chemisch durchleuchtet ohne Geheimnis und Zauber. Er kann nicht mehr zu uns sprechen. Er
photosynthetisiert Sauerstoff für uns; basta!

Den Platz für uns im Gesamtwerk Welt als einen vorbestimm-
ten, einen sinnvollen, sinnführenden zu erkennen bedeutet heute, die Funktionalität jedes Einzelnen in den Vordergrund zu
rücken.
So ist unser Patriarchat ein Ort des äußeren Erfolges, der Macht
und ihrer Demonstration. Und selbst an einem Ort, wo »La Mama« die wichtigste Person der Familie ist, bleibt der Pate im
Hintergrund immer der große Vater.

Das Patriarchat unserer christlichen Kultur – der Vater aller, der
seinen Sohn opferte, um uns zu entsündigen – Ort der inneren
Ruhe und Geborgenheit –, dieses Patriarchat gibt es kaum
mehr. Und doch bestimmt es unser Leben und Denken in unermesslichem Maße. Unsere gesamte abendländische Kultur und
Geschichte fußt auf der Vorstellung des Übervaters.
Was opfern wir, indem wir diese Dimension unseres Lebens opfern?
Erstaunlicherweise sind gesellschaftliche Wandlungen in einem
nahezu atemberaubenden Tempo möglich. So hat sich der hu-

manistische Ansatz, zumindest in der westlichen Hemisphäre, erstaunlich schnell manifestiert. Rassismus ist nicht mehr gesellschaftsfähig, niemand diskutiert noch über Wahlrecht oder Gleichberechtigung. Demokratie wird zumindest offiziell angestrebt, und Kinder sind kein Eigentum mehr, sondern kleine Menschen.

Aber es scheint uns ein urarchaisches Prinzip der Kompetenzteilungen und der unbewussten Sehnsüchte innezuwohnen. Also versuche ich den Dirigenten der Musik, des gesellschaftlichen Lebens und unserer Sehnsüchte ein gleichwertiger Partner zu sein – ich, die alleinerziehende, reisende Sängerin –, und beobachte das Geschehen rund um den Erdball, immer voller heimlicher Freude, wenn es hier und da ganz paradoxe Löcher in unserer patriarchalischen Weltengemeinde gibt.

Mit circa fünfundzwanzig Jahren habe ich unzählige Vorsingen rund um den Erdball absolviert. Voller Aufregung, eine Ahnung, eine Art inneren Abdruck all der prallen Varianten des Lebens mit seinen endlosen Möglichkeiten in mir, stellte ich mich den Jurys.

Das Leben schien sich endlos vor mir auszubreiten. Was heute nicht gelang, könnte man morgen in Angriff nehmen oder übermorgen oder überübermorgen und so weiter.

Irgendwann fiel mir auf, dass alle Jurys männlich besetzt waren. Alle Intendanten, Agenten, Dirigenten, Regisseure, die ich bis dahin kennengelernt hatte, waren männlich. Mit gesellschaftlichen Problematiken hatte ich mich bis dahin nur auf einer ganz anderen Ebene auseinandergesetzt. Mit meinem damaligen Freund floh ich unter abenteuerlichen Bedingungen 1989 aus dem Osten Deutschlands in den Westen. Das war ein klares Nein eines jungen Menschen zur grauen Perspektivlosigkeit des trostlosen, sozialistischen Systems und ein sehr mutiger Schritt, da ich überhaupt nicht wusste, was mich denn auf dem »Mond« erwarten würde. So habe ich bewusst zwei Systeme erlebt, und im Lauf meiner Karriere und meines nicht ganz so einfachen Privatlebens hat sich mein analytischer Blick auf menschliche, historische und gesellschaftliche Zustände geschärft.

Natürlich leben wir in einem Patriarchat.

EVA & ADELE   Künstlerpaar

Eine Rose ist eine Rose ist eine Rose

Futuring ist Futuring ist Futuring

Eva & Adele ist Eva & Adele ist Eva & Adele

Rollenmuster

Ich sitze am Schlagzeug und spiele meinen »extrem funky Lieblingsdouble Base Hip-hop Groove«. Ein Typ kommt vorbei, nimmt mir die Stöcke aus der Hand und sagt: »Mach doch einfach das, was du gelernt hast.«

Solche alten Rollenmuster begegnen mir am häufigsten in der eigenen Partnerschaft mit einem sehr modernen Dänen, der mir trotzdem manchmal erzählt: »Als Frau kannst du so etwas nicht bringen.«

Neigung zum Understatement

Ich leite eine große Behörde, in der mehrheitlich Frauen arbeiten. Auf der obersten Führungsebene allerdings sind Männer überrepräsentiert – wie so oft in deutschen Ämtern und Unternehmen. Das liegt mitunter daran, dass es immer noch einen Unterschied gibt, wie sich Frauen und Männer selbst einschätzen und auch darstellen.

Ich merke das immer wieder in Bewerbungsgesprächen: Den Satz »Ich weiß nicht, ob ich mir das zutraue« habe ich noch nie von einem Mann gehört. Dafür überschätzen sich Männer gern. Sie tun sich schwerer damit, einen Fehler zuzugeben oder mitzuteilen, dass sie am Ende ihrer Kräfte sind. Frauen hingegen brauchen manchmal mehr Ermutigung, weil sie zum Understatement neigen, was die eigenen Fähigkeiten betrifft.

Auch werden Verhaltensweisen von Männern und Frauen unterschiedlich bewertet. Macht trägt zum Beispiel bei Männern eher zum Sex-Appeal bei, während Frauen sich hier lieber ein bisschen zurücknehmen, um nicht unattraktiv zu wirken. Männer werden immer noch sozial dafür belohnt, dass sie Macht haben. Frauen nicht.

Mit der Macht verhält es sich ein bisschen wie mit den Autos – Männer und Frauen haben ein unterschiedliches Verhältnis dazu. Für viele Männer ist ihr Wagen so etwas wie eine Ich-Verlängerung, deswegen muss er groß und stark sein, muss gehegt und gepflegt werden. Frauen fahren auch gerne Auto, aber sie sind selten verliebt in ihren Wagen. Ähnlich verhält es sich für mich mit der Macht: Ich brauche sie nicht für mich oder mein Selbstbewusstsein, aber sie ist ein wichtiges Hilfsmittel. Mit Macht kann ich eher das erreichen, was ich erreichen will.

Es gibt aber noch einen weiteren Aspekt, warum Frauen nicht so oft wie Männer für anspruchsvolle Jobs zur Verfügung stehen. Während meiner Zeit bei den Grünen habe ich die Erfahrung gemacht, dass es trotz quotierter Listen oft schwer ist, Frauen für verantwortliche Ämter zu gewinnen. Manche zögerten – und zwar nicht, weil sie sich das nicht zugetraut hätten, sondern weil sie andere und reichere Ansprüche an das Leben hatten. Männer tun sich ja nicht wirklich einen Gefallen, wenn sie der Macht zuliebe rund um die Uhr unterwegs sind, Kontakte knüpfen und Sitzungen leiten. Das kommt häufig einer unglaublichen Selbstausbeutung und dadurch einer Verarmung des Lebens gleich, wenn jemand die Macht so in den Mittelpunkt des eigenen Lebens stellt.

Manchmal weiß ich gar nicht genau, ob ich es gut oder schlecht finde, wenn Frauen sagen: Ich ordne mich nicht der Karriere und dem Machtstreben unter, ich will etwas von meinen Kindern, von meinen Freunden, von meinem Leben haben. Damit sind sie zwar strategisch im Nachteil, und doch kann ich solche Entscheidungen gut nachvollziehen.

Es geht immer um die Entdeckung des eigenen Weges und nicht darum, gleich zu werden. In der DDR waren die meisten Frauen berufstätig, doch Gleichstellung bedeutete vor allem, es den Männern gleichzutun. Dies drückte sich auch in der Sprache aus – sogar beim Frauenarzt hieß es: Der Nächste bitte. Eine tiefere Auseinandersetzung mit Geschlechterrollen und -fragen fand nicht statt.

Im gefühlten Patriarchat

Es gibt viele Arten des Patriarchats: das beschriebene Patriarchat in Romanen, Reportagen und Polizeiberichten, das vorgeschriebene Patriarchat in Gesetzen und Gehaltsklassen, das veröffentlichte Patriarchat in Statistiken und Zeitungen, das deklamierte Patriarchat in den Äußerungen der Männer, das unsichtbare Patriarchat in der Wahrnehmung und Lebenspraxis der Frauen und das gefühlte Patriarchat, das in Kopf und Herz jeder einzelnen Frau verschieden ist. Ich möchte über das gefühlte, jeden Tag erlebte Patriarchat schreiben.

Die Art, wie der Mechaniker mit mir spricht, wenn ich das Auto zur Reparatur bringe, zeigt deutlich, dass er davon ausgeht, ich verstünde nichts von der Mechanik des Wagens. Er erweist mir jedoch die Freundlichkeit, ihn zu reparieren. Allerdings kenne ich keine Frau mehr, die keinen Führerschein hat oder es sich erlauben könnte, ohne Auto ihr komplexes Leben zu meistern. Aber ich kenne inzwischen viele Männer, die sich die Freiheit herausnehmen, sich weder mit Führerschein noch mit Autofahren zu belasten. Gern lassen sie sich jedoch von Frauen chauffieren.

Die Art, wie im Restaurant der Kellner meine Bestellung entgegennimmt, ist die Parodie des Geschlechterverhältnisses, wie wir sie aus Ritterromanen kennen, von outrierenden Schauspielern zur Unkenntlichkeit verzerrt, obwohl deren Matrix doch grundlegend bleibt: Das hilflose Fräulein, das nicht weiß, was es bestellen soll, braucht einen edlen Ritter, der es aus dieser misslichen Lage befreit. Der Wein wird vom Mann gekostet und für gut oder schlecht befunden – auch wenn die Frau schlussendlich die Rechnung zahlen sollte.

Es ist ein Kreuz mit den Männern und Frauen, zumindest im öffentlichen Gebiet beziehungsweise Gebell. Männer und Frauen legen sich quer und sind überkreuz, sodass es nicht nur ein Kreuz bzw. eine Kreuzigung bzw. eine Kreuzung gibt, wo sich Mann und Frau in die Quere kommen oder auch verquere Wege finden bzw. auseinandertreiben, sondern es gibt viele Kreuze und zuweilen auch Kreuzzüge.

Liegt der Mann quer beziehungsweise horizontal, egal ob oben oder unten, ist es nicht die Frau, die ihn beherrscht. Die Horizontale ist Sache beider Geschlechter, ebenso die Vertikale. Auch hier ist es egal, ob der Mann oder die Frau sich in vertikaler Position befindet und ob die Frau oder der Mann sich quer legt.

Die Geschlechterdifferenz erlaubt allemal die Konstellation der Gegensätze. Auf diesen Gegensätzen baut sich im gefühlten Patriarchat nicht das Dickicht der individuellen Gefühle auf, sondern der Habitus der sozialen Ordnung. Dieser soziale Habitus, seit Jugendtagen trainiert, bestimmt die Prägung des Verhaltens auch in Momenten intimster Subjektivität und erst recht im öffentlichen Leben. Das gefühlte Patriarchat ereignet sich im Bereich des öffentlichen Lebens: beim Anruf des Mannes, dessen Stimme sich beim Hören einer Frauenstimme schlagartig verändert. Ob die Stimme an autoritärer Schärfe zunimmt oder sich charmierend lockert, es ist immer die tradierte Hierarchie der Geschlechter, die den Ton des Anrufs bestimmt. Auch die Ausrufe des Mannes, ebenso wie die Gesten, die körperlichen Bewegungen, die Zwischentöne der akustischen und visuellen Choreografie beim Zusammentreffen mit einer Frau sind bezeichnend für das, was der Mann selbst im Patriarchat fühlt.

Oft und gern wird die Geschäftsführerin einer großen Kulturinstitution von bedeutenden Männern des Kulturlebens im süddeutschen Raum gut meinend »Mädle« genannt und mit lockerer Hand berührt. Ich habe noch nicht erlebt, dass ein Fernsehintendant einen etwas jüngeren Theaterdirektor, den er zum ersten Mal trifft, »Büble« nennt. Aber zwischen Mann und Frau ist das Gefälle offensichtlich platter. Andererseits habe ich auch noch nicht erlebt, dass eine ältere Frau, die einen jungen Mann trifft, an dem sie Gefallen findet, diesen in aller Öffentlichkeit umwirbt. Und wenn dieser jüngere Mann sich der emotionalen Annäherung nicht ergibt, dann wird er von der etwas älteren Frau als kalter Karrieremann bezeichnet. Im gefühlten Patriarchat balanciert die Frau offensichtlich in der männlichen Wahrnehmung zwischen Mädle und Karrierefrau. Um das Ziel zu erreichen, wird die Frau zum Mädle, wird das Ziel nicht erreicht, mutiert sie zur steilen Karrierefrau.

Der Aufstieg war offensichtlich zu beschwerlich und nicht rasch genug, die Wand zu steil oder das Gefälle zu niedrig – in solchen Metaphern einer steigerischen beziehungsweise bergsteigerischen Rhetorik des Bezwingens fühlt der Patriarch. Der Steiger alias Mann steigert sich nicht selten bei seiner Verfolgungsjagd in einen Wahn, der nur seine eigene Wahrnehmung kennt und die Gefühle des weiblichen Gegenübers partiell ausblendet. Im gefühlten Patriarchat zählen überwiegend die Gefühle des Mannes, die Gefühle der Frau werden ausgeblendet und überblendet. Sie dienen oft nur als Vorwand, als weiche Wand vor der steilen Wand, als Steigbügel für die Eroberung oder Erniedrigung.

Im gefühlten Patriarchat geht es rauf und runter zwischen den Klischees von Mädle und Karrierefrau. Eine Statik darin zu finden, einen Halt, der einen nicht untergehen lässt, ist die Kunst des Überlebens. Die Hoffnung ist auf ein künftiges Umschreiben der Geschlechter-»Software« gerichtet, das die Geschlechterverhältnisse neu mischt, neue, zeitgemäße Konstellationen und Lösungen möglich macht, einen neuen Algorithmus der Gleichberechtigung hervorbringt.

CHRISTIANE RIEDEL

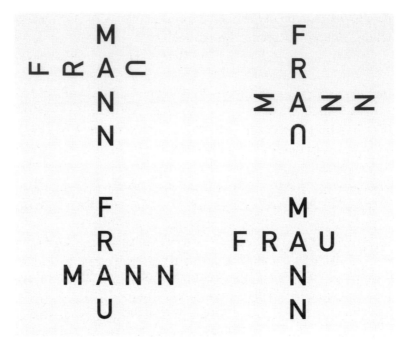

Mehrwert – Anderssein

»Der Gescheitere gibt nach. Eine traurige Wahrheit; sie begründet die Weltherrschaft der Dummheit.«

Marie von Ebner-Eschenbach

Frauen in Führungspositionen kultureller Institutionen sind in Deutschland noch immer eine Rarität. In einhundertfünfzig Theatern sind höchstens zehn dieser Stellen von Frauen besetzt. Das sagt eine Menge über ein angebliches Gleichheitsverhältnis aus.

Einerseits spiegelt das eine allgemeine Haltung in Politik und Gesellschaft wider, andererseits sind es die immer noch vorhandenen streng hierarchischen Strukturen des Theaters und der Kunstbetriebe im Allgemeinen, die dieses Ergebnis hervorrufen. Die Politik traut eher einer männlichen Führungskraft zu, Betriebe zu leiten und Konflikte zu bewältigen, selbst wenn zahlreiche Studien das Gegenteil beweisen. Aber man muss auch sagen, dass viel zu wenig Frauen in diese Positionen streben, sei es wegen karrierehemmender Lebenssituationen (Mutterschaft, später Einstieg ins Berufsleben et cetera und mangelnde Unterstützung durch geeignete Maßnahmen – zum Beispiel Ganztagsschulen, Kinderbetreuung), sei es aus mangelndem Selbstbewusstsein oder, was wahrscheinlicher ist, weil sie nicht vorgelassen werden.

Oft sind es die Strukturen selbst, die das Weiterkommen der Frauen in Spitzenpositionen nicht unbedingt leicht machen. Die Organisationsformen der Theater zum Beispiel sind klassisch streng hierarchisch aufgebaut, sind autokratisch und vertikal im Handlungsablauf – also nach wie vor patriarchalisch. Einer bestimmt, die anderen gehorchen und exekutieren. Dementsprechend ist es für Frauen schwerer, sich nach oben zu arbeiten. Denn sie haben nicht nur einen anderen Zugang zur Macht – wenn sie Macht überhaupt als Selbstbestimmungsfaktor verstehen –, sondern sie sind in ihrem Arbeitsverständnis mehr auf Kollegialität und Teamarbeit, mehr auf demokratische Abläufe und konsensorientierte Gruppen aus und verstehen sich als nur so gut, wie die Mitarbeiter es sind. Verantwortung zu delegieren und mittragen zu lassen sowie motivierend ins Team zu wirken, sind dabei maßgebliche Methoden. Bei der Konzentration auf Teamarbeit leidet aber manchmal die Positionierung nach außen (das ist öfter festzustellen bei anderen Kolleginnen im Theaterbereich, deren öffentliche Präsenz zu wünschen übrig lässt), die sehr wohl mit der Notwendigkeit von Macht-Verstand zu tun hat.

Der Mann im Allgemeinen, der eine Spitzenposition innehat, versteht sich als Machtperson, ist die Macht selbst und nutzt dieses Selbstverständnis auch, um seine Netzwerke zu knüpfen. Frauen, so meine ich es zumindest auch bei mir selbst erkennen zu können, dient Macht ausschließlich zur Erreichung der Ziele, die man sich vorgenommen hat. Sie ist kein Teil meiner Person, sondern Hilfsmittel, strategisches Werkzeug.

Dazu kommt, dass Frauen nicht unbedingt eine Trennung zwischen dem Selbst und der Funktion beziehungsweise der Rolle vornehmen. Das ist scheinbar aufreibender, weil man immer auch persönlich involviert ist – und die Emotionen dabei rechtzeitig im Griff zu haben muss gelernt sein –, letzten Endes aber führt es meiner Auffassung nach zu einem menschlicheren Umgang und zu sachlicheren Lösungen bei Konflikten, weil Schuldzuweisungen im Allgemeinen ausbleiben. Männer gelten ob der Fähigkeit, zwischen Rolle und Selbst trennen zu können, als die besseren Bewältiger von Konflikten, allerdings geht das oftmals nicht unbedingt mit sozialer Kompetenz einher.

Ich denke, dass Frauen, zumindest verstehe ich persönlich meine Arbeit für die Kunst so, mehr in Prozessen denken denn in Endprodukten. Das Produkt – in meinem Bereich die Inszenierung, die das Publikum an einem Abend sieht – ist für mich bloß Zwischenergebnis, ein Schritt, um den nächsten erst zu ermöglichen. Durch das Nichterreichen der gedachten Ziele oder Utopien, durch das permanente Scheitern entsteht der Drang, weiterzuarbeiten, weiterzudenken, sich zu korrigieren, zu entwickeln, verspürte Grenzen zu durchbrechen. Das angebliche Ergebnis ist nur ein Stadium in einer langen weiteren Entwicklung. Als Endprodukt ist es kaum zu erfassen, auch nicht zu vermarkten. Es ist wie ein Gedanke, den man auffasst und weiterspinnt, kein Fertigprodukt wie eine Zahnpasta. Wenn wir uns aber selbst als im Prozess befindlich denken, können wir Endgültigkeit, die konsumierbar ist, nicht anbieten und somit auch nicht dem konsumorientierten Markt entsprechen.

Aber Weiterentwicklung ist ohne, sagen wir einmal, »anarchische« Fantasie nicht möglich. Und Menschen ohne Fantasie sind tot. Stillstand ist die Konsequenz. Die ausschließliche Zielorientiertheit (wohl männlichen Ursprungs) hat uns des Menschlichen beraubt, und die weltvernetzende Öffnung hat uns in eine gefährlich hybride und verletzliche Situation gebracht. Frauen in Führungspositionen, im Theater ganz besonders, werden in der Öffentlichkeit und auch im Arbeitsprozess meist als »stark« definiert, wobei Stärke hier gleichgesetzt wird mit den Begriffen »haarig«, »hysterisch«, »männlich«, »hart«, »unsinnlich«, »nicht sexy«, »Lesbe«. (Bei mir hieß es zu Anfang auch »blutige Sissy«.) Das bekommt man im täglichen Ablauf in der Arbeitswelt zu spüren, der alte Begriff der vagina dentata schwirrt noch angstvoll in den männlichen Hinterköpfen herum. Vor allem die Medien operieren stark mit dieser Abqualifizierung oder mit dem Klischeebild »Frau in starker Position muss hässlich, dominant, böse, aggressiv« sein, und wenn sie ihre Meinung sagt, gilt sie als kratzbürstig oder widerspenstig. Beobachtet man die Bilddramaturgie der Zeitungen, so erkennt man Gunst oder Unbill allein durch die Wahl der Fotos: schöne Ansicht, wenn »man« sie gut findet, ungünstige, wenn es gilt, 237 sie negativ darzustellen. Erkennbar ist nur, dass die tradierten Bilder in uns bei allen Versuchen, Frau und Mann gleichberechtigt zu betrachten, im Bewusstsein der Menschen noch immer vorherrschen und noch viel Überzeugungsarbeit zu leisten ist. Selbst der letzte Wahlausgang in Deutschland lässt vermuten, dass zumindest unbewusst einer Frau die Regierungsgeschäfte nicht wirklich zugetraut werden, wider alle Prognosen. Die Medien, aber auch Werbung und Marketing, haben natürlich maßgeblichen Anteil an den Bildern, die wir uns von den Menschen machen. Und bis zu einem gewissen Grad müssen wir immer wieder gegen männliche Ängste vor dem angeblichen Vormarsch der Frauen ankämpfen. Wir erleben zurzeit im Theater seltsame Entwicklungen, die natürlich Reaktionen auf die Frauenemanzipation der letzten hundert Jahre sind, mit denen wir uns sowohl inhaltlich wie auch arbeitstechnisch auseinandersetzen müssen: Wir haben es mit einer großen Zahl von guten bis sehr guten Schauspielerinnen zu tun, während die guten bis sehr guten Männer eine Rarität sind. Um diese wenigen Männer reißen sich alle Theater einer bestimmten Qualität, diese Männer wissen um ihren Marktwert, beziehungsweise um ihren Seltenheitswert. Sie bleiben nicht im Ensemble, sondern ziehen den freien Status vor – man kann es ihnen nicht verdenken. Das unter anderem macht die Erhaltung des Repertoiretheaters nicht leichter, und in der Folge werden Versuchsanordnungen und die Pflege der jungen Generation schwieriger oder müssen zumindest andere Wege suchen.

Auf der anderen Seite haben wir eine literarische Tradition, die männlich bestimmt ist: Es gibt wenig Stücke, in denen Frauen eine Hauptrolle spielen, und wenige, in denen mehr Frauen als Männer zu besetzen sind. Also ist die inhaltliche Bearbeitung von Zeitproblemen und Zeitphänomenen meistens nur mit Stücken zu bewältigen, die männerlastig sind oder Männerbeziehungen, männliche Machtverhältnisse und so weiter abhandeln. Es fehlen neue Stücke, die darauf reagieren. Eine Ausnahme ist etwa die Autorin Dea Loher, die dies versucht. Das Problem, wie man sieht, scheint banal, hat aber Konsequenzen. Immer wieder greifen Regisseure auf Frauen zurück, die Männerrollen übernehmen. Dies deutet einerseits darauf hin, dass sich Frauen offensichtlich bereits wie Männer verhalten und daher in Männerrollen schlüpfen können, bedeutet andererseits aber auch, dass Männer sehr ambivalent gesehen werden, zwischen androgyn und »schwach«. Das heißt aber auch: Frauen sind die besseren Darsteller(innen), die »guten« Männerdarsteller hingegen eher Mangelware.

Verschärft wird diese Entwicklung durch ein interessantes Phänomen. Wie wir alle wissen, hat die Frauenbewegung bei den Männern ein starkes Unsicherheitsgefühl ausgelöst. Im Theater spüren wir das enorm, und auch die Politik fällt darauf ordentlich herein.

Aufgrund der männlichen Verunsicherung finden wir gerade in den Altersklassen zwischen fünfunddreißig und fünfundvierzig Männer, die sich auf einen neuen Machismus berufen, der sich durch cooles, väterliches Verhalten manifestiert (meist Männer mit arbeitenden Ehefrauen und vielen Kindern). Sie sind gruppenorientiert, aber wenn möglich mit Männern, tolerieren Frauen im Arbeitsprozess nur selten und wenn, in untergeordneter Stellung, im künstlerischen Prozess oft nur als objet de désir. Männer, die in dieser Altersgruppe allein sind, werden von Ängsten geplagt, eine Beziehung einzugehen, und formulieren auch die Angst vor den angeblich starken Frauen, die in Machtpositionen sind. Frauen in jüngeren Jahren, die im Beruf Karriere machen, bleiben bereits allein, von den älteren ganz zu schweigen, da passiert nicht mehr viel im Bereich der Beziehungsmöglichkeiten. Ich benenne diese Situation als Flash back auf die Emanzipationswelle der Frauen. Es stellt sich die Frage: Sind wir also zu weit gegangen, und die Männer hinken hinterher? Oder ist es ein normaler Umstand, dass Entwicklungsstufen manchmal so rasant vorgenommen werden, dass darauf ein Rückgriff auf alte Muster erfolgt, um das Neue überhaupt verarbeiten zu können?

Ganz allgemein erkennen wir ja heute eine restaurative Zeit: Die Angst vor einer ungewissen Zukunft verleitet oft dazu, auf alte Wertesysteme zurückzugreifen, sich auf eine Tradition zu berufen, die sich eigentlich schon überlebt hat.

Gefährlich ist dieser Rückschritt nur deshalb, weil er sich paart mit einer allgemeinen gesellschaftlichen Tendenz, Reflexion nicht mehr zuzulassen, sodass sich eine konstruktive Streitkultur nicht mehr entwickeln kann, wo der äußere Schein mehr zählt als die innere Haltung, Oberflächenstruktur das Marktsystem beherrscht und somit nur gültig ist, was eventmäßig daherkommt und schnell und vor allem leicht verdaulich und sofort wirkungsvoll medial verwertbar ist.

Nicht von ungefähr ist in Amerika vor ein paar Jahren eine Studie unter dem Titel *Männerbeschaffungsmaßnahmen* veröffentlicht worden, weil vielfältig zu erkennen ist, dass Frauen zwar immer stärker in Führungspositionen drängen, die Beziehungsgeflechte sie aber von den Männern isolieren oder umgekehrt. So haben die Frauen durch die emanzipatorische Bewegung der letzten Jahrzehnte zwar erreicht, dass sie rechtlich zumindest mehr oder minder gleichgestellt sind. Sie zahlen aber den Preis einer doppelten Anstrengung einerseits und Beziehungslosigkeit andererseits. Dies wird auf Dauer ein enormes gesellschaftliches Problem, weil die Gemeinschaftsfähigkeit darunter leiden könnte, die ein so notwendiges Element einer Gesellschaft ist, vor allem, wenn die Welt durch die Globalisierung der Märkte notgedrungen Gemeinschaftsfähigkeit als Operationsmittel dringender denn je benötigt.

Konsequentes Handeln durch Frauen wird noch oft als Härte kritisiert. Bei Männern in der gleichen Handlungssituation wäre das nicht einmal Gegenstand eines flüchtigen Gedankens, geschweige denn, dass darüber gesprochen würde. Frausein heute heißt immer noch, sich gegen althergebrachte Klischeebilder zur Wehr zu setzen, die da unter anderem sind: Frau ist emotional, Mann ist rational. Dabei sind Männer viel größere Mimosen als Frauen, die sich mit der Mehrbelastung von Kindererziehung, Muttersein und beruflichem Leben durchsetzen müssen und es sich gar nicht leisten können, eitle Empfindsamkeiten überhaupt zuzulassen. Wir sind dadurch aber nicht härter, sondern einfach pragmatischer, realistischer. Und es liegt an uns, diese Unterschiedlichkeit nicht zu bewerten, sondern sie als selbstverständlich zu erachten. Die Diskriminierung liegt meist allerdings schon im Auseinanderdividieren der Geschlechter. Wir sollten nicht vergessen: Jeder Mensch ist anders, und jede Frau ist anders als ein Mann – und diese Differenz ist gut und sollte uns neugierig machen.

Das Anderssein ist ein Mehrwert, den wir zu respektieren und zu achten haben. Unabhängig von Geschlecht oder kultureller Zugehörigkeit zeichnet diese offene Neugierde Menschen aus, die ihren Wissensdurst als notwendige Voraussetzung erkannt haben für eine Herzensbildung. Und genau diese Herzensbildung, die wir in der künstlerischen Arbeit am Theater so vehement einklagen und permanent analysieren und plakativ herausstellen in ihrem Konflikt und Widerspruch zu hierarchisch strukturierten Machtsystemen, ist Grundlage und Voraussetzung für eine Gesellschaft, die Respekt und Achtung vor der Unterschiedlichkeit der Menschen haben sollte. Mit dem Ziel, eine gemeinsame friedvolle Existenz zu ermöglichen. Das heißt nicht, dass kritische Reflexion ausgespart werden soll, ganz im Gegenteil: Sie ist unverzichtbar für eine Kultur, die sich erlauben muss, Fragen stellen zu können, ohne gleich Antworten liefern zu müssen – die Voraussetzung für Weiterentwicklung überhaupt –, und dies jenseits der geschlechtlichen Zuordnung.

Girls and Ladies

GESINE SCHWAN   Politikwissenschaftlerin

Jenseits des Patriarchats

Plädoyer für eine neue Partnerschaftlichkeit

Die Familie steht bei uns nicht ohne Grund unter dem besonderen Schutz unserer Verfassung. Ich will Familie freilich nicht auf die Rollen von Mutter, Vater und Kind(ern) reduzieren. Familie ist für mich ganz grundsätzlich der Ort der Gesellschaft, an dem die entscheidenden Weichenstellungen in der Generationenabfolge geschehen und an dem die besten Chancen für eine Sozialisation zum Bürger oder zur Bürgerin bestehen. Denn familiäre Sozialisation ist durch nichts zu ersetzen, zumindest dann nicht, wenn Eltern – Väter *und* Mütter, aber auch nahestehende Menschen – liebevoll, zuverlässig, partnerschaftlich miteinander umgehen und sich gemeinsam ebenso um die Kinder kümmern, mit ihnen zu einer partnerschaftlichen Gemeinschaft heranwachsen.

Ich weiß, dass das für viele wie eine weit entfernte Vision klingen mag, dass überdies die Zahl der Alleinerziehenden unaufhörlich wächst. Mir liegt es fern, diese zu diskriminieren, zumal ich selbst jahrelang meine Kinder allein erziehen musste – oder das zumindest versucht habe. Aber ebendeshalb sind mir auch die herben Belastungen, die diese Konstellation für Kinder und Erwachsene einschließt, vertraut. Und so richtig es vielfach ist, unerträglichen Zerwürfnissen durch Trennung zu entgehen, so unumgänglich es auch in der Regel ist, nach dem Verlust des Partners die Aufgabe eben allein weiterzuführen – so wenig leuchtet mir ein, dass wir deshalb die Probleme, die daraus erwachsen, herunterspielen oder die gute Alternative einer gelingenden Familie definitiv aufgeben sollten.

Freilich können wir sie nicht erzwingen, und wir *wollen* sie nicht gegen die Freiheits- und Gleichheitserrungenschaften der Moderne realisieren, die eben ganz neue Familienstrukturen – im Wesentlichen partnerschaftliche, freiwillig und gemeinsam beschlossene – erfordern. Wir können und dürfen nicht politisch regeln, was der persönlichen, privaten Entscheidung überlassen bleiben muss.

Aber wir können politisch die Rahmenbedingungen so ändern, dass der statistisch durchaus belegte Wunsch, zu stabileren und »bergenden« Familien zu finden, nicht weiter derartig auf (manchmal unüberwindliche) Hindernisse in den äußeren Lebensumständen stößt, sondern sich leichter verwirklichen lässt.

Dazu gehören tief greifende materielle und ideelle Veränderungen, von denen ich nur einige, die mir besonders wichtig erscheinen, kurz nennen möchte: Wenn die Erziehung der Kinder, die in der früheren Rollenverteilung weitgehend den Müttern zufiel, in der neuen Familie zugunsten der Kinder *und* der Eltern (zum Beispiel gemeinsamer Erfahrungen für ihre Lebensgemeinschaft) von beiden wahrgenommen werden soll – und zwar so, dass sie sich nicht nur in einer genau durchkalkulierten Tagesorganisation die Klinke in die Hand geben, sondern sowohl für sich zu zweit als auch gemeinsam für die Kinder Zeit haben – dann müssen beide in der Zeit des Heranwachsens ihrer Kinder weniger Erwerbsarbeit leisten. Angesichts von deren Knappheit hätte das dann rundum günstige Konsequenzen, wenn dadurch nicht finanzielle Engpässe entstünden, sei es für diese aktuelle Lebensspanne, sei es für spätere Rentenansprüche. Eine solche Regelung reduzierter, gleich verteilter Erwerbsarbeit müsste deshalb mit einer ganzen Reihe weiterer Regelungen einhergehen, die diese Einbußen und Risiken zugunsten der Familie minimieren, insbesondere auf dem Versicherungsgebiet. Dies könnte ein weiteres Argument dafür sein, die Arbeitslosen-, Kranken- und Rentenversicherungen zukünftig stärker von der Erwerbsarbeit abzukoppeln. Das Elterngeld scheint mir in diesem Kontext nur ein erster, wenngleich ungemein wichtiger Schritt zu sein.

Veränderungen müssten auch in der Wohnungs-, Verkehrs-, Bildungs- und Kulturpolitik erfolgen. Sie alle lassen sich gut begründen, wenn man bedenkt, dass die Sicherung des Fortbestandes einer freiheitlichen, aktiven Gesellschaft ein Grundinteresse aller Bürger sein sollte, ja eine Überlebensbedingung der Demokratie ist, und dass die Generationenweitergabe unter den schwierigen Bedingungen des rasanten sozialen Wandels eine Stabilitätsleistung und ein Gut darstellt, deren Vorrang für die Demokratie gar nicht überschätzt werden kann.

Herausfordernder noch als die hier nur angedeuteten innovativen materiellen Regelungen ist vielleicht die provokative Einsicht, dass wir – wenn wir in neuen Familien leben wollen – unsere Lebensläufe anders gestalten, insbesondere biografisch die Zeit der Familie und der beruflichen Karriere entzerren müssen. Denn, wenn das Elternwerden und der Höhepunkt der Karriere in dasselbe Lebensalter zwischen dem dreißigsten und dem fünfundvierzigsten Lebensjahr zusammenfallen, dann wird die neue Familie notwendig zum Krüppel. Entweder die Kinder, die Mütter, die Väter oder alle zusammen bleiben auf der Strecke beziehungsweise verbiegen sich, auch wenn das nach außen nicht immer sofort ins Auge fällt.

Angesichts der gegenwärtig ganz überwiegenden Tendenz, alles immer früher und so jugendlich wie möglich erreicht haben zu müssen – wie es dann später im Leben der Menschen und für die Gesellschaft als Ganzes weitergeht, ist den vehementen Rufern nach jungem, geschmeidigem, leistungsfähigem professionellem Nachwuchs in der Regel unwichtig –, wirkt dieses Postulat der Entzerrung für viele vermutlich naiv oder illusorisch. Aber wir haben in der Geschichte immer wieder Veränderungen in den Werteprioritäten erlebt. Überdies stellen wir alle fest, dass wir immer älter werden, mit fünfzig noch nicht zum alten Eisen geworfen werden möchten und in diesem Alter nicht nur weiter lernen können, sondern zudem ein Erfahrungswissen einzubringen haben, das jugendlicher Intelligenzschnelle oder Experimentierfreude durchaus ebenbürtig oder sogar überlegen sein kann.

Häufig wird dagegen das »Argument« vorgebracht, eine Verlangsamung unserer professionellen Karrieren würde uns zu Verlierern im globalen Wettbewerb machen. Aber die Erosionsprobleme, die am Anfang all dieser Überlegungen standen, sind ebenso global und brennend, und auch in anderen Teilen der Welt wird durchaus eindringlich die Frage gestellt, ob wir den diversen sozialen Problemen, die aus diesen Erosionserscheinungen erwachsen, wirklich nur mit polizeilichen und medizinischen Maßnahmen begegnen dürfen. Überdies können wir dann selbst die Rente mit siebenundsechzig in einem anderen Licht sehen. Wir bleiben dann länger, aber ab Mitte sechzig nach freier Entscheidung abnehmend, im Beruf, unser Lebensverlauf wird organischer, vorausgesetzt, wir sind nicht mit sechzig verschlissen – was aber ohnehin verhindert werden sollte. Dennoch, die Einsicht in diese Zusammenhänge ist noch bei Weitem nicht so verbreitet, wie dies für rasche und erfolgreiche politische Maßnahmen erforderlich wäre. Aber sie wächst, gerade in der jüngeren Generation, für die die Frage nach einer sinnvollen Lebens- und Politikgestaltung noch von Bedeutung ist. Von einem Leben im Patriarchat ließe sich, hätten wir diese Ziele der Partnerschaftlichkeit einmal erreicht, dann nur noch schwerlich sprechen.

Kreativität ist eine weibliche Stärke

Jeder, der einmal eine Fernsehsendung über das Leben in der Savanne gesehen hat, kennt die Szene: Ein Rudel Löwinnen erlegt gemeinschaftlich ein Beutetier. Vom Männchen ist während der Jagd weit und breit nichts zu sehen. Geht es dann aber ans Fressen, müssen die Weibchen dem dominanten Männchen den Vortritt lassen, obwohl es nichts zum gemeinschaftlichen Mahl beigetragen hat. Setzten wir hier unsere menschlichen, leistungsorientierten Bewertungsmaßstäbe an, so würden wir dieses Verhalten als hochgradig ungerecht bezeichnen. Denn die Anstrengung der Weibchen bei der Jagd wird beim Fressen nicht angemessen berücksichtigt.

Hand aufs Herz: Haben Sie sich schon einmal wie eine Löwin gefühlt, die alles gegeben hat und dann doch dem Männchen die Früchte der Arbeit überlassen musste? Dass ein hohes Engagement nicht angemessen gewürdigt oder gar als etwas ganz Selbstverständliches hingenommen wird, diese Erfahrung machen Frauen doch immer wieder. Wir gehen einer Erwerbsarbeit nach, wir managen die Familie und versorgen nebenbei die Alten. Trotz unserer großen Leistungen für die Gesellschaft verdienen wir rund ein Viertel weniger als die Männer. Ist das nicht ungerecht?

Apropos Ungerechtigkeit – in der feministischen Linguistik finden sich zwei interessante Hinweise: erstens, dass Männer allgemein mehr Schimpfwörter verwenden als Frauen; zweitens gebe es mehr abwertende Bezeichnungen für Frauen als für Männer. Durch die in der Gesellschaft vorgegebenen Rollenerwartungen und die Machtstrukturen seien Frauen vermehrt verbaler Gewalt durch Männer ausgesetzt. Diese These muss jeder Frau unmittelbar einleuchten, die die Sprache als Spiegel der Gesellschaft ansieht und die ein Gespür für patriarchale Strukturen im Alltag entwickelt hat. Das zeigt die über Jahrhunderte hinweg geprägte Vorstellung von Frauen, ihre Stellung in der Gesellschaft, die sich nur ganz langsam verändert.

Was also sollten wir angesichts der realen Situation tun? Folgende Vorschläge für mehr Gleichberechtigung ergeben sich beinahe zwangsläufig aus dem eben Genannten:

– Wir Frauen sollten Löwinnen ein Bewusstsein für Ungerechtigkeit vermitteln!?
– Wir Frauen sollten hart daran arbeiten, mehr Schimpfwörter für Männer zu erfinden!? Vielleicht. Kreativität ist ohnehin eine weibliche Stärke.
– Wir Frauen sollten häufiger fluchen!? Vielleicht. Sofern es die Richtigen trifft und uns erleichtert.
– Wir Frauen sollten selbstbewusster mit den Männern umgehen, weil wir die vielfältigeren Leistungen vollbringen. Auf jeden Fall!
– Und wir Frauen sollten Chefinnen werden. Ja! Endlich!
– Wir Frauen sollten selbstverständlicher unsere Rolle als Mutter herausstellen und selbstbewusst mit der Berufsarbeit verbinden.
– Wir Frauen müssen die Verantwortung für die Kinder in der Familie mit den Männern teilen und nicht alles auf uns ziehen!
– Wir Frauen müssen die Männer dafür gewinnen, den Alltag gemeinsam mit geteilter Zuständigkeit zu meistern. Nicht Rollentausch ist gefragt, sondern bewusstes Einsetzen der eigenen männlichen oder weiblichen Vorzüge.

Ich freue mich, eine Frau zu sein. Ich möchte nicht wie ein Mann werden. Aber ich möchte, dass wir uns im täglichen Leben gleichwertig ergänzen, gleichwertig behandeln und als gleichwertig anerkennen.

MARIA JEPSEN   Bischöfin

Kein Prinz muss mehr kommen

Dornröschen erwacht von allein.
Reckt sich und streckt sich,
krempelt die Ärmel hoch
und greift zur Heckenschere.

Wir haben ziemlich viel weggeschnitten, was einengte und er-
drückte, vor allem bei uns in der evangelischen Kirche. Die ist
durchlässig für Frauen in allen Bereichen. Allerdings: Das patriarchalische Dornengestrüpp wächst immer wieder nach. Auch
im 21. Jahrhundert noch. Wir leben ja nicht im Paradies. Darum:
Nur nicht zu früh müde werden, sondern wach bleiben.

Und der Auftrag bleibt, sich vor allem für die Frauen, Männer
und Kinder einzusetzen, denen eine solche Heckenschere einfach zu schwer ist oder die nicht wissen, wie sie an sie heran-
kommen.

Im Neuen Testament gibt es Jesu berühmtes Gleichnis von den
anvertrauten Pfunden, das sich sehr kritisch gegenüber Männern äußert, die ihre Talente nicht ausnutzen, sondern stattdessen lieber ein schwarzes Loch in die Erde graben und sich
dorthinein verstecken wollen.

Die wollte Jesus aufwecken aus ihrer Ängstlichkeit. Niemand
soll sich verkriechen müssen. Auch keine Frau.

Wir sind aufgewacht. Wir wuchern mit unseren Pfunden. Wir
schämen uns ihrer nicht länger.

Meine Großmutter

Meine Großmutter, die Mutter meines Vaters, wer war das? Woher kam sie? Was ging in ihr vor? Ich weiß es nicht. Sie hieß Anne-Marie. Meiner Mutter gefiel der Name nicht. Sie hielt ihn für altbacken, und für mich, ihr Wunschkind, unpassend. Sie setzte Marie vor Anne und ließ den Namen Marianne an dritter Stelle in meine Geburtsurkunde eintragen.

Ich finde meinen dritten Namen genauso albern wie meinen ersten, aber daran lässt sich nicht rütteln. Wenn man als Wunschkind auch noch am 24. Dezember geboren wird, dann ist das eine Fügung, ein Fingerzeig Gottes. Meine Großmutter nannte mich oft ihr »geliebtes Christkind«, und mein Vater, ihr Sohn, strahlte: Ich hätte ihr reizendes kleines Näschen geerbt.

Wenn er jemals einen Menschen geliebt und verstanden hat, dann war es seine Mutter. Davon bin ich nach wie vor überzeugt. Sie war eine musische Frau, die die Kunst über alles stellte, so wie mein Vater seine Bücher, und da wiederum die deutschen Dichter und Denker. Die waren für ihn das unantastbar gute und schöne Deutschland, das über die abscheulichsten Epochen siegen würde.

Als seine Bibliothek, die er vor den Bomben auf ein weit entferntes Grundstück im Osten des Landes gerettet hatte, dort, beim Einmarsch der Russen, in Flammen aufging, war er ein gebrochener Mann.

Ich war drei Jahre, als meine Eltern heirateten und mich damit zu einem ehelichen Kind machten.

Ich war zehn, als ich meine Großmutter das letzte Mal sah, nicht ahnend, daß ich sie niemals wiedersehen würde.

Mein Großvater war erzkonservativ. Jüdinnen wie meine Mutter, noch dazu geschieden und mit drei unehelichen Kindern behaftet, kamen ihm nicht ins Haus.

Mein Vater, der sowieso immer unter der schweren Last seines

Vaters schwankte, richtete sich selbstverständlich nach dessen Befehlen, und so warteten meine Eltern, bis ich das Alter eines hübschen kleinen Mädchens erreicht hatte. Ich war nicht entzückt von der neuen Großmutter. Sie hatte nichts Großmütterliches an sich, trug lange, heftig geblümte Kleider, und bei meinem Anblick brach sie in exaltierte Gebärden und Worte aus. Ihr mächtiger Busen kam mir vor wie der Bug eines Schiffes bei Seegang, und ihr liebreizendes, helles, glattes Gesicht war wie das einer Porzellanfigur, die kurz davor ist, sich entrückt im Kreis zu drehen.

Anne-Marie, so behauptete man allgemein, sei eine schöne Frau, und ich, strahlte mein Vater, hätte ihr entzückendes Näschen geerbt. Ich kannte sie nur aus der Perspektive der Dreijährigen: die walkürenhaften Gewänder, die unheimliche Oberweite und die zierlichen Porzellanfiguren-Gesichtszüge.

Als ich aus der Emigration nach Deutschland zurückkam, lebte, wie gesagt, keiner mehr, den ich nach Anne-Maries Vergangenheit hätte fragen können; wäre es anders gewesen, hätte ich vermutlich auch nicht danach gefragt. Was ging mich meine Großmutter, was ging mich der gesamte Zweig derer an, denen ich väterlicherseits entstammte.

Zu der Zeit hatte ich Jerusalem entdeckt, und damit meine zweite Heimat.

Davon war ich überzeugt und schob alles beiseite, was mich in meiner neuen, beglückenden Überzeugung hätte stören können.

Natürlich löschte ich auch mein Vorleben aus.

Mit den Tücken der Weltgeschichte, die unser aller Schicksal lenkt, hatte ich gar nicht erst gerechnet.

Doch als ich mir eingestand, dass es mich fest im Griff hatte, verlor ich die Nerven, die Hoffnung und schließlich meine beglückende zweite Heimat.

Meine Schulausbildung, die zusammengerechnet etwa fünf Jahre betrug, verdanke ich den Nazis, und die sind in meinem Fall eine ausgezeichnete Entschuldigung. Auch ohne die Nazis hätte ich die Schule nicht geschafft, denn Lehrer und Kinder schienen mir grausam zu sein.

Inzwischen habe ich zwangsläufig einiges dazulernen müssen, und darum wahrscheinlich fiel mir bei dem Wort »Patriarchat« sofort meine Großmutter Anne-Marie ein, oder, ganz ehrlich gesagt, das Interessante an ihr.

Das Interessante an ihr waren die Fantasienester, die sie sich auf dem feudalen Anwesen ihres Mannes eingerichtet hatte: die belaubte Grotte im Parkgarten, das grüne und das blaue Biedermeierzimmer, stilgerecht vom bestickten Klingelzug bis zum bemalten Spucknapf.

Bei meinem Großvater überkamen mich nie so reizvolle Vorstellungen, auch keine reizlosen – mich überkam einfach nichts.

Ich erinnere mich nicht, jemals ein Wort mit ihm gewechselt zu haben, denn er hielt Sprechen für überflüssig, und ich habe ihn auch nicht mit anderen, dem Kleinmädchenalter entwachsenen Leuten, sprechen hören oder gar mit seiner Frau, meiner in ihr Schicksal ergebenen Großmutter.

Mein Großvater war ein dunkel und unauffällig gekleideter Mann von vierschrötigem Wuchs mit quadratischem Schädel und einem in Abwehr verkniffenen Gesicht.

Er soll ein verarmter preußischer Junker gewesen sein, der seinem Stand den Rücken gekehrt hatte, um sich unter »das gemeine Volk gut verdienender Geschäftemacher zu mischen«.

Von »Geplapper«, wie er es nannte, hielt er nichts und ließ sich dazu auch nicht von anderen, erwachsenen Leuten verleiten.

Ich fürchte, er war des Sprechens gar nicht mehr fähig, umso mehr aber des Zählens. Darin muss er genial gewesen sein, denn seine Immobilienfirma erstreckte sich mittlerweile über ganz Deutschland.

Sein quadratischer Schädel war gewiss mit Zahlen und mit märkischem Sand verstopft. Es entstanden immer mehr Ziegeleien und mit Häusern bepflanzte Straßenzüge, die dann, allerdings nur zum Teil, den Bomben und – ich zitiere Goebbels – dem »totalen Krieg« zum Opfer fielen.

Mein Großvater war nicht in der Nationalsozialistischen Partei, denn er war Mitglied einer Freimaurerloge. Warum er diese zugunsten der Partei nicht aufgegeben hatte, weiß ich nicht, vermute aber, daß er, gewitzt wie er zweifellos war, schon lange nicht mehr an den Endsieg geglaubt hatte.

Das war wohl sein Glück, gleichzeitig aber war es auch hinderlich, denn die äußerst lukrativen Aufträge kamen nun mal vom Staat. »Also«, wird sich der Großvater gedacht haben, »einer in der Familie muss das Parteiabzeichen tragen.«

Sein ältester Sohn trug es zwar schon lange, aber der war dank eines schroffen Charakters, eines verbissenen Gesichts und unehrlichen Geschäftsgebarens sehr unbeliebt, während Anne-Marie das Gegenteil war und jedem mit ihren klaren Gesichtszügen und standhaftem Lächeln Vertrauen einflößte. Er legte ihr nahe, das Parteiabzeichen anzulegen, und sie wagte nicht, ihm diesen kleinen Wunsch abzuschlagen.

Sie war eine unpolitische Frau und ihrem Mann dankbar, dass er sie nie zuvor mit Politik belästigt hatte. So steckte sie die hübsche kleine Brosche, wie ich das Abzeichen nannte, an eine Stelle, wo sie es mit einem Volant, einer Rüsche oder künstlichen Blume verbergen konnte, was mich, die ich vom Hakenkreuz fasziniert war, erzürnte.

Die Beziehung zu meinem Großvater beschränkte sich zeit seines Lebens auf ein bedeutungsloses Ritual. Am Sonntag, vor der gemeinsamen Mittagstafel, wurde ich ins sogenannte Herrenzimmer geführt, machte dort vor dem wuchtigen Ledersessel mit der versteinerten Gestalt meines Großvaters einen höflichen Knicks, wurde von ihm mit einem flüchtigen trockenen Kuss auf die Stirn bedacht und trippelte anschließend froh ins Speisezimmer, wo die anderen Besucher bereits erwartungsvoll hinter ihren Stühlen standen und auf die Gastgeber warteten.

Meine Großmutter starb rechtzeitig, am Ende des Krieges, doch starb sie einsam und verlassen. Keiner ihrer Söhne oder Angehörigen war bei ihr, keiner hatte den Kriegswirren getrotzt. Meine Großmutter Anne-Marie, die schöne und verwöhnte Frau, starb, als der erste russische Soldat auf der Schwelle ihres Zimmers stand. Diszipliniert richtete sie sich noch einmal auf und hieß, ganz große, noble Hausherrin und Dame, die sie in der Vergangenheit gewesen war, den russischen Soldaten willkommen. Der Mann, wahrscheinlich ein linkischer Bauernbursche, sagte:
»Arme Mutter, sehr, sehr krank …« Doch bevor er den Satz beenden konnte, fiel ihr Kopf auf das Kissen zurück, und sie war tot. Meine Großmutter, Anne-Marie, hatte befolgt, was mir, was uns allen, wohl tausendmal anempfohlen worden war: »Haltet euch gut!«

Dieser Satz, gesprochen oder geschrieben, hat mich durch all die Jahre unseres bulgarischen Exils begleitet. Ich habe ihn verdammt und verdrängt, aber meine Großmutter hat ihn gelebt. Sie hat sich bis zum letzten Atemzug gut gehalten, und was sie darin unterstützt hat –, ihre lyrischen Ergüsse, ihr Glaube an die Kunst, das Korsett einer »höheren Tochter«, das sie ihr Leben lang beengt hat –, ist gleichgültig. »Aber mein Häschen«, hatte meine Mutter gesagt, als ich beim ersten Anblick Anne-Maries zu weinen begann, »hör auf zu weinen, das ist doch deine neue Großmutter und ein sehr guter Mensch«.

Die Worte meiner Mutter, die sich nie irrte, »Sie ist ein sehr guter Mensch …«, sind in mir haften geblieben.

Als mein Großvater mütterlicherseits gestorben war und seine

Frau, meine geliebte Omutter K., noch eine Weile in der alten Wohnung vegetierte, einsam, verlassen, verängstigt und die Straße nicht mehr betretend, da ging meine Großmutter, Anne-Marie, zu ihr. Sie hatte nie eine enge Beziehung zu ihr unterhalten, sie jedoch als Familienmitglied und als meine richtige, meine zärtliche, meine Vertrauen einflößende Omutter akzeptiert.

Als sie sie an jenem Tag besuchte, war das Parteiabzeichen unter einer künstlichen Blume verborgen, und an ihrem Arm hing ein schwerer Korb, gefüllt mit den besten Speisen und Lebensmitteln.

Anne-Marie lächelte nur kurz ihr sonniges Lächeln und umarmte Omutter K. ohne ein Wort, ohne eine ihrer überschwänglichen Gesten.

Als sie kurz danach die Wohnung verließ und Schritte die Treppe heraufkommen hörte, schob sie die künstliche Blume beiseite und gab einem jüngeren Paar den Blick auf das Parteiabzeichen frei.

Sie ging sogar noch weiter und sagte zu dem Paar, sie suche eine alte Dame namens Kohn.

»Ja«, sagte der Mann bereitwillig, »sie wohnt im selben Haus wie wir, einen Stock höher, auf der linken Seite, bitte grüßen sie sie von Hans-Dieter und Gerda.«

Ich erinnere mich noch genau an die Weihnachtsfeste bei meinen Großeltern S.

Dieser Glanz, der von der haushoch gewachsenen, silbern geschmückten, mit zahllosen weißen Kerzen bestückten Edeltanne strahlte, von den Platten, Gläsern und Bestecken auf der bereits gedeckten Tafel, den Kronleuchtern, den übermäßig beladenen Geschenktischen und den erwartungsfroh geröteten Gesichtern vieler Besucher – es war der absolute Höhepunkt in meinem Leben, dem Leben eines Kindes.

Ich konnte den leisen Weihnachtsklängen lauschen, und, so wie meine Großmutter Anne-Marie, meinen andächtigen Gedanken nachhängen. Waren wir – sie und ich – richtig glücklich an diesen Abenden? Wahrscheinlich. Denn diese Abende waren wie verwunschene, wunderschöne Inseln. Das Meer war ruhig, und Nebelschwaden verbargen barmherzig die Albträume ihrer Vergangenheit und meiner Zukunft.

Ich trug, vor Aufregung zitternd, ein Weihnachtslied vor, begleitet von den schönen starken Tönen, die die Großmutter aus den Tasten des Flügels zauberte, eine schöne Großmutter in schwarzem Satin und matt schimmernden Perlen, schön wie die Töne, die ihren Fingern entglitten.

Musste sie nicht unendlich glücklich sein, sie, Anne-Marie, die Frau des Patriarchen? Nein, ich sah sie damals nur aus einer Kleinmädchenperspektive und lernte sie erst viele Jahrzehnte später durch das dünne, rote Büchlein mit ihren Gedichten etwas besser kennen.

Sie hieß Anne-Marie Opferstamm, und sie kam aus dem Osten Deutschlands. Vielleicht hatte sie eine slawische Seele – schwermütig und dann wieder exaltiert. An dem beharrlichen, sonnigen Lächeln muss sie lange gearbeitet haben. Sie hat an vielem arbeiten müssen – mit Erfolg, den sie durch Selbstaufgabe erlangte. Vermutlich war es ihre prosaische Seite, die mein Großvater gleich an ihr gesehen und sie deswegen geheiratet hatte. Sie war eine einwandfreie Hausfrau und Repräsentantin seiner Familie. Sie war jung, schön, gefühl- und hoffungsvoll gewesen, außerdem besitzlos. Ein erstklassiges Szenario!

»Was hat man eigentlich mit ›haltet euch gut‹ gemeint, Mutti?«, fragte ich, fürchtend, dass ich, wie immer, keine Antwort darauf bekäme.

»Bleibt anständig«, erwiderte sie mit monotoner Stimme.

»So wie Anne-Marie, meine Großmutter, nicht wahr?«
»Wenn man keine Not und Angst leidet, ist es einfacher, anständig zu bleiben, und Anne-Marie hat nie …«
»Oh, doch«, unterbrach ich sie, »sie hat! Sie war mit meinem Großvater verheiratet.«
»Ja, und?«
Ich sah verstohlen zu ihr hinüber und entdeckte, dass sie bis zum Äußersten angespannt und kurz davor war, die Beherrschung zu verlieren.
»Du kennst ihn doch lange genug. Er ist ein schweigender Tyrann. Er hat ihr alles gegeben, das stimmt, aber kein Krümelchen von dem, was sie wirklich brauchte.«
»Du bist eben immer noch ein Kind und zu klein, um das alles zu verstehen«, sagte meine Mutter mit gepresster Stimme.
»Um etwas glücklich zu sein, hat sie sich immer auf ihre kleinen Inseln der Fantasie zurückgezogen.«
»Beenden wir bitte diese Unterhaltung, und außerdem sprich nicht so unmanierlich über den Vater deines Vaters.«

Erst später kam mir das dünne rote Büchlein mit ihren Gedichten wieder in den Sinn. Es war mir von Anne-Marie feierlich in die Hand gedrückt worden, und ich hatte es überallhin mitgenommen. Warum, das weiß ich nicht, denn ich hatte wenig von ihrer Lyrik gehalten, in ihr eine Mischung aus Sentimentalität und unfreiwilliger Komik gesehen. Dennoch hatte mich das Büchlein nach Bulgarien ins Exil begleitet, von da nach München, dann Paris und Jerusalem, wo ich es, gegen den gesamten Zweig meiner väterlichen Herkunft rebellierend, irgendwohin getan hatte.
Als ich es kürzlich erst wiederfand und aufschlug, las ich: Gedichte von Anne-Marie S., im Eigenbrödler-Verlag – Berlin W 8 – Zürich erschienen.
Ich las das Inhaltsverzeichnis der »lyrischen Gedichte«. Die Ti-

tel sind ausnahmslos schwermütig und weisen keine Ähnlichkeit mit den hellen, hoffnungsfrohen Gesichtszügen und der Exaltation meiner Großmutter auf.
Ich suchte mir ein Gedicht aus. Es steht auf Seite 28. Ich schwöre, es ist mein Lieblingsgedicht. Ich habe es einmal als Titel für eine meiner Erzählungen verwendet, jedoch nur den Schluss genommen, in dem Büchlein aber fängt das Gedicht ganz anders an:

AM ABEND

Wie ist die Stube seltsam doch
so eingefangen von der tiefen Stille
und über den vertrauten Dingen
schwebt es verhalten noch wie eine Melodie.

Hebt nicht die Uhr mit müden Schlägen an
und geht von leisen Schritten noch
ein Zittern durch die alten Schränke?

Von der Erinnerung geweckt, steht manches auf,
was hier und dort gewesen, denn in den Gärten
geht der Abend um mit zärtlichen Gebärden.

Ach, Anne-Marie, an den Weihnachtsabenden waren wir – du und ich – doch glücklich, nicht wahr? Es waren doch herrliche, harmonische Stunden, in denen ein Teil unserer Träume, deiner unerfüllten und meiner erwarteten, wahr wurde.
Nicht wahr, Anne-Marie?

CLAUDIA ROTH Politikerin

Neue Rollenbilder braucht das Land

Mitte der 1970er-Jahre zog ich in eine ziemlich revolutionäre Münchner Männer-WG. Da ich aus dem Theaterbereich kam und den Ruf einer Sponti-Frau hatte, wurde mir nahegelegt, mich erst einmal marxistisch zu schulen. Das tat ich. Aber was ich las, war für meine Mitbewohner Anfängerliteratur, *Der Ursprung der Familie* von Friedrich Engels oder *Der deutsche Bauernkrieg*. Vor allem spezialisierte ich mich auf die Briefwechsel und Beziehungsgeschichten der Revolutionäre und das Liebesleben von Marx und Engels. Das kam meinem Leben näher, als halbe Nächte lang auf trockenen Begriffen herumzukauen. Die Revolutionäre der Theorie waren da zunächst etwas reserviert. So witzig das heute anmutet, dahinter verbirgt sich ein ernster Kern. Die Beziehungen zwischen den Menschen, sexuelle Identität, Liebe, Solidarität, das ist nicht einfach Nebensache, es hängt tief mit den Erwartungen an eine künftige Gesellschaft zusammen, die so frei sein sollte, dass jeder Mensch seine Liebe leben kann. Dieses Verlangen verstand ich sehr viel besser als die erzwungene Anpassung an ein ziemlich hölzernes Bild vom Proletariat, wie manche K-Gruppen es sich vorstellten und ausmalten. Mich hat die Spießigkeit immer angeödet, die »Brüder« wollten »zur Sonne, zur Freiheit« marschieren, aber wenn ihre Frauchen die Fenster nicht putzten, konnten sie die Sonne nicht sehen.

Mit dieser Einstellung war ich bei meinen WG-Männern nicht ganz erfolglos. Sie verstanden, dass es keine Nebensachen waren, für die ich stritt. Sie haben erkannt, dass die traditionellen Geschlechterrollen auch für sie schlechte Auswirkungen hatten und sich mit tatsächlicher Chancengleichheit und Rollenvielfalt auch ihre Möglichkeiten erweiterten. Trotzdem bleibt das traditionelle Bild vom Mann als Alleinernährer in unserer Gesellschaft erstaunlich stabil. Wir brauchen andere Rollenvorbilder in Beruf, Familie und Partnerschaft, die den Männern helfen, aus den klassischen Rollenbildern, die immer weniger zu unserer Wirklichkeit passen, herauszufinden.

Daran, dass neue Männerrollen heute wirklich auf der Tagesordnung stehen, wird deutlich, wie viel die Frauenbewegung schon erreicht hat. Trotzdem sind auch die anderen großen Frauenthemen natürlich längst nicht abgehakt. Ob bei der Höhe der Löhne, bei den Karrierechancen oder bei der doppelten Belastung in Familie und Beruf – auch nach neunzig Jahren Frauenwahlrecht, sechzig Jahren Gleichstellungsartikel im Grundgesetz und fünfzig Jahren Gleichberechtigungsgesetz bleibt Gleichberechtigung über weite Strecken ein uneingelöstes Versprechen.

Frauen wollen Beruf und Familie, wollen, dass Kinder, Partnerschaft und Karriere nicht im Widerspruch zueinander stehen. Doch die Realität sieht immer noch anders aus. Die »gläserne Decke« im Erwerbsleben ist immer noch intakt, der Anteil von Frauen in Führungspositionen immer noch viel zu gering. Nötig ist ein Gleichstellungsgesetz für die Privatwirtschaft, das bei öffentlichen Aufträgen diejenigen Unternehmen bevorzugt, die Gleichstellung ernst nehmen. Wir brauchen dringend eine Quote zur Erhöhung des Frauenanteils in Führungspositionen. Aufsichtsräte müssen mindestens zu 40 Prozent mit Frauen besetzt sein. Norwegen hat gezeigt, dass eine solche Quote funktioniert.

Es ist ein Skandal, dass die Bundesrepublik zu den Ländern mit den größten Lohnunterschieden zwischen Frauen und Männern in der EU gehört. Frauen verdienen bei uns im Durchschnitt fast ein Viertel weniger als Männer. Und nur zu oft heißt die bittere Realität: weniger Lohn für gleiche Arbeit. Das ist nicht hinnehmbar.

Auch Gewalt gegen Frauen bleibt ein großes Problem. Wirksamen Schutz und Unterstützung erhalten die betroffenen Frauen und Kinder in Frauenhäusern. Leider zieht sich ein Teil der

Länder aus der Frauenhaus-Finanzierung zurück. Der Bund ist in der Pflicht, gemeinsam mit den Ländern die nötigen Mittel zu stellen.

Ein weiteres wichtiges Thema ist der körperliche Normierungswahn. Schönheit existiert in allen Größen. Ich wünsche mir einen entspannten und selbstbestimmten Umgang mit dem eigenen Körper – gegen ein falsches Schlankheitsideal, das von vielen Medien und Teilen der Werbeindustrie propagiert wird und das auf viele Menschen, vor allem auch auf junge Mädchen, einen krank machenden Druck ausübt.

Frauen sollen sich frei für oder gegen eine Schwangerschaft entscheiden können, auch das gehört zum selbstbestimmten Umgang mit dem Körper. Pflichtberatung und strafrechtliche Verfolgung von Abbrüchen lehne ich ab. Für Konfliktsituationen brauchen wir ein freiwilliges Beratungsangebot.

Schließlich ist der Anteil der Frauen in der Politik noch immer zu niedrig. Mit der grünen Frauenquote wurde zwar viel erreicht; aber im Bundestag liegt der Frauenanteil bei nur 32 Prozent und ist bei der Union sogar auf 20 Prozent abgesunken. In Kommunen und Landtagen haben wir teilweise noch erheblich niedrigere Frauenanteile. Auch in der Politik sind weitere unterstützende Maßnahmen zur Erhöhung des Frauenanteils nötig. Frauen können nicht auf den Sankt-Nimmerleins-Tag warten. Sie wollen ihren Anteil, nicht erst im Himmel, sondern schon auf Erden.

CHRISTIANE ZU SALM Medienunternehmerin

Der Kaffee ist fertig

Zum Thema »Leben im Patriarchat« fällt mir immer wieder eine Geschichte aus meinen ersten Wochen als MTV-Geschäftsführerin in Hamburg ein. Ich war damals die allererste Frau, die an die Spitze eines Fernsehsenders berufen wurde (den Mut dazu hatten damals offensichtlich nur amerikanische Medienunternehmen).

Diese Tatsache weckte natürlich recht viel Neugier. Gerade am Anfang wurden viele Termine mit Werbekunden, Produzenten und Herrschaften aus der Plattenindustrie vereinbart – man wollte schließlich mal persönlich sehen, wie sich die Frau Geschäftsführerin so macht. Und ich selbst wollte mich natürlich auch überall vorstellen. Ich war noch ehrgeizig, alle zu überzeugen, dass man professionell arbeiten kann – trotz Frausein, trotz Blondsein, trotz Jungsein.

Ich hatte mein Büro im zweiten Stock, und immer wenn Besuch kam, ging ich wie selbstverständlich persönlich zum Empfang, um ihn abzuholen. So war es dann auch, als ich zu drei Herren aus der Werbeindustrie hinunterlief, ihnen freundlich meine Hand entgegenstreckte und sagte: »Guten Tag, herzlich willkommen bei MTV.« Ich brachte sie im Fahrstuhl nach oben, geleitete sie in mein außerordentlich großes Büro (nie davor und nie danach hatte ich so große Räume!) und bot ihnen einen Platz an meinem runden Besprechungstisch an.

In dem Moment, als alle drei Herren saßen und auch ich mich gerade hinsetzen wollte, um die Gesprächsrunde zu eröffnen, sagte einer von ihnen: »Könnten Sie so freundlich sein und uns schon einmal einen Kaffee bringen, bis Frau zu Salm kommt?« Was für eine herrliche Gelegenheit, sich daraus einen kleinen Spaß zu machen! Das wollte ich mir auf keinen Fall entgehen lassen. »Aber gerne«, sagte ich, »nehmen Sie Milch und Zucker?« Ich ging aus dem Raum, servierte schließlich den Kaffee und kam nicht umhin zu sagen: »Frau zu Salm ist dann gleich bei Ihnen.« Ich ging hinaus und betrat ein paar Minuten später wieder das Büro. »So, dann können wir ja jetzt beginnen.« Um mich herum: nur verdutzte Gesichter. Diese kleine Begebenheit ist genau zehn Jahre her. Ob das wohl heute noch passieren würde? Ich hoffe es. Denn das Schönste am Frausein in Führungspositionen ist und bleibt für mich: das Unterschätztwerden. Die Geschäfte laufen so einfach besser.

... nicht mein Problem – meine Frau und ich, wir lieben uns

Die Falle der individualisierten Schuldzuweisung

Wir schreiben Freitag, den 6. März 2009 – also zwei Tage vor dem internationalen Frauentag. Wie alle Jahre hatten meine politischen FreundInnen und ich überlegt, mit welcher öffentlichen Aktion wir im Umfeld des 8. März auf die immer noch wirkmächtige Benachteiligung von Frauen aufmerksam machen können. Sicherlich, für viele im Osten ist dieses Datum vor allem ein Tag, an dem es Pralinen und Blumen für Frauen gibt. Für uns aber bedeutet es einen willkommenen Anlass, um patriarchale Rollenmuster zu hinterfragen und feministische Forderungen starkzumachen.

Dieses Jahr hatten wir die Idee, zwei Tage vor dem Frauentag in einer Einkaufsstraße ein »Linkes Frauentagspostamt« zu eröffnen. Wir wollten Männern die Gelegenheit geben, an Frauen ihrer Wahl eine politische Glückwunschkarte zu senden. Das Porto wollten wir spendieren. Auf den vorgedruckten Postkarten ging es neben persönlichen Glückwünschen auch darum, dass in puncto Gleichberechtigung noch viel zu tun sei, da beispielsweise 75 Prozent der Putzarbeiten immer noch von Frauen erledigt werden und bundesweit zwei Drittel der Mütter mit Kindern unter drei Jahren nicht erwerbstätig sind. Das sind unserer Meinung nach Indizien dafür, dass die prestigeträchtige Erwerbsarbeit und die unbezahlte Reproduktionsarbeit zwischen den Geschlechtern immer noch ungerecht verteilt sind. Zu einer wirklichen Gleichberechtigung gehört infolgedessen, mehr Erziehungs- und Hausarbeit von den Frauen zu den Männern und im Gegenzug mehr prestigeträchtige Erwerbsarbeit von den Männern zu den Frauen umzuverteilen.

Wir hatten gerade unseren Stand aufgebaut, da kam ein Mann zielstrebig auf uns zu. Noch auf einige Meter Entfernung rief er:»Na, was steht denn auf den Karten?«Als er zu Ende gelesen hatte, meinte er nur kopfschüttelnd:»Nee, das ist alles nicht mein Problem.« Daraufhin konnte ich mir nicht verkneifen anzumerken:»Aber vielleicht ja das Problem Ihrer Frau?« Woraufhin er nur sagte:»Nein, meine Frau und ich, wir lieben uns sehr.« Als ob das jemals zu Debatte gestanden hätte! Ich komme nicht umhin, mich an ein Zitat der französischen Feministin Simone de Beauvoir zu erinnern, in dem es heißt:»Ein Mann kann schwer ermessen, wie außerordentlich groß die Bedeutung sozialer Diskriminierungen ist, die von außen unerheblich erscheinen, deren moralische und intellektuelle Auswirkungen aber auf die Frau so tief gehen, dass es den Anschein haben kann, sie entsprängen ihrer Urnatur.« Aber halten wir als Erkenntnis aus diesem kleinen Wortwechsel vor allem eins fest: Kritik an ungerechter Verteilung der verschiedenen Tätigkeitsbereiche wird schnell als unberechtigter Angriff auf die ganz persönliche Liebe angesehen.

Als ich kurz davor einem Journalisten, der mich nach meinem Bezug zum Frauentag befragte, von unseren Postkarten berichtete, meinte er etwas säuerlich:»Ah, es geht also um eine individuelle Übernahme der Kollektivschuld der Männer.« Hier blitzt das weit verbreitete Klischee vom Feminismus durch als etwas, das Männern ein schlechtes Gewissen machen will. Dabei geht es bei dem Feminismus, den ich meine, überhaupt nicht um eine Anti-Männer-Kampagne. Schließlich basiert das Patriarchat gleichermaßen auf der Komplizenschaft von Männern wie Frauen, wie schon Simone de Beauvoir in *Das andere Geschlecht* so treffend beschrieb. Es sind schließlich auch die Mütter, die in ihrer Vorbildwirkung und in der Erziehung dazu beitragen, dass Mädchen eher Verantwortung für Hausarbeiten und Fürsorgearbeiten für andere übernehmen. Es sind schließlich auch Frauen, die die Söhne nicht entsprechend fordern bei der Übernahme von Verantwortung im Bereich der Reproduktionsarbeit.

Doch werfen wir noch einmal einen Blick auf die beiden Episoden. Sie sind insofern lehrreich, als sie ein zentrales Wahrnehmungsmuster aufzeigen: Kritik an patriarchalen Strukturen und geschlechtsspezifischer Arbeitsverteilung wird selten als ein strukturelles, ein gesamtgesellschaftliches Problem erkannt, sondern immer als persönlicher Angriff auf einzelne Männer aufgefasst. Eine solche Interpretation banalisiert das Problem und stellt ein Hemmnis für das Erkämpfen von konsequenter Gleichberechtigung dar.

Warum nun behindert die reine Individualisierung der Verantwortung die Überwindung patriarchaler Rollenmuster? Sicherlich, auch jeder Einzelne und jede Einzelne kann in der eigenen Praxis dazu beitragen, klassische Rollenmuster zu durchbrechen und neue *role models* zu prägen. Doch darf der richtige und wichtige Appell, das eigene Verhalten beständig auf den Prüfstand zu stellen, nicht dazu führen, dass man blind wird gegenüber Veränderungen, die auf gesamtgesellschaftlicher Ebene notwendig sind. Die Individualisierung der Verantwortung wird spätestens dann zum Problem, wenn sie von den notwendigen strukturellen Veränderungen ablenkt.

Um dies an einem Beispiel zu verdeutlichen: Selbst bei jungen Paaren, die im Geiste der Emanzipation aufgewachsen sind, ist heute eine Rückkehr zur klassischen Arbeitsteilung zu beobachten – und zwar dann, wenn das erste Kind kommt. Dies hat seine Ursachen vor allem in der Arbeitswelt, in der Männer im Durchschnitt mehr verdienen und die den Mann mehr fordert, sowie in fehlenden Kita-Plätzen. Wenn wir dieser Entwicklung entgegensteuern wollen, bedarf es mehr als Appelle an den jungen Vater, einen größeren Teil der Hausarbeit zu übernehmen. Es bedarf einer Infrastrukturpolitik, die dafür sorgt, dass es für jedes Kind einen guten Kita-Platz gibt. (Ein solcher ermöglicht übrigens nicht nur für die Eltern die bessere Vereinbarkeit von

Beruf und Familie, sondern ist auch für das Kind von Vorteil, da es so in den Genuss frühkindlicher Bildung kommt und sich im spielerischen Lernen mit Gleichaltrigen soziale Kompetenzen aneignen kann.)

Zudem bedarf es einer Elterngeld-Regelung, die eine gleichberechtigte Aufteilung der Erziehungsarbeit befördert statt benachteiligt. Das jetzige Erziehungsgeld ist zwar ein erster Schritt in die richtige Richtung. Es setzt immerhin kleine Anreize dafür, dass unterhalb einer bestimmten Grenze der besser verdienende Elternteil zu Hause bleibt. Und bekanntlich ist das in den meisten Fällen der Vater. Doch angesichts der Wirkmächtigkeit der klassischen Geschlechterrollen muss hier viel energischer entgegengesteuert werden. Die Elterngeld-Regelung muss so ausgestaltet werden, dass die Anreize für ein Durchbrechen der typischen Rollen deutlich erhöht werden. Denn immer noch pausiert in den meisten Fällen die Mutter. Und der Mann nimmt lediglich die zwei Vätermonate. Wenn nur einer zu Hause bleibt, schleifen sich schnell Gewohnheiten ein. Und ist es erst mal Gewohnheit geworden, dass die Frau den Großteil der Hausarbeit leistet, ändert sich das später nicht so schnell. Wenn sich jedoch Mutter und Vater von Anfang an die Kindererziehung teilen, wird die gerechte Aufteilung der Haus- und Erziehungsarbeit eher eine Selbstverständlichkeit. Wer sich heute dafür entscheidet, die Elternzeit partnerschaftlich zu teilen, wird nicht etwa bessergestellt. Ganz im Gegenteil, er und sie stehen schon bald vor der Frage, wie es nach den sieben Monaten weitergehen kann. Eine ideale Regelung sollte also besonders Modelle fördern, bei denen Mutter und Vater zusammen zu Hause bleiben beziehungsweise bei denen beide zugleich in Teilzeit gehen.

(Nicht jedes Kind wächst übrigens in einer traditionellen Kleinfamilie auf. Auf jede zweite Eheschließung folgt bekanntermaßen eine Scheidung. Die Zahl der Alleinerziehenden steigt.

Insofern müssen auch für Patchworkfamilien und für Alleinerziehende adäquate Lösungen gefunden werden. So kann es in einigen Fällen sinnvoller sein, wenn nicht der biologische Vater oder die biologische Mutter, sondern der neue Lebenspartner oder eine andere enge Bezugsperson gemeinsam mit dem Alleinerziehenden eine Teilzeitstelle antritt.) Schon diese Beispiele zeigen, dass es beim Kampf gegen das Patriarchat nicht um einen Kampf gegen einzelne Männer geht. Wir sehen auch, dass eine individualisierte Schuldzuweisung nicht nur strategisch, sondern auch analytisch falsch ist. Denn solange unsere Arbeitswelt durch patriarchale Rollenmuster geprägt ist, fällt es dem einzelnen Mann schwerer, aus diesen auszubrechen.

Insofern geht es bei der Forderung nach einer Neuverteilung der Reproduktionsarbeit und der Erwerbsarbeit zwischen den Geschlechtern nicht um eine Schuldzuweisung an einzelne Männer. Was diese Gesellschaft braucht, ist ein neuer Vertrag zwischen den Geschlechtern. Wertvolle Anregungen für einen solchen Gesellschaftsvertrag liefert die Vier-in-einem-Perspektive der Feministin Frigga Haug. Sie sieht vier gleichberechtigte Tätigkeitsbereiche: erstens die Erwerbsarbeit; zweitens die Reproduktionsarbeit; drittens gesellschaftliches, politisches Engagement und viertens die Arbeit an sich selbst, vorstellbar als kulturelle Aktivität, Weiterbildung, Wellness oder einfach Muße. Ein idealtypischer Arbeitstag teilt sich dann in jeweils vier Stunden für jeweils alle vier Bereiche. Wobei Frigga Haug diese Einteilung nicht dogmatisch verstanden wissen will. Die Vier-in-einem-Perspektive zielt auf ein neues Leitbild für beide Geschlechter. Auf die klassische Arbeitswelt übertragen, bedeutet dies, statt Vollzeitjobs für die Männer und Hinzuverdienst für die Frauen, schlichtweg: Teilzeit für alle! Wenn alle nur noch Teilzeit arbeiten, haben beide mehr Zeit und Energie für die Reproduktionsarbeit. Dies mag heute, wo Überstunden im Job auf der Tagesordnung stehen und Muße als Luxus gilt, illusionär klingen. Und doch eröffnet diese Perspektive die Möglichkeit, die Arbeitsteilung neu zu denken. Ohne eine solche grundlegende Neuordnung unserer Tätigkeitsbereiche werden wir uns kaum aus den Fängen patriarchaler Muster befreien können. Insofern sollten wir uns nicht mit weniger als einem neuen Gesellschaftsvertrag zwischen den Geschlechtern zufriedengeben.

JULIANE KÖHLER Schauspielerin

Gewissensbisse

Als meine Tochter in die dritte Klasse ging, musste sie einen Lebenslauf verfassen. Sie schrieb:»An meinem ersten Geburtstag waren wir in Afrika. Mama hat gedreht, und ich saß mit Papa im Hotelzimmer. An meinem zweiten Geburtstag waren wir in Hollywood. Mama hat gedreht, und ich saß mit Papa im Hotelzimmer. An meinem dritten Geburtstag ...« So ging es immer weiter.

Ich sagte zu ihr:»Das kannst du doch nicht machen, das sieht ja so aus, als ob ich nur weg wäre.« Und da antwortete sie:»Mama, du bist immer entweder weg oder am Flughafen.« Meinem Mann passiert das nicht. Wenn er nicht da ist, dann ist er eben nicht da. Ich mache mich verrückt, rufe dauernd zu Hause an und erkläre meinen beiden Kindern ganz genau, wo ich gerade bin und wann wir uns wiedersehen. Ich reiße mich seit elf Jahren auseinander, um allen gerecht zu werden.

Dabei hat alles immer gut funktioniert. Ich konnte meine Kinder zu Dreharbeiten mitnehmen, und das komplette Team hörte auf zu arbeiten, wenn ich stillen musste. Nur ich war das Problem: Es war mir so unangenehm.

Und genau das ist das Dilemma: Lass ich mein Kind zu Hause, habe ich ein schlechtes Gewissen. Nehme ich mein Kind mit, habe ich auch ein schlechtes Gewissen. Wir Frauen müssen uns auch ändern und können das nicht nur von den anderen erwarten. Wir müssen das Selbstbewusstsein entwickeln, gegen unser schlechtes Gewissen anzugehen und uns Pausen und Auszeiten mit unseren Kindern zu nehmen. Die Gesellschaft sollte sich zudem insoweit entwickeln, dass dies auch möglich ist – eben zwischendurch das tun zu können, was junge Mütter tun müssen. Es wäre doch perfekt, wenn es anerkannt wäre, dass Mütter sich vier Stunden am Tag um die Kinder kümmern könnten, um dann zurück zur Arbeit zu gehen.

Es gibt aber ein weiteres großes Problem: In meinem Beruf werden mit fortschreitendem Alter die Rollen für Frauen immer seltener. Meryl Streep sagte mal in einem Interview:»Filme spiegeln die Fantasie der Leute. Die meisten Filmstudios werden von Männern geführt, und in deren Fantasien kommen nun mal keine Frauen vor, die wie ihre erste Gattin aussehen.« Ich finde diese Tatsache beängstigend und habe deswegen Schwierigkeiten mit dem Älterwerden. Zurzeit entsteht in unserer Gesellschaft ein Frauenbild, in dem es als völlig normal gilt, sechs Kinder zu bekommen, direkt nach der Geburt aber schon wieder eine Topfigur zu haben, die Karriere voranzubringen und dabei auch noch immer gut gelaunt zu sein. Out ist die berufstätige Mutter mit zwei Kindern.

Also frage ich mich nun: Wie komme ich schnell an vier weitere Kinder?

Wie plant man Zukunft –
und was haben Frauen damit zu tun?

Leider bis heute wenig – Frauen sind insbesondere im Maschinenbau oder der Elektrotechnik rar gesät. Nur wenige dieser seltenen Spezies kommen in den Entwicklungsabteilungen von Unternehmen oder Forschungsorganisationen an. So ist fast alles, was zu unserem Alltag gehört, von Männern entwickelt worden: Handys, MP3-Player oder Autos. Wenn nicht größere Anstrengungen unternommen werden, wird dies auch künftig so bleiben. Die Quote junger Frauen in den sogenannten ingenieurwissenschaftlichen Kernfächern zeigt keine Trendwende, sondern dümpelt in Deutschland zwischen 3 Prozent in der Elektrotechnik und 10 Prozent im Maschinenbau. Im westlichen Ausland sieht es nicht viel besser aus.

Die Entwicklung von Zukunftstechnologien und neuen technischen Produkten ist oft ein jahrelanger Prozess, an dem viele beteiligt sind. Frauen treten weder am Anfang des Entwicklungsprozesses noch am Ende als Erstkäuferinnen technischer Innovationen groß in Erscheinung, sie sind deutlich in der Minderheit. Betrachtet man die betriebswirtschaftliche Analogie des »Early Bird«, des *Early Adopter*, dann halten Frauen sich laut idealtypischem Kaufverhalten anfangs zurück. Das ist schade, denn diese Erstkäufer und wenigen Erstkäuferinnen sind die relevanteste Gruppe, wenn es um die Weiterentwicklung technischer Waren geht. Das, was ihnen wichtig ist, wird bei der nächsten Produktgeneration umgesetzt.
Und os ist eine wirkliche Herausforderung zu prognostizieren, welche Technologien und welche technischen Produkte sich in der Zukunft durchsetzen werden.
Die Autokrise ist ein ganz aktuelles Beispiel dafür, wie schnell falsche Weichenstellungen die Produzenten in massive Schwierigkeiten bringen können. Dass deutsche Autohersteller nicht an Hybridmotoren geglaubt haben, erwies sich angesichts stei-

gender Benzinpreise und verschärft durch die Weltwirtschafts-krise als Fehleinschätzung mit gravierenden Konsequenzen. Entwicklungsprozesse sind in der Tat komplex. Zum richtigen Zeitpunkt die richtige Technologie zum richtigen Preis anbie-ten zu können ist von vielen Faktoren abhängig. Das Gleiche gilt für Produkte: Lediglich elf von etwa tausendneunhundert Produktideen setzen sich am Markt durch.

Wenn dieser Prozess so vielschichtig und von so vielen Playern abhängig ist, spielt es dann eine Rolle, ob Frauen beteiligt sind oder nicht? Meiner Ansicht nach lässt sich diese Frage ganz pragmatisch mit Ja beantworten. Ja, weil Frauen andere Ideen einbringen können und andere Aspekte berücksichtigen als die Gruppe der Entwickler, meist dreißigjährige, männliche, mittel-europäische Ingenieure, oder die überwiegend männlichen Ent-scheider im oberen Management. Jenseits aller (notwendigen) differenztheoretischen Debatten spricht einiges dafür, sich die-sem Thema ganz pragmatisch zu nähern. Das Beispiel einer amerikanischen Ikone zeigt, welche Schätze gehoben werden können, wenn Frauen sich mit Ingenieursthemen beschäftigen: Dr. Lillian Moller Gilbreth.

Am ehesten ist sie in Deutschland durch *Im Dutzend billiger* bekannt. Dieser Film aus den Fünfzigerjahren spiegelt das All-tagsleben von Mrs Gilbreth und ihrer sechzehnköpfigen Fami-lie in einer für die damalige Zeit typischen Art und Weise wi-der. Im Mittelpunkt stehen die in der Familie durchgeführten Studien von Mr Gilbreth.

Doch bahnbrechend waren die in Teamarbeit des Ehepaares entstandenen Bewegungsstudien inklusive der Pionierarbeiten im Bereich Ergonomie und Zeitmanagement. Und es war die promovierte Psychologin, die den »Produktionsfaktor Mensch« in den Blick nahm – ein Blick in deutlicher Opposition zu dem damals vorherrschenden Taylorismus. Der Begründer der wis-senschaftlichen Betriebsführung, der amerikanische Ingenieur

Frederic W. Taylor, ging davon aus, dass Arbeiter und Arbeiterinnen ausschließlich Produktionsfaktoren sind, die mit allen anderen Produktionsfaktoren kombiniert werden müssen. Völlig geregelte Tätigkeiten führten nach seiner Einschätzung zu Arbeitszufriedenheit: In der Zerlegung eines Arbeitsvorgangs in kleinste Einheiten, die nur geringe geistige Anforderungen stellen, schnell wiederholbar und erlernbar sind, sah er die optimale Betriebsführung. Lillian Moller Gilbreth dagegen bezog menschliche Aspekte in das Zeitmanagement ein. Dass Schlafmangel und Stress genauso wie die Arbeitszufriedenheit das Arbeitsergebnis beeinflussen, wurde von ihr entdeckt – für uns heute eine Selbstverständlichkeit. Sie hat unsere Sicht auf die arbeitenden Menschen ganz wesentlich geprägt und die negativen Seiten des Taylorismus, die ihren Niederschlag auch in dem Film *Modern Times* von Charlie Chaplin fanden, früh erkannt. Zudem leistete sie Pionierarbeit bei der Unterstützung von behinderten Menschen, indem sie Produkte erfand, mit denen diese sich besser in ihrer Umgebung bewegen können.

Auch wenn hiermit das Klischee bedient wird, dass Frauen sozialorientiert arbeiten, so schmälert es nicht im Geringsten die wegweisende Bedeutung ihrer Studien und den nachhaltigen Einfluss ihrer theoretischen und praktischen Arbeiten. Das Ehepaar war ein Forschungsteam im Kleinen. Größere Teams bestimmen heute die Forschungslandschaft. Ich bin davon überzeugt, dass wir Teams benötigen, die gesellschaftliche Entwicklungen aus einer breiten Perspektive beurteilen, die ein Spektrum an kulturellen Werten und Erfahrungen abbilden. Wir können nicht darauf verzichten, dass Frauen ihre Ideen in die Gestaltung unserer Zukunft einbringen – und dies möglichst auf allen Hierarchiestufen in Unternehmen und Organisationen.

PS: Übrigens hat Lillian Moller Gilbreth nach dem frühen Tod ihres Mannes Produkte für Privathaushalte entwickelt, von denen wir einige noch heute nutzen – der Mülleimer, der sich per Fußpedal öffnen lässt, und der elektrische Handmixer sind ihre Erfindungen.

Sind Frauen die besseren Managerinnen?

Bei der Deutschen Post DHL sind nur 16 Prozent Frauen im Topmanagement. Es gibt keine Frau im Vorstand, die Frauen im Aufsichtsrat wurden vom Betriebsrat beziehungsweise von der Gewerkschaft nominiert. Und doch gibt es manchmal Sternstunden der Emanzipation: Als im vergangenen Jahr die Postbank an die Deutsche Bank verkauft wurde, wurde die gesamte Transaktion von zwei außergewöhnlichen Managern ins Werk gesetzt: einem Herrn im Rentenalter und einer Frau, die im achten Monat schwanger war, beide zu den Gruppen gehörend, die im Berufsalltag eher Diskriminierungsopfer sind, hier aber ein seltenes Beispiel für gelungene Diversität. Ein Thema, das inzwischen auch Eingang in unsere Führungsgrundsätze gefunden hat!

Trotz der sattsam bekannten Beispiele für die Diskriminierung von Frauen bin ich deshalb dennoch optimistisch, dass Frauen im Management auf Dauer keine Exoten bleiben werden. Und dafür gibt es auch objektive Gründe: Die Demografie wird Unternehmen dazu zwingen, ihre Rekrutierungspraxis zu ändern. Ohne die Fähigkeiten der Frauen in Toppositionen zu nutzen, sind Unternehmen weniger erfolgreich. Studien belegen, dass Unternehmen, in denen Frauen im Vorstand arbeiten, höhere Renditen erzielen. Frauen haben bessere Führungsqualitäten und sind meist höher qualifiziert. Sie arbeiten lösungsorientierter und können Teams besser motivieren.

Es genügt aber nicht, sich allein darauf zu konzentrieren, die Diskriminierung von Frauen zu beseitigen. Gerade in global aufgestellten Dienstleistungsunternehmen ist es wichtig, mit gemischten Teams zu arbeiten und unterschiedliche Kulturen, unterschiedliche Arbeitsweisen, »männliches und weibliches Denken«, Alt und Jung in den Entscheidungsprozess einzubeziehen.

Ich bin zwar keine militante Verfechterin der Frauenquote, aber die Erfahrung hat gezeigt, dass sie hilft, Frauen mehr Chancengleichheit zu ermöglichen. Wenn Führungspositionen zu einem bestimmten Prozentsatz mit Frauen besetzt sein müssen, sind auch Unternehmen und Vorgesetzte verpflichtet, sich intensiver um weibliche Führungskräfte zu bemühen. Das kann dazu beitragen, dass nicht nur weibliche »Überflieger« Managementpositionen erreichen, sondern auch normal begabte Frauen – etwas, das bei Männern so selbstverständlich ist, dass niemand darüber spricht.

(Die Grundlage des Textes bildet ein Wortbeitrag der Autorin auf der DLD-Konferenz 2009 zum Thema »Women Power«.)

Wir sind die bessere Hälfte

Zentimeterlange Fingernägel? Unpraktisch. Perfekte Frisur? Lieber schlafe ich morgens eine Viertelstunde länger. Augenringe? Trage ich als Trophäe einer aufregenden Nacht. Die makellose Powerfrau aus den 1990er-Jahren ist ein Rollenklischee von gestern. Dem Himmel sei Dank! Kleine Macken sind schließlich liebenswert. Wir müssen nicht mehr Karriere, Kinder und Küche gleichzeitig jonglieren und uns nachts von einem wilden Liebhaber verwöhnen lassen. Nein, wir können uns frei entscheiden. Und immer haben wir den Vorteil auf unserer Seite: das Recht auf Weiblichkeit.

Frauen wie Alice Schwarzer mussten für Gleichberechtigung kämpfen, wir verstehen sie als Selbstverständlichkeit. Wird uns das zu anstrengend, sind wir eben wieder ganz Frau. Klar zahlt er die Rechnung beim ersten Date. Logisch, dass er verständnisvoll reagiert, wenn wir neben unserem noch zwei Drittel seines Kleiderschranks mit unseren Klamotten verstopfen. Paradiesische Zustände: Wir essen das saftige Steak und lassen die Kartoffeln liegen. Wer sollte uns schon ermahnen? Niemand fesselt uns mehr mit Handschellen an den Herd. Und haben wir dann doch keine Lust zu arbeiten, ist das auch okay. Schließlich bekommen wir die Kinder und haben in der Regel ein besseres Händchen beim Dekorieren der Wohnung.

Wir sind die exklusive Spezies, die beides kann – und die die Wahl hat. Frauen heute können alles, dürfen alles, wollen alles. Das ist herrlich! Weil es das Leben reich und leicht macht.

Talkshow

Konferenzräume

Bonn, 26.05.1998
Im Konferenzraum eines großen deutschen Bankenkonzerns

Fünfundzwanzig wichtige Vorstände sitzen an langen Tischen und konferieren über die Werbeaktivitäten des Konzerns. Vorn neben dem Computer stehe ich und halte eine Präsentation zu einer neuen Werbekampagne. Um mich herum nur Männer um die fünfzig, Dreireiher, Patriarchat pur.
Ich bin die einzige Frau im Raum. Während der circa einstündigen Präsentation kommen ab und zu Frauen herein, um Kaffee zu servieren oder einem der Herren Unterlagen zu bringen. Eine dieser bedauernswerten Chefsekretärinnen wird mit dem Nachnamen angesprochen, die von ihr gebrachten Unterlagen werden mit ungnädigem Kopfschütteln über so viel Unfähigkeit kommentiert:»Schulze, das sind die falschen, ich hatte doch ...«, und der Aktenstapel wird der mit gesenktem Haupt dastehenden Frau ungnädig wieder in den Arm gedrückt. Gebeugt eilt sie damit aus dem Raum.

Ich komme mir vor wie in einem Spielfilm aus den Fünfzigern mit Martin Held und Konsorten in den Hauptrollen.
Unbeirrt präsentiere ich weiter. Danach Applaus, die Herren sind begeistert. Mein Chef will nett sein und meint:»Übrigens meine Herren, die kreative Anerkennung gebührt voll und ganz der Vortragenden Dörte Spengler.«
Da meldet sich einer der Patriarchen zu Wort und lässt mit donnernder Stimme vernehmen:»Da kann man mal wieder sehen, dass Frauen manchmal doch zu mehr gut sind, als zum Kaffeekochen.«
Dröhnendes Gelächter.

Hamburg, April 2005
Im Konferenzraum einer Werbeagentur

Zwanzig Frauen in Führungspositionen sehen mich ungläubig an. Sie können nicht fassen, was ich da gerade erzählt habe. Ich schaue in die Runde und frage:»Und, was wäre die perfekte Antwort darauf gewesen?« Ein paar Vorschläge. Stille. Und dann sagt meine Kollegin Betti:»Ich hab's! Das ist doch mal wieder ein schönes Kompliment eines Mannes Ihrer Generation.« Schallendes Gelächter.

Sofort entbrennt eine lebhafte Diskussion um frauenfeindliche Bemerkungen und ob sie einfach nur verletzend und herabwürdigend sind oder ein alarmierendes Indiz dafür, dass sich in den Köpfen nichts geändert hat. Wir stellen fest, dass beides immer noch zutrifft, dass bei den Männern unserer Generation aber deutlich weniger»Geschlechtertrennung« im Kopf stattfindet beziehungsweise eine Klassifizierung von Frauen als Geschlecht zweiter Klasse.

Trotzdem ist es, bei allem Spaß, schon ernüchternd, welche Sprüche sich die anwesenden Damen im Laufe ihres Berufslebens so angehört haben. Hier noch ein paar Beispiele:

Ein Mitarbeiter in einer hitzigen Diskussion in einer überwiegend von Frauen besetzten Runde:»Ja, ja … es gibt Kühe und Ziegen …«

Antwort einer anwesenden Frau:»Dacht ich mir doch, dass du vom Land kommst.«

Oder: beim Meeting mit einem Kunden. Als dieser, nach charmantem Vorgeplänkel mit der Kreativdirektorin, sich zu ihrem Praktikanten wendet und sagt:»So, und nun zum Job.«

Oder: ein Mitarbeiter zu einer anwesenden, vorgesetzten Kollegin:»Ich habe nur auf deinen Busen geschaut.«

Geschockte Stille. Was wäre hier die beste Antwort gewesen? Die Runde überlegt kurz. Eine meldet sich zu Wort und sagt: »War ja auch teuer genug.«

Ha ha ha.

Oder wie Robert Lemke sagen würde: »Heiter weiter.«

Humor ist, wenn man trotzdem lacht

»Humor ist, wenn man trotzdem lacht«. Zugegeben: Dies ist mir in den sechseinhalb Jahrzehnten meines Lebens nie leichtgefallen. Aber noch lebendig in Erinnerung ist mir eine solche Episode auf Grund eines Beitrags von Alice Schwarzer. In der Ausgabe ihrer Zeitschrift *Emma* vom Juli/August 2006 prangte in einem Rahmen, eindrucksvoll an den brüllenden Löwen des Filmproduzenten Goldwyn Meyer erinnernd, das Porträt von Franz-J. Möllenberg, Vorsitzender der Gewerkschaft Nahrung, Genuss, Gaststätten. Über dem Kommentar Alice Schwarzers stand:»Pascha des Monats: F.-J. Möllenberg, Gewerkschaftsboss.«
Das war passiert: Am 23. Mai hatte ich die Abstimmung beim DGB-Bundeskongress um den stellvertretenden Vorsitz»mit achtbarem Ergebnis« verloren. Ich war zuvor gegen Ingrid Sehrbrock (CDU) angetreten, die von den Vorsitzenden des DGB für diese Funktion nominiert worden war. Mit knapp dreiundsechzig Jahren war ich für eine erneute Wiederwahl als zu alt abgelehnt worden. Natürlich war ich darüber nach mehr als drei Jahrzehnten herausragenden Engagements für die Gewerkschaften (das haben auch meine Kontrahenten zugegeben) deprimiert. Ich hatte immer deutlich gemacht, dass ich weiterarbeiten wollte, und ich dachte nicht daran, mich auf das Altenteil abdrängen zu lassen.
Gekonnt kommentierte Alice Schwarzer:»Die stellvertretende DGB-Vorsitzende Engelen-Kefer nervt und ist zu oft im Fernsehen, kurzum: Sie muss weg.« Dann zitierte sie F.-J. Möllenberg, der als Dienstältester im Auftrag aller acht Gewerkschaftsvorsitzenden begründen musste, warum ich nicht mehr antreten sollte:»Man sieht es ihr nicht an, aber sie ist zweiundsechzig und wird im nächsten Monat dreiundsechzig. Sie kann also nicht noch mal gewählt werden.« Daraufhin Frau Schwarzer:»Zu dumm nur, dass in der Vergangenheit fünf von zehn DGB-Chefs über das biblische Rentenalter von fünfundsechzig hin-

aus regierten.« Und sie fügte spitz an, ob man eventuell den ehrwürdigen Hans Böckler, der bei Amtsantritt als Vorsitzender des DGB gar zweiundsiebzig Jahre alt war, auch aus dem Amt gejagt hätte?

Dieser Kommentar von Alice Schwarzer brachte für mich eine nachhaltige Aufheiterung und Aufmunterung. Meine Funktion als stellvertretende Vorsitzende des DGB habe ich zwar verloren – nicht aber den Mut, mich weiterhin – auch öffentlich – für die Interessen der Arbeitnehmer und der Gewerkschaften einzusetzen.

Von Vorurteilen und Fingerspitzengefühl

Der faktischen Gleichstellung der Geschlechter steht im Weg, dass immer noch althergebrachte Vorurteile aufgetischt werden. Vor allen Dingen herrscht oft die Meinung, Frauen leisteten in allen Bereichen weniger.

Für meine Enkelkinder wünsche ich mir, in Bezug auf ihre berufliche Laufbahn, dass sie hoffentlich nach ihrer Arbeitsweise und ihren Fähigkeiten bewertet werden. Ich teile ihnen aber auch unmissverständlich mit, dass Frauen oft ein größeres Fingerspitzengefühl besitzen und sich in komplexeren Strukturen leichter zurechtfinden. Sie haben die Fähigkeit, die zwischenmenschlichen Begebenheiten, etwa in einem Betrieb, besser wahrzunehmen. Manche Dinge werden von Männern einfach anders gewertet. In einer globalen Welt – und dieser Prozess ist unaufhaltbar – muss jeder »seinen Mann stehen«, wobei man genau diesen Begriff zunächst ändern sollte.

Männliches Gebaren verspüre ich manchmal, wenn ich ein Thema vorstelle und dieses begründe, männliche Kollegen aber indirekt bezweifeln, ob ich die Sachlage auch richtig dargestellt habe oder ob nicht auch unbegründete Gedankengänge eine Rolle gespielt haben. Man kann das nicht so recht beweisen. Es ist ein Gefühl, das im Raum steht. In der Folge erhält man dann oft eine ausweichende, unklare Erwiderung von männlichen Kollegen. Manchmal denke ich mir aber auch: »Einem Mann gegenüber hättest du dich nicht getraut, derart zu antworten.«

Zu Beginn meines Werdegangs engagierte ich mich in verschiedenen Frauenorganisationen. Ich habe die Womens International Zionist Organisation in Deutschland gegründet und war im Jüdischen Frauenbund tätig. Heute arbeite ich in Organisationen, für die sich auch Männer engagieren, und spüre keine Benachteiligung, weil ich eine Frau bin. Heute durchqueren natürlich manchmal Männer meine Pläne, sie tun es jedoch aufgrund meiner Funktion und nicht wegen meines Geschlechts.

Den Beginn meiner politischen Laufbahn verdanke ich der folgenden, für mich sehr überraschenden Begebenheit im Jahr 1985: Ich hatte nicht vor, als Vorsitzende der israelischen Kultusgemeinde in München zu kandidieren. Als ich dennoch gefragt wurde, ließ ich mich zur Wahl aufstellen. Dann bekam ich einfach die meisten Stimmen bei der Wahl. Meine unmittelbare Antwort war, dass ich zunächst die Rabbiner fragen müsse, ob ich diese Wahl annehmen dürfe.

So geprägt war ich damals von den patriarchalischen Strukturen – und auch hundertprozentig davon überzeugt, dass meine Wahl nicht akzeptiert werden würde. Die Vertreter der Religionsgemeinschaft gaben mir jedoch für den Vorsitz grünes Licht, und ich konnte dieses Amt als erste Frau für eine jüdische Gemeinde in der Bundesrepublik Deutschland wahrnehmen. Meine eigene Fehleinschätzung und meine Zweifel überraschten mich damals sehr.

Mich hat das im Nachgang gleichfalls sehr stark gemacht. Besonders da wir eine Glaubensgemeinschaft sind, die die Frauen eben nicht gleichstellt. Frauen werden verehrt und in wunderschönen Darstellungen besungen, als Herrin des Hauses anerkannt. Ein Gottesdienst kann jedoch nur stattfinden, wenn mindestens zehn Männer anwesend sind. Rabbinerinnen werden nur in der liberalen Richtung ausgebildet. Unsere orthodoxe Religionsgemeinschaft sieht das schlichtweg nicht vor. Umso wunderbarer ist es doch, dass heute mehr Frauen Vorsitzende einer jüdischen Gemeinde in Deutschland sind, als es männliche Vorsitzende gibt.

Wie schaffen Sie das überhaupt?

Als ich im Dezember 2008 am MMK, Museum für Moderne Kunst in Frankfurt, anfing, wurde ich immer wieder gefragt: Wie schaffen Sie das überhaupt mit zwei Kindern? Wäre ich ein Mann gewesen, hätte sich diese Frage bestimmt nicht gestellt. Offensichtlich gehen die meisten Menschen immer noch davon aus, dass der Mann berufstätig ist und eine Frau zu Hause hat, die sich um den Haushalt und die Kinder kümmert. Seit ich in Frankfurt bin, ist der Spagat zwischen Familie und Beruf natürlich größer geworden. Denn obwohl sich mein Mann sehr engagiert an den Hausarbeiten und an der Kindererziehung beteiligt, liegt die Hauptverantwortung und Fürsorge hinsichtlich Organisation, Versorgung und Betreuung der Kinder im Wesentlichen bei mir, ganz nach dem klassischen Rollenmodell.

Die Vorstellung, man brächte es in Führungspositionen nur zu etwas, wenn man 150 Prozent seiner Zeit investiert, halte ich für ein Missverständnis, das sich in Deutschland hartnäckig hält. Es wäre eine große Erleichterung, wenn es selbstverständlicher wäre, dass Frauen in solchen Berufen auch Kinder haben; und beispielsweise an einem festen Tag in der Woche bereits mittags nach Hause gehen könnten – ohne Vorwürfe und schlechtes Gewissen. In vielen Teilen Europas ist dies gerade auch in Führungspositionen gang und gäbe.

Wir Frauen müssen uns aber auch an die eigene Nase fassen. Neulich ging ich nachmittags früher aus dem Büro, um meine Tochter zum Musikunterricht zu begleiten. Es war ein wunderbarer sonniger Tag, und während der Unterricht stattfand, saß ich in einem Cafe und wartete auf sie. Ausgerechnet da traf ich einen Mitarbeiter. Er war ganz überrascht, mich zu sehen, und fragte, was ich denn um diese Zeit dort mache. Sofort hatte ich ein ungutes Gefühl.

In Bezug auf die Bezahlung stelle ich fest, dass Männer ganz anders verhandeln als Frauen. Sie verkaufen sich wesentlich offensiver. Als Frau hat man diesbezüglich ein anderes Selbstverständnis. Ich denke, es ist eine Frage der Erziehung und damit der kulturellen Konvention, die man sich zunächst gar nicht bewusst macht. Bis in meine Generation hinein sind die meisten Frauen nicht darauf ausgerichtet, sich und ihre Existenz über die Höhe des Gehalts zu definieren, wie es ja die meisten Männer tun. Frauen gehen noch nicht mit der gleichen Unbefangenheit an Führungspositionen heran wie Männer, aber schon in der Generation der in den 1980er-Jahren Geborenen kann man ein größeres Selbstbewusstsein feststellen. Und wenn ich dann beobachte, welches Selbstbewusstsein unsere eigenen Töchter an den Tag legen, bin ich für die Zukunft ganz zuversichtlich.

Biografien

MONIKA AICHELE ist Illustratorin/Designerin in Berlin und München. An der Fachhochschule Mainz lehrt sie als Professorin für Illustration. Sie zeichnet u. a. für die *New York Times*. Ihre Arbeiten wurden gezeigt auf der Art Basel Miami Beach, im Deitch Project/NY, dem Centre Pompidou, im Schanghai Art Museum, in Tokio und Toronto.

ULI AIGNER studierte bei Matteo Thun in Wien und an der Filmakademie Baden-Württemberg. Für ihre internationale Ausstellungstätigkeit produziert sie Videos, Performances und Installationen und begann Mitte der Neunzigerjahre an großformatigen Zeichnungen zu arbeiten. Nach ihrer Lehrtätigkeit als Gastprofessorin an der AdBK München ist sie seit 2006 Leiterin der Lothringer 13.

JULIANE BANSE ist seit ihrem Debüt als Zwanzigjährige in allen großen Opernhäusern Europas zu Gast. Sie ist gleichermaßen in Konzert- und Liedgesang zu Hause und wurde für ihre Aufnahmen in allen Genres vielfach ausgezeichnet. In der aktuellen Saison erweiterte sie ihr Repertoire um die Rollen der »Tatjana« (*Eugen Onegin*) und der »Agathe« (*Der Freischütz*).

HEIKE BARANOWSKY studierte an der AdBK München, der HfBK Hamburg und der HdK Berlin. Als Meisterschülerin bei Prof. Katharina Sieverding und als MA Fine Art lehrte sie in Kalifornien und als Professorin für Fotografie in Norwegen, seit 2008 ist sie Professorin für Freie Kunst an der AdBK Nürnberg.

SIBYLLE BERG hat bislang elf Bücher veröffentlicht, u. a. *Ein paar Leute suchen das Glück und lachen sich tot* (1997), *Amerika*, (1999), *Ende gut* (2004), *Die Fahrt* (2007) und *Der Mann schläft* (2009). Außerdem: *Das war's dann wohl – Abschiedsbriefe von Männern* (2008). Darüber hinaus schreibt sie permanent Essays, Kolumnen sowie Theaterstücke, die an zahlreichen Bühnen im In- und Ausland gespielt werden. www.sibylleberg.de

DAGMAR BERGHOFF war die erste Frau in der ARD-*tagesschau* und die erste Chefsprecherin im Team. Daneben hat sie Musiksendungen im Fernsehen moderiert wie das ARD-*Wunschkonzert*. Auf NDR führte sie jahrelang durch die Reisesendungen *Wunderschöner Norden* und *Heimat in der Ferne*. Sie erhielt zweimal den Bambi, einmal die Goldene Kamera.

TINA BERNING arbeitet als Künstlerin und Illustratorin in Berlin. Ihre Arbeit wurde vielfach ausgezeichnet und ist in zahlreichen renommierten Anthologien erschienen. Ihre künstlerischen Einzelprojekte wie die *100 girls on cheap paper* wurden als Buch veröffentlicht und in Einzelausstellungen in Berlin, Amsterdam, Tokio und New York gezeigt.

MARIANNE BIRTHLER, geboren 1948 in Berlin. 1983 bis 1990 Katechetin, später Jugendreferentin im evangelischen Stadtjugendpfarramt; 1986 bis 1990 aktiv in Oppositionsgruppen; 1989/90 Mitarbeit am runden Tisch der DDR; 1990 Mitglied der Volkskammer, ab Oktober des Deutschen Bundestages und Fraktionssprecherin von Bündnis 90/Die Grünen; 1990 bis 1992 Ministerin für Bildung, Jugend und Sport in Brandenburg; 1993/94 Bundesvorstandssprecherin von Bündnis 90/Die Grünen; seit Oktober 2000 Bundesbeauftragte für die Unterlagen des Staatssicherheitsdienstes der ehemaligen DDR.

MARICA BODROŽIĆ lebt als freie Schriftstellerin in Berlin. 2002 erschien ihr erzählerisches Debüt *Tito ist tot*, 2005 ihr erster Roman. Seitdem hat sie Essays, Gedichte und weitere Erzählungen veröffentlicht, zuletzt den Gedichtband *Lichtorgeln* (2008). Sie wurde u. a. ausgezeichnet mit dem Förderungspreis für Literatur der AdK Berlin und dem Initiativpreis zum Kulturpreis Deutsche Sprache (2008).

GISELA CAPITAIN, geboren 1952, arbeitete von 1978 bis 1980 in Kippenbergers Büro, Berlin, mit. Sechs Jahre später gründete sie ihre eigene Galerie in Köln und zog 2006 in die neuen Räume in der St.-Apern-Straße in Köln. 2008 eröffnete Gisela Capitain die Galerie Capitain Petzel in Berlin.

STEPHANIE CZERNY, Geschäftsführerin Marketing & Communications, ist seit über vierzehn Jahren im Management der Hubert Burda Media tätig. Sie befasst sich mit Neuen Medien und Innovation und ist Mitgründerin von DLD, Europas führender Digital-Konferenz, bei der alljährlich internationale Persönlichkeiten der Medien-, Design- und Wissenschaftsszene in München zusammenkommen.

PETRA DALLMANN ist Schwimmerin und Ärztin. Mit der Freistilstaffel der deutschen Nationalmannschaft wurde sie Weltmeisterin, Europameisterin und stellte 2002 und 2006 neue Weltrekorde auf. 2004 gewann sie bei den Olympischen Spielen Bronze. 2008 qualifizierte sie sich auch für Peking. Zu ihren größten Erfolgen zählen auch zehn Medaillen bei der Kurzbahn-EM, sieben deutsche Meistertitel und drei Titelgewinne bei Universiaden über 100 Meter Freistil.

JUTTA DITFURTH ist Soziologin, Publizistin und seit 1991 in der Ökologischen Linken aktiv. Sie war Mitbegründerin der Grünen, die sie 1991 verließ. Jutta Ditfurth arbeitete als Wissenschaftlerin und Reporterin, sie schreibt Sachbücher, Romane und Drehbücher. Einer ihrer Bestseller ist: *Ulrike Meinhof. Die Biografie* (Ullstein Taschenbuch 2009). 2009 ist auch *Zeit des Zorns. Streitschrift für eine gerechte Gesellschaft* erschienen. www.jutta-ditfurth.de

THEA DORN lebt als Autorin in Berlin und schreibt regelmäßig Essays für die *Literarische Welt*, den *SPIEGEL*, *Cicero* und andere Medien. Als Dramaturgin verfasste sie u. a. *Marleni*, eine fiktive Begegnung zwischen Marlene Dietrich und Leni Riefenstahl. Seit 2004 moderiert sie die Sendung *Literatur im Foyer* des SWR, seit 2008 *Paris–Berlin, die Debatte* auf arte.

URSULA ENGELEN-KEFER begann 1974 nach dem Studium der Volkswirtschaftslehre mit Promotion in Köln und der Tätigkeit in der Arbeitsmarktforschung als Referatsleiterin für Internationale Sozialpolitik beim DGB. 1984 wurde sie zur Vizepräsidentin der Bundesanstalt für Arbeit ernannt. 1990 bis 2006 war sie stellvertretende Vorsitzende des DGB. Seit 1986 ist sie Mitglied im Parteivorstand der SPD und stellt sich 2009 in Ingolstadt als Direktkandidatin für den Bundestag zur Wahl.

EVA & ADELE leben und arbeiten in Berlin. EVA: Körpergröße 176 cm, Oberweite 101 cm, Taille 81 cm, Hüfte 96 cm. ADELE: Körpergröße 161 cm, Oberweite 86 cm, Taille 68 cm, Hüfte 96 cm. Als Referenz neben ihren Körpermaßen dient den zwei Konzeptkünstlerinnen der Slogan *Coming out of the future, over the boundaries of gender, wherever we are is museum.*

HEIKE-MELBA FENDEL, geboren 1961 in Köln, lebt dort und in Berlin. Sie leitet die Barbarella Entertainment GmbH, eine Agentur für Veranstaltungen, PR und Künstler. Parallel ist sie als Autorin, Moderatorin und Dozentin tätig. Im Herbst 2009 erscheint ihr Roman *nur die – Ein Leben in 99 Geschichten*.

ANKE FEUCHTENBERGER, geboren 1963, ist Künstlerin und Comic-Zeichnerin. Ihre Werke wurden u. a. in der *FAZ*, der *SZ* und *DIE ZEIT* sowie in einigen internationalen Anthologien veröffentlicht und international ausgestellt. Seit 1997 ist sie Professorin für Zeichnen und Illustration an der HAW Hamburg. Mit dem Zeichner Stefano Ricci gründete sie 2008 den Mamiverlag.

UTE FREVERT lehrte als Professorin Neuere Geschichte in Berlin, Konstanz und Bielefeld. Von 2003 bis 2007 war sie Professorin in Yale. Seit Januar 2008 ist sie Direktorin am Berliner Max-Planck-Institut für Bildungsforschung, wo sie den Forschungsbereich »Geschichte der Gefühle« leitet. Ihre Forschungsschwerpunkte sind u. a. Sozial- und Kulturgeschichte der Moderne, Geschlechtergeschichte und Neue Politikgeschichte.

BETTINA FRIEDL ist emeritierte Professorin für Amerikastudien (Universität Hamburg). Von 1973 bis 2002 war sie Postdoctoral Fellow in Yale, Stipendiatin des ACLS und Fellow in Harvard, u. a. am Center for the History of American Civilization. Bettina Friedl publizierte zur amerikanischen Literatur und Malerei, zu Fotographie und Film sowie zum Phänomen der Mode.

SUSANNE GAENSHEIMER, geboren 1967 in München, ist Direktorin des Museums für Moderne Kunst in Frankfurt/Main. Von 1999 bis 2001 war sie Direktorin des Westfälischen Kunstvereins Münster; von 2001 bis 2008 Sammlungsleiterin und Kuratorin für Gegenwartskunst in der Städtischen Galerie im Lenbachhaus, München. Die kuratorische Tätigkeit von Susanne Gaensheimer wird regelmäßig von Publikationen und Vorträgen begleitet.

PETRA GERSTENKORN wurde 1954 in Hamburg geboren. Nach ihrer Tätigkeit als kaufmännische Angestellte war sie Betriebsratsvorsitzende, absolvierte ein Jurastudium und wurde Gewerkschaftssekretärin für Bildung und Technologie bei der ÖTV. 1996 stieg sie auf zur stellvertretenden Bezirksleiterin. Seit 2001 ist sie Mitglied des ver.di-Bundesvorstands und Leiterin der Fachbereiche Bildung, Wissenschaft, Forschung und Besondere Dienstleistungen.

INGVILD GOETZ begann ihre Sammlertätigkeit Ende der Sechzigerjahre mit Arte-Povera-Künstlern. Seither erweitert sie ihre Sammlung zeitgenössischer Kunst mit dem Schwerpunkt Medienkunst – und besitzt die derzeit wohl umfangreichste Sammlung dieser Art in Europa. In ihrem von Herzog & de Meuron erbauten Privatmuseum in München kuratiert sie halbjährlich wechselnde Ausstellungen mit Werken aus ihrer Sammlung.

TANJA GRAF wurde 1962 geboren und wuchs in München auf. Nach einer Buchhändlerlehre studierte sie Romanistik; es folgten längere Arbeitsaufenthalte in Paris und New York. Von 1990 bis 2003 arbeitete sie als Lektorin im Piper Verlag, ab 1996 leitete sie dort das Belletristik-Programm. 2004 gründete sie zusammen mit dem Kunstbuch-Verleger Lothar Schirmer den SchirmerGraf Verlag.

ISABELLE GRAW ist Kunsthistorikerin und Kunstkritikerin. 1990 gründete sie mit Stefan Germer die Zeitschrift *Texte zur Kunst*, deren Herausgeberin und Redakteurin sie seither ist. 2003 erschien ihr Band *Die bessere Hälfte*, 2008 *Der große Preis. Kunst zwischen Markt und Celebrity Culture*. Sie ist Professorin für Kunsttheorie an der Städelschule in Frankfurt.

KIRSTEN HARMS studierte Musikwissenschaft und Musiktheater-Regie. Zunächst freie Regisseurin, wurde sie 1995 Intendantin der Kieler Oper. Hier erregte sie mit ihrer Inszenierung von Wagners *Ring*, mit Uraufführungen und Wiederentdeckungen ein großes überregionales Interesse. An der Deutschen Oper Berlin debütierte sie 2003, seit 2004/05 ist sie Intendantin des Hauses an der Bismarckstraße.

DUNJA HAYALI moderiert seit 2007 die ZDF-*heute*-Nachrichten am Nachmittag sowie die Nachrichten des ZDF-*Morgenmagazins* und ist Komoderatorin im *heute journal*. Nach ihrem Studium an der Deutschen Sporthochschule in Köln, Schwerpunkt Medien- und Kommunikationswissenschaften, arbeitete sie als Sportmoderatorin für das Deutsche Welle Radio, als Freie Mitarbeiterin bei Radio Köln und als Redakteurin bei der apm medien agentur.

ALEXA HENNIG VON LANGE veröffentlichte 1997 ihren Debütroman *Relax*, der sie zu einer der erfolgreichsten Autorinnen ihrer Generation machte. Es folgten zahlreiche Bücher, zuletzt der Roman *Peace*. Sie schrieb außerdem eine Reihe von Jugendbüchern und wurde 2002 mit dem Deutschen Jugendliteraturpreis ausgezeichnet. Alexa Hennig von Lange lebt mit ihren beiden Kindern in Berlin.

JOHANNA HEY, geboren 1970 in Hamburg. War u. a. 2002 bis 2006 Inhaberin des Alfried Krupp von Bohlen und Halbach-Stiftungslehrstuhls für Unternehmenssteuerrecht; seit 2006 Direktorin des Instituts für Steuerrecht, Universität Köln; Vizepräsidentin des Deutschen Hochschulverbandes; Mitglied im Wissenschaftlichen Beirat des Bundesfinanzministeriums; Mitglied im Wissenschaftlichen Beirat der deutschen Steuerjuristischen Gesellschaft und geschäftsführende Mitherausgeberin des Herrmann/ Heuer/Raupach *Einkommensteuer- und Körperschaftsteuerkommentars*.

HANNELORE HOGER wirkte in vielen Kino- und Fernsehfilmen mit. Die Schauspielerin wurde an allen großen deutschsprachigen Bühnen unter Regisseuren wie u. a. Peter Palitzsch, Peter Zadek, Augusto Fernandes engagiert und führte auch selbst Theaterregie. Neben dem Deutschen Fernsehpreis wurde sie mit dem Grimme-Preis, dem Bayerischen Fernsehpreis und der Goldenen Kamera ausgezeichnet.

CHRISTINE HOHMANN-DENNHARDT promovierte 1979 in Frankfurt am Main. Danach arbeitete sie als Richterin an den Sozialgerichten Frankfurt am Main und Wiesbaden sowie am Landessozialgericht Darmstadt und war Sozialdezernentin der Stadt Frankfurt a. M. In den 1990er-Jahren war sie als hessische Ministerin der Justiz, dann als Ministerin für Wissenschaft und Kunst tätig. Seit 1999 ist sie Richterin am Bundesverfassungsgericht.

GABRIELE HORN studierte Kunstgeschichte, Geschichte und Soziologie. Von 1984 bis 1993 war sie stellvertretende Direktorin der Staatlichen Kunsthalle Berlin und arbeitete parallel als freie Ausstellungskuratorin. Ab 1993 Referentin in der Senatsverwaltung für Kulturelle Angelegenheiten, ab 1996 Referentin für Bildende Kunst in der Senatsverwaltung für Wissenschaft, Forschung und Kultur. Seit 2004 ist sie Direktorin der KW Institute for Contemporary Art und der berlin biennale für zeitgenössische kunst.

MARIA JEPSEN, geboren 1945, ist Bischöfin des Sprengels Hamburg und Lübeck der Nordelbischen Evangelisch-Lutherischen Kirche. Sie studierte Altphilologie und Theologie, 1972 wurde sie Gemeindepastorin in Schleswig-Holstein, 1991 Pröpstin in Hamburg-Harburg. Ein Jahr später wurde Maria Jepsen zur weltweit ersten lutherischen Bischöfin gewählt.

TANJA KINKEL studierte Theater- und Kommunikationswissenschaft und promovierte in Germanistik. Für ihre Bücher erhielt sie Literaturpreise und Stipendien in Rom, Los Angeles und an der Drehbuchwerkstatt München. Das P.E.N.-Mitglied schrieb zwölf Romane, die in dreizehn Sprachen übersetzt wurden. Sie ist Schirmherrin der Bundesstiftung Kinderhospiz und gründete 1992 die Kinderhilfsorganisation Brot und Bücher e.V.

KATJA KIPPING ist Mitglied des Deutschen Bundestages und ehrenamtliche Mitherausgeberin des Magazins *prager frühling*. In der Partei Die Linke nimmt sie das Amt der stellvertretenden Parteivorsitzenden ein. Vor Kurzem erschien ihr Buch *Ausverkauf der Politik – für einen demokratischen Aufbruch* beim ECON-Verlag. Darin entwirft sie einen neuen »Macchiavelli für Frauen«.

VERENA C. KLOOS wurde 2004 zur Präsidentin von BMW Group Designworks USA ernannt und leitet die Designstudios in Los Angeles, München und Singapur. Davor war sie Geschäftsführerin des DaimlerChrysler Advanced Design Studio Italia. Als Leiterin für Advanced Design bei smart beeinflusste sie die Entwicklung der *Smartcars*. Zu Beginn der Neunzigerjahre war sie als Designdirektorin für VW in Kalifornien tätig.

SIBYLLE KNAUSS wuchs im Ruhrgebiet auf und studierte Germanistik und Theologie. Sie ist Autorin zahlreicher Romane, darunter der Bestseller *Evas Cousine*, den die New York Times im Jahr 2002 unter die Notable Books of the Year wählte. Neben ihrer schriftstellerischen Tätigkeit arbeitet sie als Professorin an der Filmakademie Baden-Württemberg im Bereich Drehbuch.

CHARLOTTE KNOBLOCH überlebte den Nationalsozialismus bei einer katholischen Familie in Franken, die sie als ihr uneheliches Kind ausgab. Sie ist Präsidentin der Israelitischen Kultusgemeinde München und Oberbayern, Vizepräsidentin des Europäischen Jüdischen Kongresses und des Jüdischen Weltkongresses, seit 2006 Präsidentin des Zentralrats der Juden in Deutschland und seit 2008 Trägerin des Großen Bundesverdienstkreuzes.

SILVANA KOCH-MEHRIN, geboren 1970, wuchs in Marokko und dem Sudan auf. In Hamburg, Straßburg und Heidelberg studierte sie Volkswirtschaftslehre und Geschichte. Sie ist seit 2004 Mitglied des Europäischen Parlaments. Die Abgeordnete ist Vorsitzende der FDP-Delegation im Europäischen Parlament und Mitglied des Bundesvorstandes der FDP.

JULIANE KÖHLER absolvierte eine Schauspielausbildung in München und New York. Engagements führten sie zum Niedersächsischen Staatstheater, dem Bayerischen Staatsschauspiel und den Münchner Kammerspielen. Für ihren ersten Film *Aimee und Jaguar* erhielt sie den Silbernen Bären sowie den Deutschen und Bayerischen Filmpreis. Sie spielte die Hauptrolle in *Nirgendwo in Afrika*, der einen Oscar bekam, und die Eva Braun in dem für den Oscar nominierten Film *Der Untergang*.

MARION KRASKE, geboren 1969, arbeitete nach ihrem Studium der Politikwissenschaften, Wirtschaftspolitik und Slawistik bei der Deutschen Presse-Agentur (dpa), der ARD-*tagesschau* und beim *SPIEGEL*. Von 2005 bis 2009 war sie als *SPIEGEL*-Korrespondentin in Wien tätig, zuständig für Österreich und Südosteuropa. Seit 2009 arbeitet sie als freie Autorin und Publizistin.

GERTRAUDE KRELL hat Volks- und Betriebswirtschaftslehre studiert. Bis 2007 war sie Professorin für Betriebswirtschaftslehre mit dem Schwerpunkt Personalpolitik an der Freien Universität Berlin.»Gender und Diversity in Organisationen« ist einer ihrer Arbeitsschwerpunkte. Ihr Hauptwerk *Chancengleichheit durch Personalpolitik* ist 2008 in der 5. Auflage erschienen.

SUSANNE KRONZUCKER studierte zunächst Politologie, später auch internationale Politik und Wirtschaftswissenschaften an der Columbia University. Zunächst war sie als Redakteurin bei RTL Luxemburg tätig. Seit 2008 ist sie Moderatorin des Frauenjournals *ML Mona Lisa*. Vor ihrem Wechsel zum ZDF moderierte sie *RTL Aktuell Weekend* und vertrat Peter Kloeppel bei der täglichen Nachrichtensendung *RTL Aktuell*.

KATJA KULLMANN hat bislang zwei Bücher geschrieben: das Sachbuch *Generation Ally. Warum es heute so kompliziert ist, eine Frau zu sein* und die Erzählung *Fortschreitende Herzschmerzen bei milden 18 Grad*. Sie hat Gesellschaftswissenschaften studiert und für verschiedene Zeitungen und Magazine geschrieben, darunter *Emma, FAZ, taz, dpa, Der Freitag, Rolling Stone* und *Petra*.

PETRA LEDENDECKER ist seit 2007 Präsidentin des Verbandes der deutschen Unternehmerinnen, der sich so wichtigen Themen wie nachhaltiges Wirtschaften, Diversity und globalisierte Arbeitswelt, außerdem der Unternehmenskultur und der Ressourcenschonung widmet. Die ehrenamtliche Richterin gründete zusammen mit einem Partner ein Unternehmen in der Möbelindustrie (Allegro-Möbel GmbH), ein Handelsunternehmen (Gilde-Finanz GmbH & Co. KG) und eine Beratungsgesellschaft (MEGA Betriebs- und Service GmbH).

SABINE LEUTHEUSSER-SCHNARRENBERGER, geboren 1951. Seit 1978 ist sie Mitglied der FDP und seit 1990 Mitglied des Deutschen Bundestages. 1992 bis 1996 war sie Bundesministerin der Justiz; seit 1997 Mitglied des Bundespräsidiums der FDP. Seit 2000 ist sie Vorsitzende des FDP-Landesverbandes Bayern, seit 1997 Rechtsanwältin in München; sie ist Mitglied der Parlamentarischen Versammlung des Europarates, stellvertretende Fraktionsvorsitzende und rechtspolitische Sprecherin der FDP-Bundestagsfraktion.

ANNA LÜHRMANN, geboren 1983, engagierte sich schon während der Schulzeit bei Greenpeace und als Sprecherin der Grünen Jugend. Seit 2002 ist sie Mitglied des Deutschen Bundestages. Neben der Tätigkeit als Abgeordnete hat sie an der Fern-Universität Hagen ein Studium in Politik und Organisation (B.A.) absolviert. Ihr Motto:»Machen statt Meckern«.

TINA LUTZ ist in Deutschland aufgewachsen und lebt in New York. Sie ist eine international anerkannte Modedesignerin. Nach ihrem Studium in Paris arbeitete sie für Issey Miyake in Paris und Tokio. In New York entwarf sie für Calvin Klein und gründete 2000 mit Marcia Patmos ihre eigene Marke. Für Lutz & Patmos arbeitet sie u. a. mit vielen Berühmtheiten wie Jane Birkin, Sophia Coppola, Kirsten Dunst und Richard Meier zusammen.

INGRID MATTHÄUS-MAIER, geboren 1945, war von 1976 bis 1999 Mitglied des Deutschen Bundestages als Vorsitzende des Finanzausschusses (1979–1982) und stellvertretende Vorsitzende der SPD-Bundestagsfraktion (1988). Nach Niederlegung ihres Mandats (1999) wurde sie Mitglied des Vorstands der KfW Bankengruppe und war auch Sprecherin der Bankengruppe. Aktuell ist Ingrid Matthäus-Maier als Vorsitzende des Kuratoriums der Friedrich-Ebert-Stiftung tätig.

NADJA MICHAEL studierte Gesang in Stuttgart und in Bloomington/Indiana, USA. Bevor sie 2005 in das Sopranfach wechselte, hatte sie bereits als Mezzosopran eine internationale Karriere gemacht. Nach ihrem Debüt als Sopranistin konnte sich die Sängerin rasch an den großen Opernhäusern der Welt neu etablieren. Mit *Salome* von Richard Strauss gelang ihr 2007 ein Sensationserfolg.

BASCHA MIKA arbeitete nach ihrem Studium der Germanistik, Philosophie und Ethnologie als freie Journalistin. 1988 wurde sie Redakteurin, dann Reporterin bei der *taz* in Berlin, wo sie von 1998 bis 2009 als Chefredakteurin tätig war. Die Autorin von *Alice Schwarzer – eine kritische Biographie* ist nebenberuflich Honorarprofessorin an der UdK Berlin.

INGRID MÜHLHAUSER studierte Medizin in Wien. Sie arbeitete als Ärztin und Wissenschaftlerin an den Universitäten Wien und Düsseldorf. Die habilitierte Fachärztin für Innere Medizin, Diabetologie und Endokrinologie ist seit 1996 Professorin für Gesundheitswissenschaften an der Universität Hamburg. Forschungsschwerpunkte sind u. a. strukturierte Behandlungs- und Schulungsprogramme für chronisch Kranke.

UTE-HENRIETTE OHOVEN ist Sonderbotschafterin der UNESCO, Präsidentin der ZNS – Hannelore Kohl Stiftung und Generalkonsulin des Senegal. Seit über zwanzig Jahren setzt sie sich für humanitäre Anliegen ein. Ihr Engagement brachte ihr weltweite Anerkennung und zahlreiche wichtige Auszeichnungen, u. a. das Bundesverdienstkreuz und den Women's World Award.

ULRIKE OTTINGER, geb. 1942, lebte Mitte der 1960er-Jahre als Malerin und Fotografin in Paris, seit 1973 in Berlin. Sie realisierte einundzwanzig Filme, inszenierte Theaterstücke und Opern. Ihre Filme liefen auf allen wichtigen internationalen Festivals. In zahlreichen Retrospektiven und Ausstellungen, von Mexiko bis Schanghai, von New York bis Oslo, wurde ihr Werk gewürdigt.

SISSI PERLINGER ist Kabarettistin, Comedian, Schauspielerin, Sängerin, Tänzerin und Moderatorin. Nach langjähriger Ausbildung in Schauspiel, Gesang und Tanz in München, Wien, New York und Los Angeles begeisterte sie in Filmen, Fernsehshows und in eigenen Soloshows. Seit 2005 geht sie mit *Singledämmerung* auf Tournee. Die Grimme-Preisträgerin wurde 2008 mit dem Bayerischen Kabarettpreis ausgezeichnet.

FRANKA POTENTE stand für zahlreiche nationale und internationale Filme vor der Kamera. Für ihre erste Filmrolle in *Nach fünf im Urwald* gewann sie den Bayerischen Filmpreis, und mit *Lola rennt* gelang ihr der internationale Durchbruch. Mit *Der die Tollkirsche ausgräbt* feierte sie ihr Regiedebüt. Es folgten Dreharbeiten mit Steven Soderbergh (*Ché*), John Cusack (*Shanghai*) u. v. m.

IRIS RADISCH arbeitet seit Abschluss ihres Studiums der Germanistik, Romanistik und Philosophie im Feuilleton-/Literaturressort der Wochenzeitung *DIE ZEIT*. 2000 bis 2006 Mitglied des *Literarischen Quartetts*, seither moderiert die Autorin den *Literaturclub* im SF und auf 3sat. Nebenberuflich übernahm sie Gastprofessuren in St. Louis/USA und in Göttingen.

CHRISTIANE RIEDEL, geboren 1962, studierte Kunst- und Architekturgeschichte sowie Literaturwissenschaften mit dem Schwerpunkt zeitgenössische Kunst, bevor sie Geschäftsführerin des Deutschen Werkbunds Baden-Württemberg wurde und später des Niedersächsischen Forschungsverbunds für Frauen- und Geschlechterforschung in Naturwissenschaften, 303

Technik und Medizin. Seit 2002 ist sie Geschäftsführerin des ZKM|Zentrum für Kunst und Medientechnologie Karlsruhe.

PIPILOTTI RIST liebt Randen. Ihr Fokus sind Video-/Audio-Installationen. Sie meint: Die Aufgabe der Kunst ist zur Evolution beizutragen, den Geist zu ermutigen, einen distanzierten Blick auf soziale Veränderungen zu garantieren. 1988 bis 94 Mitglied der Band *Les Reines Prochaines*, dann Ausstellungen und Videoaufführungen im In- und Ausland, u. a. 2008 im MoMA, New York und 2009 im Museum Boijmans van Beuningen, Rotterdam.

RICARDA ROGGAN, 1972 in Dresden geboren, absolvierte ihr Fotografiestudium an der Hochschule für Grafik und Buchkunst Leipzig als Meisterschülerin bei Timm Rautert; 2002 Stipendium für Zeitgenössische Deutsche Fotografie der Alfried Krupp von Bohlen und Halbach-Stiftung. Die Künstlerin stellt in internationalen Museen und Institutionen aus und wird von der Galerie EIGEN + ART Leipzig/Berlin vertreten.

ROSALIE ist freischaffende Künstlerin. Zahlreiche Ausstellungen in Galerien und Museen mit Bildern, Objekten, Raum- und Lichtinstallationen. International bekannt ist sie auch durch ihre Arbeiten an führenden Theater und Opernhäusern Europas. Von 1994 bis 1998 realisierte sie für die Bayreuther Festspiele alle Bühnenbilder und Kostüme der Tetralogie *Ring des Nibelungen*. Sie ist Professorin an der HfG Offenbach/M.

CLAUDIA ROTH ist Parteivorsitzende und MdB von Bündnis 90/Die Grünen. Sie arbeitete als Dramaturgin und als Managerin der Band *Ton Steine Scherben*. Die Bundestagsabgeordnete wurde 1998 zur Vorsitzenden des Ausschusses für Menschenrechte und Humanitäre Hilfe gewählt. 2001 wurde sie erstmals Parteivorsitzende von Bündnis 90/Die Grünen 2004, 2006 und 2008 wurde sie wiedergewählt.

NINA RUGE war zunächst als Studienrätin an einem Gymnasium tätig. Von der Garderobiere arbeitete sie sich zur Regieassistentin bei etlichen Film- und Fernsehproduktionen in Berlin hoch. 1988 startete ihre Karriere als Moderatorin, u. a. beim ZDF. Seitdem moderiert Nina Ruge zahlreiche Sendungen. Sie schreibt regelmäßig Kolumnen und hat bislang sechzehn Bücher geschrieben beziehungsweise herausgegeben.

SILKE SCHEUERMANN, geboren 1973, studierte Theater- und Literaturwissenschaften in Frankfurt, Leipzig und Paris und arbeitete am Germanistischen Institut der Universität Frankfurt. Sie erhielt mehrere Stipendien und Literaturpreise, darunter das Stipendium der Villa Massimo der Deutschen Akademie in Rom. Zuletzt erschienen von ihr der Roman *Die Stunde zwischen Hund und Wolf* und der Gedichtband *Über Nacht ist es Winter.*

DAGMAR SCHIPANSKI wurde 1990 Professorin für Festkörperelektronik an der TU Ilmenau und 1995 als erste Frau Rektorin einer Technischen Universität in Deutschland. 1999 kandidierte sie für das Amt des Bundespräsidenten. Bis 2004 war sie Thüringer Ministerin für Wissenschaft, Forschung und Kunst, seither Präsidentin des Thüringer Landtags. Im Ehrenamt ist Dagmar Schipanski Präsidentin der Deutschen Krebshilfe.

BETTINA SCHLEICHER, Rechtsanwältin mit Schwerpunkt Bank- und Kapitalmarktrecht, engagiert sich für die wirtschaftliche Unabhängigkeit der Frauen durch Berufstätigkeit. Sie war von 2004 bis 2008 Präsidentin des Business and Professional Women Germany e.V., führte dabei den Equal Pay Day in Deutschland ein und ist seit 2008 stellvertretende Vorsitzende des Deutschen Frauenrates.

REGINA SCHMEKEN fotografiert seit Mitte der Siebzigerjahre. Seit 1980 werden ihre Fotografien regelmäßig ausgestellt, zum Beispiel im MoMA, New York, in der Pinakothek der Moderne in München und in der Bibliothèque Nationale in Paris. Für die *Süddeutsche Zeitung* ist sie seit 1986 tätig. Sie wurde mit mehreren nationalen und internationalen Preisen ausgezeichnet.

ELKE SCHMITTER, geboren 1961, studierte Philosophie in München. Seit 2000 ist die Autorin Mitglied der Kulturredaktion des SPIEGEL. Sie veröffentlichte Gedichte, Essays zu Heinrich Heine (*Und grüß mich nicht unter den Linden*, 1998) sowie die Romane: *Frau Sartoris, Leichte Verfehlungen* und *Veras Tochter.* Ihre Bücher sind in einundzwanzig Sprachen übersetzt.

MARTINA SCHRAUDNER, promovierte Biologin und habilitiert im Fach Phytomedizin, leitet das Fachgebiet »Gender und Diversity in Organisationen« der Fakultät für Maschinenbau an der TU Berlin; Forschungsstationen im In- und Ausland und im Forschungsmanagement der Fraunhofer-Gesellschaft, wo sie derzeit in der strategischen Forschungsplanung tätig ist.

ANGELIKA SCHROBSDORFF, geboren 1927, emigrierte 1939 mit ihrer jüdischen Mutter nach Sofia. Ihr erster Roman *Die Herren*, sorgte 1961 wegen seiner Freizügigkeit für Aufruhr. Ihr erfolgreichstes Buch ist *Du bist nicht so wie andre Mütter* und wurde verfilmt. 2007 wurde sie vom Deutschen Staatsbürgerinnen-Verband als Frau des Jahres ausgezeichnet.

GESINE SCHWAN wurde 1943 in Berlin geboren. Die habilitierte Politikwissenschaftlerin und politische Philosophin war von 1999 bis 2008 als Präsidentin der Europa-Universität Viadrina in Frankfurt an der Oder tätig. Seit 2005 ist Gesine Schwan deutsch-polnische Koordinatorin der Bundesregierung. 2004 und 2009 kandidierte die SPD-Politikerin für das Amt des Bundespräsidenten.

ELISABETH SCHWEEGER promovierte 1979 in Philosophie und Komparatistik; Lehrbeauftragte an der HdK und der Akademie der Bildenden Künste in Wien. Kuratorin – (u. a.) *Ars Electronica, Documenta* – und Kommissarin der 49. Biennale Venedig/Österreichischer Pavillon. Von 1993 bis 2001 war sie künstlerische Leiterin des Marstalls, München und von 2001 bis 2009 Intendantin des schauspielfrankfurt. Derzeit Intendantin der Festwochen Herrenhausen, Hannover.

PETRA SCHWILLE, geboren 1968, studierte Physik und Philosophie, promovierte am Max-Planck-Institut für Biophysikalische Chemie in Göttingen und forschte als Postdoktorandin an der Cornell-Universität (Ithaca, USA). 1999 kehrte sie als Leiterin einer Nachwuchsgruppe an das Göttinger Max-Planck-Institut zurück. Seit 2002 ist sie Professorin für Biophysik an der TU Dresden.

KATHARINA SIEVERDING ist Künstlerin und seit 1992 Professorin für Visual Culture Studies an der UdK Berlin. Ihre Arbeiten *Encode* (2005–2008), *Projected Data Images* und *Ressource Terabyte* (2009) wurden in Galerien in München (2006), Köln (2006/2009), in Berlin und im forum expanded der 59. Internationalen Filmfestspiele Berlin (2009) gezeigt.

DÖRTE SPENGLER-AHRENS studierte Visuelle Kommunikation. Nach ihrer Tätigkeit bei der Werbeagentur KNSK in Hamburg wechselte sie 1996 zu Jung von Matt, wo sie als Geschäftsführerin Kreation in Berlin arbeitete, zurzeit ist sie Geschäftsführerin bei JvM in Hamburg. Sie ist ADC-Vorstand und lehrt an der Miami Ad School und der FH Potsdam.

ROSEMARIE TROCKEL wurde 1952 in Schwerte geboren. Sie studierte an der Werkkunstschule in Köln und hatte weltweit Einzelausstellungen, darunter auf der Biennale in Venedig, im Centre Pompidou in Paris, im Museum für Moderne Kunst Frankfurt, in der Galerie Sprüth/Magers in Köln und im Dia Center for the Arts in New York.

BARBARA VINKEN lehrt Allgemeine Literaturwissenschaft und Romanische Philologie an der Universität München. In Konstanz und in Yale promoviert, habilitierte sie sich 1996 in Jena und folgte im Wechsel mit Gastprofessuren in New York, Paris, Berlin und an der Johns Hopkins University Rufen auf romanistische Lehrstühle in Hamburg und Zürich.

MARGARETHE VON TROTTA, geboren in Berlin, studierte Germanistik und Romanistik in München und Paris. Nach dem Besuch der Schauspielschule in München arbeitete sie u. a. mit Rainer Werner Fassbinder, Volker Schlöndorff und Herbert Achternbusch zusammen. Seit 1977 führt sie selbst Regie. Für ihre Filme erhielt sie zahlreiche nationale und internationale Auszeichnungen.

ALISSA WALSER, geboren 1961, studierte Malerei in New York und Wien und stellt regelmäßig aus. Sie veröffentlichte die Erzählbände *Traumhochzeit* (1990), *Dies ist nicht meine ganze Geschichte* (1994, Ingeborg-Bachmann-Preis) und *Die kleinere Hälfte der Welt* (2000). Sie übersetzte u. a. Paula Fox, Anne Carson, Diane Glancy, Joyce Carol Oates, Marsha Norman und mehrere Bücher von Sylvia Plath, zuletzt deren Gedichtband *Ariel* (2008). Im Frühjahr 2010 erscheint ihr erster Roman. Alissa Walser lebt in Frankfurt am Main.

LILO WANDERS absolvierte zunächst eine Ausbildung zur Buchhändlerin und erhielt ihr erstes Engagement 1988 in Hamburg. Später übernahm sie für vier Jahre die Komoderation in der *Mitternachts-Show* von Harald

Schmidt, für die sie den Grimme-Preis erhielt. Von 1994 bis 2004 moderierte sie die Fernsehsendung *Wa(h)re Liebe* auf VOX. Viele weitere Engagements auf der Bühne und in Filmen folgten.

CAROLIN WIDMANN wurde bei Igor Ozim in Köln, bei Michèle Auclair in Boston und bei David Takeno in London ausgebildet. Die Violinistin erhielt viele wichtige Preise und ist regelmäßig Gast bei renommierten Festivals und auf internationalen großen Bühnen. Seit 2006 ist sie Professorin für Violine an der Hochschule für Musik und Theater in Leipzig.

PETRA WINTER studierte Politische Wissenschaften, Journalistik und Italienisch an den Universitäten Hamburg, Washington D.C. und Urbino. 2002 war sie Redakteurin bei *Bild* und bei *GLAMOUR*. Anschließend übernahm die Diplompolitologin die Leitung einer Entwicklungsredaktion. Seit 2005 ist sie Chefredakteurin der *COSMOPOLITAN* und seit 2007 auch von *Celebrity*.

MONIKA WULF-MATHIES arbeitete im Bundeswirtschaftsministerium und im Bundeskanzleramt, u. a. als Redenschreiberin für Willy Brandt, und war Referatsleiterin bei Helmut Schmidt. Als erste Frau in einer DGB-Gewerkschaft wurde sie 1982 zur Vorsitzenden der ÖTV gewählt. Seit 2001 ist sie Leiterin des Zentralbereichs Politik und Nachhaltigkeit bei der Deutschen Post DHL.

REGINA ZIEGLER ist Produzentin. Mit annähernd vierhundert Filmen deckt sie nahezu jedes Genre ab. Viele der Produktionen wurden mit nationalen und internationalen Preisen sowie Nominierungen bedacht. Die Grimme-Preisträgerin wurde 2005 als Honorarprofessorin an die Hochschule für Film und Fernsehen Konrad Wolf bestellt und 2006 mit einer Retrospektive im MoMA, New York geehrt.

CHRISTIANE ZU SALM ist Medienunternehmerin. Von 1998 bis 2001 war sie Geschäftsführerin von MTV Central Europe und gründete dann 9Live und sonnenklar TV. Im Jahr 2008 leitete sie den Vorstandsbereich Cross Media des Medienkonzerns Hubert Burda Media. Sie sitzt im Verwaltungsrat des Schweizer Medienkonzerns Ringier, ist Mitglied der Monopolkommission und wurde mit zahlreichen Preisen ausgezeichnet.

Bildnachweis

MONIKA AICHELE, *Im Geiste gleicher,* © Studio Monika Aichele, 2009, Mixed Media, S. 190–195

ULI AIGNER, *Keimzellen des Staates,* © Uli Aigner 2000, S. 37

HEIKE BARANOWSKY, *Schwimmerin,* (1:24), 2001, Video, 2:00 Sek. Loop, Farbe, ohne Ton, © VG Bild-Kunst 2009, S. 151

TINA BERNING, *Conversation Gap Panic I–III,* 2009, 24 x 34,5 cm, Tusche auf Papier, © Tina Berning, S. 52–57

EVA & ADELE, *Futuring Company,* 2003, Aquarell, Pastellkreide, Graphit, Stempelfarbe auf handgeschöpftem Bütten, 40 x 60 cm, © VG Bild-Kunst 2009, S. 225–227

ANKE FEUCHTENBERGER, *Talkshow,* Kohle auf Leinwand, 2008, © Anke Feuchtenberger, S. 282/283

ZOE LEONARD, *Seated Anatomical Model,* 1991/1992, Courtesy Galerie Gisela Capitain, S. 76

ULRIKE OTTINGER, *Die Betörung der Alten.* Kontext: FREAK ORLANDO, 1981, © Ulrike Ottinger, S. 206/207

PIPILOTTI RIST, *Sexy Sad I,* 1987, video by Pipilotti Rist (video still), Courtesy the artist, videoart.ch and Hauser & Wirth, S. 84/85

RICARDA ROGGAN, *Garage A,* 2008 C-Print, 125 x 171 cm, Auflage: 3, Courtesy Galerie EIGEN + ART Leipzig/Berlin, © VG Bild-Kunst 2009, S. 178/179

ROSALIE, *Barbiedrom an die Macht,* Objekt, 1989/2009, ca. 70 x 150 cm, S. 129; *Aber es weht ein Sturm vom Paradiese her,* Lichtinstallation Hyperion_Fragment (mit ca. 3150 farbwechselnden Lichtmoden, ca. 27 x 9,25 m, Ausschnitt) im ZKM|Karlsruhe 2008/09 und Mixed Media, S. 130/131; *(Geschlechts-)Uhren umstellen zum Kuckuck,* Assemblage, 2009, ca. 35 x 57 cm, © Rosalie, S. 132

Danksagung

Dank an Tanja Rauch, Barbara Lang, Dr. Julia Encke, Prof. Holger Felten, Antonio de Luca, Sabine Kraus, Verena Hennig, Ute Grötsch, Karina Wanner, Angelika Kaus, das Bayerische Ministerium für Wissenschaft, Forschung und Kunst, Nan Mellinger, Dorothee Bürkert, meine Eltern und vor allem meinen Mann Thomas Girst und meine zwei kleinen Söhne (für die Lektüre, wenn sie mal lesen lernen!).